JUSTICE IN ROBES

身披法袍的正义

〔美〕罗纳德·德沃金 著　周林刚 翟志勇 译

著作权合同登记号　图字:01-2008-3027
图书在版编目(CIP)数据

身披法袍的正义/(美)德沃金(Dworkin,R.)著;周林刚,翟志勇译.—2版.—北京:北京大学出版社,2014.8
ISBN 978-7-301-24342-8

Ⅰ.①身…　Ⅱ.①德…②周…③翟…　Ⅲ.①法官-职业道德　Ⅳ.①D916.17

中国版本图书馆CIP数据核字(2014)第118475号

Justice in Robes/ Ronald Dworkin
Copyright © 2006 by Ronald Dworkin
Published by The Belknap Press of Harvard University Press
Simplified Chinese translation copyright © 2014 by Peking University Press
ALL RIGHTS RESERVED.

书　　　名：身披法袍的正义
著作责任者：〔美〕罗纳德·德沃金　著　周林刚　翟志勇　译
策　划　编　辑：冯俊文　曾健
责　任　编　辑：冯俊文
标　准　书　号：ISBN 978-7-301-24342-8/D·3592
出　版　发　行：北京大学出版社
地　　　址：北京市海淀区成府路205号　100871
网　　　址：http://www.yandayuanzhao.com
新　浪　微　博：@北京大学出版社　@北大出版社燕大元照法律图书
电　子　信　箱：yandayuanzhao@163.com
电　　　话：邮购部 62752015　发行部 62750672　编辑部 62117788
　　　　　　出版部 62754962
印　　刷　者：北京中科印刷有限公司
经　　销　者：新华书店
　　　　　　650毫米×980毫米　16开本　20.5印张　293千字
　　　　　　2010年1月第1版
　　　　　　2014年10月第2版　2021年4月第3次印刷
定　　　价：49.80元(精装版)

未经许可,不得以任何方式复制或抄袭本书之部分或全部内容。
版权所有,侵权必究
举报电话:010-62752024　电子信箱:fd@pup.pku.edu.cn

罗纳德·德沃金(1931—2013)

目录

1 | 德沃金:一只远去的刺猬
鲁楠

1 | 中文版序言

1 | 导　论 · 法律与道德

38 | 第一章 · 实用主义与法律

57 | 第二章 · 理论的礼赞

87 | 第三章 · 达尔文的新斗牛犬

127 | 第四章 · 道德多元论

140 | 第五章 · 原旨主义与忠诚

163 | 第六章 · 哈特的后记与政治哲学的要义

211 | 第七章 · 三十年以来

248 | 第八章 · 法律的诸种概念

268 | 第九章 · 罗尔斯与法律

291 | 各篇来源

293 | 索引

313 | 译后记

德沃金：一只远去的刺猬

2011年春天，年届79岁高龄的罗纳德·德沃金，携带他的最后之作《刺猬的正义》回到哈佛，哈佛用最隆重的礼遇来接待这位著名的校友。在演讲厅内，来自人文社科领域的世界级学者济济一堂，其中有因《公正》公开课而闻名世界的桑德尔，还有桀骜不驯的批判法学大师邓肯·肯尼迪。尽管这些学者与德沃金的观点并不相同，甚至针锋相对，但他们仍然选择出席，表达对这位思想家的尊重。

在演讲中，德沃金引用古希腊诗人阿奇洛库斯的名言来为自己盖棺论定："狐狸知道很多事，但刺猬只知道一件大事。"而这一隐喻曾经被英国思想家以赛亚·柏林引用，来形容俄罗斯两位著名的文学家托尔斯泰与陀思妥耶夫斯基。德沃金认为，这也可比喻两种类型的哲学家：狐狸型的哲学家对正义抱有怀疑态度，所论之道德困局，往往发人深省；但刺猬型哲学家不同，他们直指根本问题，要给出一个终极答案。他觉得，自己终身所做的工作，便是尽一个刺猬型哲学家的天职。

时隔两年，德沃金因白血病在伦敦悄然仙逝。在此之前，学界曾传言，这位多产而高龄的思想家在其新著《刺猬的正义》出版并收获巨大反响之后，仍在酝酿撰写新著，探讨跨越国家的正义问题。然而，上帝决定让这颗伟大的心灵安息。一时之间，英美学界用各种溢美之词来为德沃金盖棺论定，而其中最准确的表达可能是：美国著名的政治哲学家、法学家，继罗尔斯之后的又一位自由主义大师。

1931年12月11日，德沃金出生于美国麻省的沃切斯特，后在罗德岛的普罗维登斯度过童年岁月，并在那里读完高中，考入哈佛大学。在就读哈佛时，他曾想攻读文学，但不久兴趣便转向了哲学。1953年，德沃金在哈佛取得文学学士学位之后，以罗德奖学金得主的身份赴英国牛津大学留学。在牛津，德沃金的兴趣开始转向法律。而在当时，享誉世界的法学家哈特正是牛津大学的法理学教授。在毕业考试阅卷过程中,哈特惊讶地发现,这位美国学生竟然每道试题都拿到最高分,而且其观点与他所主张的法律实证主义针锋相对,当时他或许已经意识到,未来西方法学的"瑜亮之争",将在他与这位青年之间展开。

1957年,在结束为期两年的牛津访学之后,德沃金在哈佛取得法学学位,并投身实务。他于1957—1958年间,担任著名法官勒尼德·汉德的助理,受到这位伟大法官的赏识;1958—1962年间他在纽约从事律师职业。但很快,德沃金便结束了短暂的实务生涯。多年后,在接受卫报记者采访时,回忆这段历程,他说:"我曾努力为我的决定负责,不虚度此生,当我还是一个华尔街律师的时候,我意识到这并非我想要的生活。所以我选择离开,从事更有意义的事,也就是为那些疑难、重要和有价值的事情而思索和辩论。"

1962年,30岁的德沃金取得了其学术生涯的第一个职位,任耶鲁大学法学院副教授。此后他历任牛津大学、纽约大学教授,再也没有离开过学术界。

1967年,德沃金在《哈佛法律评论》上发表了令他一举成名的论文《规则的模式》,在西方法学界投下了一枚重磅炸弹。在这篇论文中,德沃金对他的前辈,哈特的法律实证主义进行批评,从此开启了两人长达40年的学术争论。这场争论直到哈特去世之后仍余音不绝,对西方法学界产生了深远影响。法律实证主义认为,法律是一套自治的规则体系,它的运转自有规律,与道德、伦理并无直接关联;对于一个尊奉自由的现代社会来说,功利主义是合宜的道德态度。而德沃金反对这种意见,认为法律始终具有道德性,这种道德性镶嵌于法律原则中,反映出宪法的基本价值和立国的基本共识。在德沃金看来,这种基本价值和共识,应当是自由与平等,是对公民权利的认真对待,是对一个"平等关怀与尊重"的良好社会的坚守。在德沃金看来,在政治和法律制度的背后,应当有一个不可克减、不可动摇的东西,即承认每个人拥有自我决定、自我实现和自我负责的权利。

哈特与德沃金这两代法学家之间的争论,很快蔓延到整个西方法学界,使法学界赫然划分为"哈派"与"德派"两大阵营。但有趣的是,学术立场的激辩,并没有损害两位法学家之间的感情。相反,哈特始终将德沃金视为自己的学术接班人,以至于1969年,在他的大力举荐下,德沃金接替了哈特在牛津大学的法理学教席。二人之间的争论和友谊并行不悖,成为学界佳话。然而,德沃金并未因此放松对哈特理论的"讨伐",直到1992年哈特去世之后,德沃金仍撰写文章,对其理论进行批判。在旁人看来,这几乎不近人情。但哈特如泉下有知,恐怕也会认为,这样的"批判"才是对一个学者最好的祭奠。

德沃金一生著作颇丰,其中堪称经典,能名垂青史者,有《认真对待权利》《法律帝国》《原则问题》《自由的法》和《至上的美德》等。在这些著作中,德沃金不改初衷,仍不断阐释和深化其权利理论,将之运用于解决美国社会的各种重大争议,包括平权行动、堕胎、同性婚姻、安乐死等敏感议题。在这些问题上,德沃金也是一位立场鲜明的"公共知识分子",他时常在《纽约书评》上发表文章,抛出决斗的白手套,与人争论。但同时,他也呼吁民众抛弃意识形态之争,能真正从美国立国的基本共识出发,寻求解决新的道德争议和政治分歧的最佳方案。他说,惟有各方坦诚相见,以理性和理由来说服对方,才能证明彼此是伙伴,而非仇敌。

如今,这只桀骜不驯的刺猬,悄然远去。

鲁楠
2014年5月

中文版序言

我很高兴，本书现在能够以中文面世。这一译本的出版，正值法律理论的一个重要时期。在我所在的国家以及我所熟悉的其他国家，关于法律的诸种理论，在很长一个时期里，都由有关法律理想的犬儒主义——被描述成"实用主义""现实主义"以及其他名目的犬儒主义的各种不同形式支配着。但是现在看来，理想主义——即法律包含了并且服务于道德的目标这一见识——正在回归法律院校，回归法律实践。我相信，这是一个重要的信号，即美利坚现在已经选出了这样一位总统，除了他身上的其他纯正品质，他还是一位坚信法律的宪法学家。不论如何，本书就是献给法律的理想主义这个观念——身披法袍的正义这个观念的。

罗纳德·德沃金

导论　法律与道德

当奥利弗·温德尔·霍姆斯（Oliver Wendell Holmes）在联邦最高法院联席法官（Associate Justice）*任上的时候，去最高法院的路上，他让年轻的勒内德·汉德（Learned Hand）搭乘了自己的马车。汉德到达目的地，下了车，向着驶去的马车挥手，愉快地喊道："主持正义，大法官！"（Do justice, Justice!）霍姆斯叫停马车，让马夫掉转车头，把车驾回到吃惊不已的汉德近旁。他把头探出窗外，说："那可不是我的工作！"然后马车掉头而去，载着霍姆斯回去做他号称并不是要主持正义的那份工作。

对一名法官关于法律是什么的判断，他的道德确信应当如何发生作用？法律家、社会学家、法哲学家、政治家以及法官，对这个问题都有其答案：这些答案从"不应有任何影响"到"决定一切"，无所不有。我有我自己的解答，在过去的三十年当中，我在著作与文章里面对这些解答作了辩护。集结在本书里的这些评论文章中，我讨论了若干学者的理论，他们不赞同我的解答，而他们不赞同的方面与层次又彼此不同。在这个导论里面，我会对自己的观点作一个简略的概括，并描绘出我可能犯错而批评者们可能正确的不同层次、不同方面。

---

* 或直接译作"大法官"亦可，指首席大法官之外的其他大法官。——译者注

不幸的是,"法律"这个英文单词以及其他语种当中相应的词汇,有着如此不同的众多使用方式。我们用这些词来指代有如此之多截然不同的概念,而这些概念之间的相互关系又是如此问题重重和充满争议,以至于关于法律与正义之间关系的不同理论,常常是在回答性质相当不同的问题。这一语义学方面的不幸,已在法律理论当中造成了大量的混淆。这个集子里的文章主要涉及的,是我将称之为教义(doctrinal)意义上的法律。它们所探究的,是某地或某个实体之具有特定效力的"法律"的概念。当我们说,比如,根据罗得岛的法律,12岁以下的人所签署的合同是无效的;或者更有争议一点的,说美国宪法允许总统下命令对有恐怖主义嫌疑的外国人进行刑讯——此时,我们就是在运用教义性的概念。我们所作的关于法律要求什么、禁止什么、许可什么或创设了什么的主张,都是这种类型的主张,并且在有关为这类主张进行辩护的过程中相关理由的种类方面,同样也在有关这类主张如果为真就会得出的结论方面,我们共享着很多的前提假定。

作为那一共享的认识的一部分,我们认为:判断"年幼的孩子所签署的合同是无效的"这一命题在罗得岛的法律中是否真实时,罗得岛的立法者过去已经制定的内容和罗得岛的法官过去已经写下的内容,都是相关的;我们也懂得,罗得岛的法官是否应当判决12岁的被告赔偿违约损失,这在极大的程度上取决于那个命题是否真实。法律命题在这类假定与信念的复杂网络当中扮演了一个重要的角色,并且从该角色中汲取它们的意义。显然,这是一个具有重要实践意义的问题,即道德检验——比如,问一问,不让年幼的孩子具有订约能力是否会是明智和公正的政策,或者刑讯在道德上是否总是错误的——是否属于法官和其他人在判断此类命题何时为真时,所应当使用的那些检验之一。我们可以用某种程度上更正式的方式来设定这个问题。判定道德标准是否——以及如果是的话又在何种情况下——属于法律命题的真值条件之一(这些真值条件是使这样一个命题为真所必不可少的),这一点事关重大,在像我们这样的政治共同体中尤其重要。在我们这样的政治共同体里,重要的政治决定是由法官们作出的,法官们被认为唯有在真实的法律命题要求或允许的时候,才具有作决定的责任。在这样的共同体里,法官是否以及在何时必须探究道德,以便判断哪些命题是真的,这具有特别重要的意义。

然而,我们必须万分小心,不要把法律的这一教义性概念,和其他密切相关但却不同的概念弄混了。[1] 我们还有一种法律的社会学概念:我们用"法律"来命名一种特定类型的制度性的社会结构。例如,用这一社会学的概念,我们可能会问:法律最初是在什么时候在原始部落社会里出现的? 或者问:在没有法律的情况下商业是否可能? 不同的社会学家运用多少有些不同的检验标准,来识别这一社会学意义上的法律。譬如,马克斯·韦伯认为,在不存在专事强制执行机构的地方,就不存在法律[2];而朗·富勒则认为,除非特定的程序正义的最低要求得到满足,否则就不存在法律。[3]

出于各种不同的目的——为了促进具有预测功能的社会科学,或者为了组织一项研究计划,或者为了以某种方式阐释历史,或者是为了强调特定的惯例或限制所具有的道德重要性——对何种类型的社会结构算得上是一个法律体系作出一种精确的界定,或许是有益的,甚或具有本质的重要性。然而,我们万万不可错误地以为,存在某些社会类别的自然差

---

[1] 可能的异议是,我所作出的区别并没有证明存在不同的法律的概念,而只证实了唯一的法律的概念能够以不同的方式得到应用。即便假定如此,我所强调的诸法理学问题之间的重大差异,也仍然是存在的:尤其是把法律命题的真值条件这个问题,和经常与这个问题相混淆的社会学问题、分类学问题区分开来,这仍然是很重要的。但实际并非如此:尽管如我所说,这些概念是紧密相关的,但它们是彼此差异的,因为它们聚集的是不同的事例。教义性概念聚集的是有效的规范性主张或命题,而社会学的概念聚集的是制度或行为模式。我们必须谨慎对待,不要落入我在第七、第八章讨论的某些法律哲学家对拟人化的草率运用所设置的陷阱之中。假设我们既说"法律为律师们提供了(provides)一件有利的生计",又说"法律提供了(provides)[这一个命题,即],只有一名见证人的遗嘱是无效的"。(译者按:此处"provide"一词没有直接译为"规定",主要是为了照顾下面的语境。)我们可能容易倾向于认为,这两个命题给出了有关同一实体的两个报道,所以它们运用的只有一个"法律"的概念:即在两个例子里面都在提供些什么(provideing)的那个实体的概念。但那将会是一个严重的错误。这些仅仅是拟人化的把戏,当我们消解它们,就不会有一个同一的实体保持下来了。第二个命题只是一种陈述法律命题的比喻性方式;它并不是对某个实体实际上说的或者要求的内容的报道。也请参见 Chapter 8,note 23。

[2] 参见 *Max Weber on Law in Economy and Society*, ed. Max Rheinstein (Cambridge, Mass.: Harvard University Press, 1954),13。

[3] Lon L. Fuller, *The Morality of Law* (New Haven: Yale University Press, 1965)。

异,能将法律结构,当做本身就是具有这些差异所试图把握的某些本质特征的事物而区分出来。如我在第六章所说明的,我们关于诸如官僚机构、精英统治、婚姻以及法律等社会制度之不同形式的概念,并不是自然类别的概念——自然类别的概念的本质特征是由物理学的或生物学的结构,或者某些与此相当的事物给定的。我们——专家们,同样还有非专家们——确实共享着一种关于法律的粗略的社会学概念:如果星际动物学家(astrozoologists)报道说,他们在一个遥远星球上发现的某一群有智力的非人类动物拥有一种法律体系,那我们差不多都会对此作出特定的一些假设。但是,当我们发现他们没有特定的执行机构,或者溯及既往的立法在那里也是规范,并且这还不是少有的例外情况,或者他们的官员从不声称有道德上正当的权威,此时,为他们是否真的拥有一套法律体系而进行争辩,我们会觉得那将是愚蠢的。我们通常都认为,不需要对"法律体系"下一个比我们粗糙运作着的观念所提供的更精确的定义。就如我所认为的,人类学家和社会学家或者伦理学家可能会发现一个界定得更精确的定义,以有助于达到研究或分类方面的功效;而在我们粗糙的理解当中,也有着足够的余地供他们去设定更精确的定义而不会明显地违背日常用法。例如,只要我们在说我们想说的内容时,澄清我们是在何种社会学的或道德的意义上说的,那么我们就既可以说纳粹有法律,也可以说纳粹没有法律,而不会犯概念上或语义学上的错误。[4]

我的意思并不是想否认社会学的概念是有边界的。某些认为拿着棒棒指挥孩子们过马路,或者猜纸牌(Go Fish)的游戏就是法律结构的例证的人,犯的应该不是一个普通类型的错误。他或者是在运用某些不同的概念,或者完全误解了我们的概念。法律的教义性概念以如下方式在社会学概念的边界之内呈现出其重要性:除非可以有意义地询问该体系承认何种权利与义务,否则它就不是一个社会学意义上的法律体系。这是两类概念之间存在的一种重要的相互联系,但这一关系不能倒过来说,并非每一套配置了权利与义务的规范都构成法律的一个实例。猜纸牌游戏

---

〔4〕参见 Dworkin, *Law's Empire* (Cambridge, Mass. : Harvard University Press, 1986),102-108.

就是以该种方式组织起来的:询问该游戏在何种情况下规定玩家应当从牌堆里面取出一张牌,这当然是有意义的。我们可能出于各种理由否认纳粹具有一个法律体系,但我们却能够回答纳粹法律承认何种权利与义务这个问题。所以,法律的教义性概念的可用性,尚不能充分地说明法律的社会学概念。

法律的社会学概念具有一种和教义性概念十分不同的哲学状况。对前者,那些模糊不明的边界是否以及如何得到解决的问题,通常很少会有决定意义;但显然,正如我说的,我们对后者理解得如何精确的问题,则的确在极大程度上具有决定意义。我们还必须把教义性概念和少数法律哲学家所使用的一种不同的概念区别开来。这是法律的一个分类学概念:它认为,任何拥有社会学意义上之法律的政治共同体,也会有一种具体的规则与其他种类之标准的集合,它们属于法律的准则,而与道德的或习惯的或其他类型的准则相对。〔5〕当法律哲学家探询特定的道德原则是否也是法律的原则时,他们就运用这种分类学的概念。法律作为一组我们在原则上可以个别化和加以测算的具体标准这个观念,在我看来,乃是学者们的一个虚构。〔6〕无论如何,我们并不需要这个观念来提出我们的主要问题,即道德是否以及何时在法律命题的真值条件中有其重要意义。算术的原则在某些法律命题——例如,柯恩负有向考斯格鲁夫支付包括利息在内的11422美元整的法律义务这个命题的真值条件中,显然是有其作用的,但要说该数学规则也属于法律原则,这至少会显得很古怪。这种分类学的问题通常是一个转移注意力的障眼法;重要的问题是,在判定哪个法律命题是真实的时候,道德是否以及如何具有相关性;而不是,对于我们确实认为相关的无论什么道德原则,我们该如何给它贴标签。

最后,我们共享着一个我们可以称之为法律的愿望性(aspirational)

---

〔5〕参见 Joseph Raz, *The Concept of a Legal System*, 2d ed. (Oxford: Oxford University Press, 1980), 34.

〔6〕我可能促成了这个错误。在一篇早期的文章中,我建议说,"法律"不但包含了规则,还包含了特定原则。参见 *Tanking Rights Seriously* (Cambridge, Mass.: Harvard University Press, 1978), Chapter 2. 不过,我很快纠正了我自己。参见 Ibid., Chapter 3, 76. 也请参见该书的第八章。

概念的概念,我们谈及该概念时,通常把它称为合法性理念(the ideal of legality)或者法治。对我们来说,这个愿望性的概念是一个有争议的概念:我们都同意法治是值得追求的,但何者才是对该理念确确实实最好的一种陈述,对此我们却各执一词。一些哲学家认为,法治纯粹是一个形式性的理念:当官员们被要求,并且也确实仅仅以已经确立的准则所允许的方式来行动时,合法性就完全得到了保证。其他哲学家则主张该理念的一种更具实质性的观念:他们认为,只有当官员们所接受的准则尊重个体公民的特定基本权利的时候,合法性才是有效的。这两种观点之间的争论,是美国宪法法律家们在下述问题上所进行的漫长争论的理论源头:我们宪法第五修正案与第十四修正案的"正当程序"条款,是否在施加了程序性限制的同时,也施加了实体性的限制。与教义性概念类似,但和社会学概念及分类学概念不同,我们将什么当做这个愿望性概念的正确解释,这一点在极大的程度上也具有决定性的意义。不过,我们没有必要问,政治的道德性在判定什么是最佳解释时是否具有相关性。这个问题本身正是一个政治道德性的问题。

关于可能的结合点的一个简要概览

我们的主要问题在于法律的教义性概念的性质。我们问到:道德的考虑是否在法律命题的真值条件中具有重要意义? 如果有,则它们是如何显出其重要意义的? 我们必须首先注意,它们有多少种显出其重要性的不同方式。当然,我们必须拒绝"不公正的法律都不可以有效"这个简单化的观念。合众国的税率现在明显是不公正的,但描述这些税率的命题仍然是真实的。然而,可能可以合理地认为,法律的内容是以一些不那么戏剧性的方式依赖于正义的。首先,有一些国家——美国是其中一个——拥有这样的宪法,这些宪法可以恰当地被解释为,对什么样的法律在该国可以有效地制定出来这个问题,设定了道德限制。例如,一部宪法可能规定,立法者制定出来的、拒绝给予某群体以"平等法律保护"的任何被推定的法律，都是违宪的和无效的。若是如此，则可以认为，男人而非女人必须服兵役的规定是不是法律，取决于该区分是否公平。

还有其他可以认为法律是什么取决于法律应当是什么的情形。成熟国家中的法律，有许多都是在制定法、规章以及其他成文制定的形式中规定下来的，而这些制定出来的法规的文本可能是抽象的、模糊的或者存在多重含义。比如说，文本可能规定，只有在"对于保护母亲的健康是必要的"时候，堕胎在法律上才是可能的。如果是这样的话，那么，该法律是否允许为了保护某位妇女感情上的稳定而不是为了保护她身体上的健康而堕胎的问题，就可能取决于法律在这类问题上是否应当在精神健康与身体健康之间进行区分。某部规章的文本可能看起来足够明白，但如果作文义解释的话，却有可能得出令人吃惊的结论。有一个极好的掌故：博洛尼亚的某一制定法曾规定"在街道上放血"是犯罪。该制定法是否具有这样一个不曾意料的结果，也就是使当时很普遍的户外牙医行业成为非法的？这可以被认为要取决于该结果不公正的程度有多大。

在英美法律体系(实际上，也在世界上许多其余的法律体系)中，法律命题的真伪依赖于制定法，也依赖于过去的司法判决。如果对有相应资格的高级法院过去的判决所作的正确解释是，被其他人的过失行为伤害的人，可以通过诉讼要求他们给予赔偿，那么这一原则就是法律的一部分。但有时，什么才是对一系列司法判决的正确解释这一点是不清楚的：某一系列的判决可能和有过失者在法律上应对其行为造成的所有损害负责这条原则一致，但与他只对他能合理预见的那些损害负责这条更受限制的原则也是一致的。对这些判决的正确解释可能就要取决于，法律是否应当以那种方式对损害赔偿进行限定。

我们必须注意到这些不同的情形，在这些情形中，道德对于判定法律是什么可能具有重要意义。我刚刚只是很谨慎地说，法律命题的真实性在这些情形下可以被认为是取决于道德主张的真实性的，这是因为，如我们将在本书中所看到的，这些假定的交叉点中的每一个都有争议。例如，一群有影响力的美国宪法法官与学者，就否认美国宪法的抽象条款最好被理解为是使法律的有效性取决于道德问题，或者否认道德在不精确的制定法应当如何解释的问题上有任何相关性。我这里提出这个简要的概览,只是为了提醒我们:我们必须对多种不同的情形保持敏感,在这些情形中,法律被一些法律家认为是依赖于道德的。

索伦森案

我们还必须对法律的一种一般性理论的这样一些不同节点保持敏感,在这些节点上,可能会出现道德的角色问题。我将通过对一个设想出来的案件所作的描述,来具体说明这些不同的节点,并展示一种一般性理论的不同阶段,这种一般性理论能够全面地说明,在该案中何种法律命题是真实的。我将——根据我本人尝试去构建的一般理论——把我自己关于这个案件应当如何判决的观点,和我在本书中讨论的其他理论家的观点进行比较。在本书第六章我花了一定的篇幅,描述了这个设想出来的案件:它的起因是,索伦森(Sorenson)夫人长期服用一种通用名叫做inventum 的药物,但该药物却是在许多不同的专用名称下,由许多不同的生产厂家生产的。Inventum 有严重的副作用,它的生产厂家则因为疏忽而没有发现,索伦森夫人的心脏因此遭受了极重的伤害。但她无法证明是哪家制药公司生产了她服用的药片:她无疑服用了这些生产 inventum 的公司中的一家或者更多家所制造的药片,但同样无疑的是,她不曾服用其中某些厂家生产的药片。她完全记不起来,而且现在也分不清哪家是,哪家不是。

索伦森夫人的律师们对她服用该种药物期间所有生产 inventum 的制药公司,一起提起了诉讼;他们认为,既然无法确定她所服用的药片中每个生产厂家生产的量是多少——假如有的话,那么法律就应当被理解为,每一个厂家都有责任,根据它们在相关年份中销售 inventum 的市场份额,来分担她的损害。制药公司的律师们回应认为,相反,除非她能够证明具体哪家公司对她的损伤负有责任,否则法律就应判定,没有哪家公司应当对任何损害承担责任。他们争辩说,因此,她根本就无权获得补偿。双方提出的都是有关法律是什么的主张,而不是有关法律应当是什么的主张。双方都没有建议听审该案的法官们忽略法律而凭其偏好作出裁判,并借口说那就是正义所要求的。如果我们自己要判断哪一方的主张(或者是否两方的主张都是)正确的,那我们就必须自己来判定,在索伦森所在的司法管辖区内法律实际上是什么。

这是一个何种性质的问题?我们可能认为,它是一个法律问题,应当通过查阅法律汇编来加以回答。但是,我们如何知道,从我们在本本上找到的内容中应当得出什么样的结论呢?假设我们找到了许多过去的司法判决,法官们在这些判决里面陈述说,没有谁应当为并非由他造成的伤害负责;没有哪个过去的判决,法官是根据市场份额而不是根据直接因果关系来判给某人损害赔偿的。制药公司的律师们会主张说,从这些历史事实可以推得,他们关于法律的观点是正确的:对于没有被证明是其造成了损害的人,法律规定没有谁应当承担责任。但索伦森夫人的律师们不会同意:他们会说,由于她的情况与这些过去的法律诉讼中的任何一个原告的情况都不同,所以我们不能简单地假定,法官在过去所援引的这条关于责任与因果关系的一般原则,构成对法律的一个完全正确的陈述。他们会争论说,法律在一条更一般性的原则中可以得到最佳的表述,该条原则在绝大多数一方起诉另一方要求损害赔偿的案件中,都要求有因果关系的证明,但并不是在所有此类案件中都如此,在索伦森夫人的案件中则尤其不是如此。他们认为,的确,法官们尚未把这条更深的原则宣示出来,甚至都还没有确认这条原则,但这并不就表示它是不存在的。

我们应当如何判定,这两种非常不同的、判断法律规定了什么的方法当中,哪一种是正确的方法?在他们的职业生涯中,律师们会为他们所认为的法律采取种种论争的方式。但是假设,我们希望能够更具反思性,并且希望提出一个比大多数律师有时间或有意愿去构想的答案更深刻、更具一般性的答案。那么,我们就必须发展出一种我所称的法律的一般性理论:一种对法律的教义性概念所作的一般性说明,它将有助于解答我们的问题。

语义学阶段

然而,这个一般性理论会是个什么样子,以及我们应当如何来构建它,这并不是立马就很清楚的。那要取决于我们认为,教义性概念对那些我们向其陈说这一理论的人们来说,其功能应当是什么:概念可用作各种性质非常不同的用途,而我们关于法律的诸种概念中的任何一种概念的理论,必须对我们认为它所起到的作用具有敏感性。关键的问题在于:为了能够合理地认为人们分享着教义性概念,从而他们能够以可理解的方式对它的运用表示赞同或不赞同,人们必须共享哪些假定和惯例?下面的诸种区分,将会有助于对这个问题的回答。

标准型概念(criterial concepts)。仅当人们一致同意某个(粗略的或者精确的)定义——该定义设定了正确运用这个相关术语或表述的标准——时,他们才共享某些概念。例如,仅当人们知道光棍是一个未婚的男性,他们才共享着光棍状态这个概念;仅当人们知道等边三角形有三条长度相等的边时,他们才共享着等边三角形的概念。等边是一个精确的概念。光棍状况也相当精确,尽管它具有某种程度的含糊性:一名18岁的、从未结婚的男性,是一个光棍吗?其他的标准型概念则要不精确得多。婚姻的概念就是一个不大精确的标准型概念:我们把在不同社会发现的许多不同的法律和社会安排形式称为婚姻。法律的社会学概念和分类学概念也是不太精确的概念。阐发一种有关这种性质的概念的理论,意味着为了某些特定的目的而提出一个更为精确的定义。但要说,任何一个更精确的定义都比其他定义更好地抓住了该概念的本质,那将是一个错误。比方说,认为——就像许多人现在认为的那样——婚姻的本质乃是一男一女之间的结合,所以"同性恋的婚姻"就是一个矛盾的说法,这是错误的。

自然类型的概念(natural kind concepts)。人们共享着某些概念——这些概念的实例具有某种自然的物理结构或生物学结构,比如金属与动物——即便他们对其实例的本质结构或对他们用来鉴别这些实例的标准存在着异议。有些专家对老虎的 DNA 拥有大量的认识;许多其他的人都知道老虎有 DNA,是 DNA 的结构决定了它们是什么样的;更多的人则对 DNA 闻所未闻,但却认为所有的老虎都具有相同的生物学结构,这种结构原则上可由科学家辨别出来,不论它可能会是什么样的;还有数量多得多的人们根本不懂什么生物学结构,但他们知道,老虎是一个特殊的动物物种:一种体大、危险、有斑纹的野兽,在动物园或丛林里都可以找到它。然而,他们具有的都是同一个老虎概念:一个相信老虎乃是邪恶幽灵化身的初民,和一个能查明其遗传史的进化动物学家,对某个空间范围内有多少只老虎,会有一致的意见,而他们在老虎是如何产生的问题上也确实存在分歧,这分歧并不是虚构出来的。自然类事物的概念允许这样一种分析,而单单是标准型的概念则不允许:自然科学可以主张它发现了前者的真正本质,该本质是它的分子结构或生物学结构,而这对后者则是没有意义的。不过,当然不能就得出结论说,一种有关某些自然类事物的哲学理论必须要采取自然科学的路线。任何试图解说布莱克(Blake)的诗歌的人,都会忽略老虎的 DNA 而把注意力完全集中在这种动物的更表面的特征上。*

　　解释性概念(interpretive concepts)。我们的一些概念,发挥的是不同的功能:它们是作为解释性概念起作用的,解释性概念鼓励我们去反思并且争论,我们已经构建出来的某些实践提出的是什么样的要求。拳击界的人共享着赢得一轮比赛的概念,即便他们常常对谁赢得了特定的某一轮,或者对应当用何种具体的标准来裁定这个疑问,不能取得一致意见。他们中的每一个都懂得,对这些问题的解答,取决于对拳击的规则、惯例、预期和其他现象所作的最佳解释,取决于对某个特定场合中所有这些因素在作出裁决时最好如何发挥作用所作的最佳解释。如我在本书第六章所说明的,政治与个人道德性的诸核心概念——正义、自由、平等、正确、错误、残忍以及冷漠等概念——对我们来说,发挥的也是解释性概念

---

　　* 威廉·布莱克(William Blake,1757—1827),英国诗人。《老虎》是他广为传诵的一首诗。——译者注

的功能。〔7〕人们分享着正义这个概念,即便在关于辨别非正义的标准方面和关于哪些制度是不正义的问题上都存在尖锐的分歧。

聚合性的(convergent)语言实践既决定了标准型概念的正确运用,也决定了自然类型概念的正确运用,虽然对这两种类型的概念来说,是以不同的方式决定的。共享着一个标准型概念的人们,对该概念的运用标准在某个特殊的情况下是否有效,当然也能够持有不同意见,也会犯错误:举例来说,某个男人是否曾经有过婚姻,因而,他是一个光棍还是一个鳏夫。分享着某个自然类型概念的人可能犯更根本的错误:一些人或者所有人都可能错识该概念诸项特征的本质属性,正如不知道声音是波的人犯了许多个世纪的错误一样。〔8〕他们也可能在例证的方面犯错:某条河里闪闪发光的矿砂是金子,或者只不过是幻想出来的金子,或者鲸鱼是不是一种鱼。但是,对这类错误的辨别,预设了一种潜在的聚合性实践,该实践把概念和某种特定的自然事物联结在一起。假如普通人一般把化学家的金子和铁矿都当作金子,即便他们知道珠宝商会把它们当作不同的材料区分开来并把后者当作废料丢掉,那么我们大概不会认为普通人犯了错误;而是会认为,化学家为金子中的那个贵重的种类发展出了一个技术性的专门术语。如果在我们这个星球上存在两种可饮用的液体,它们的表现在所有的方面都和水严格相符,而人们不加区别地用"水"这个词来指称这二者——尽管自然科学家知道这两种物质具有不同的分子结构,那我们将不得不更仔细地研究语言实践,以便了解是否在大众的用法中"水"这个词指称的乃是水,但被错误地运用到这些其他的物质上,

---

〔7〕 某一些或者所有的解释性概念,或许都是先作为标准型概念而开始它们的概念生命的:比如,或许是在人们那些把"不正义的"仅仅理解为是指代那些受到习俗谴责的行为时,他们才有了正义的概念。但即便如此,这些概念也很早就不再作为标准型概念来发挥作用了。譬如说,当一个不精确的标准型概念内置于一条规则或指令或原则中的时候——某些重要的事情取决于对这规则或指令或原则所作的正确解释——此时,这个概念就变成了解释性的概念。假使某个立法者糊涂到家,通过了一项对光棍的税收补贴,那总有一天,法官会不得不去判定,一名18岁的未婚男子是否有这个资格。他不会通过规定一个更精确的"光棍"概念来作出判决,而是会仔细推敲,哪种判决更能够满足他所理解的这种税收补贴应当具有的要义,并以此作出判决。

〔8〕 参见 Thomas Nagel, "The Psychophysical Nexus," 收录于他的文集 *Concealment and Exposure: and Other Essays* (Oxford: Oxford University Press, 2002), 194.

或者是否它就是共同地指称水和这两种其他的物质,所以并无错误发生。

解释性概念也要求人们共享一种实践:他们必须在实际上共同把这种概念当作解释性的来对待。不过,这不是说在这种概念的应用方面也是统一的。人们能够共享这类概念,即便在他们对它的实例持有强烈不同意见的时候也如此。所以,一种有效的关于解释性概念的理论——一种正义理论,或者一种有关赢得一轮拳击比赛的理论——不能仅仅报道一下人们用来识别实例的标准,或者仅仅把人们大体上都认同的实例的深层结构发掘出来。一种关于某个解释性概念的有效的理论,必须本身就是一种极有可能产生争议的解释,一种对这个概念在其中发挥功能的实践所作的解释。

在我看来,法律的教义性概念即是作为一种解释性概念发挥其功能的,至少在复杂的政治共同体中是如此。我们作为复杂政治实践中的行动者分享着这个概念,作为复杂政治实践中的行动者的身份要求我们解释这些实践,以便能够判定如何才能以最佳的方式使它们延续下去,而我们运用法律的教义性概念来陈述我们的结论。我们把价值和目的归之于这种实践,以此来详细地阐述这个概念;对人们在这种实践之中作出的特定主张,我们以我们所确定的那些目的和价值为根据,形成有关其真值条件的观点。[9] 这就是我在我的著作《法律帝国》[10]以及在本书,尤其是第六和第八章中所捍卫的观点。很少有人会以这种方式来认同他们自己的实践——这一点根本不是一个具有决定性的异议:我们从事的是哲学说明,而不是代人作语义学上的内省。我的假设说明了有关我们实际查明的法律的一致意见和不同意见的性质,而替代的假说——即法律的教义性概念是一种标准型概念,或它是一种自然类型的概念的假说则没有。然而,其他法律哲学家确实是以这其他的两种方式中的一种来讨论这个概念的。所以,作为任何此类理论的一部分,我们必须把一个初始的语义

---

[9] 我的意思当然不是说,律师们是自觉地作出这些判断的。教育、训练以及经验使他们获得了一种判断力,对这种判断力的最佳说明是:它存在于对这些问题的一种直觉解答之中。

[10] Harvard University Press, 1986.

学阶段计算在内,那一选择*即是在这个语义学的阶段上作出的或者(更为通常的情形是)被假定的。

法理学阶段

法律理论的下一个阶段,我们可以称其为法理学阶段(the jurisprudential stage)。在这个阶段,理论家必须说明关于法律之理论的性质——给定他在语义学阶段对教义性概念是何种性质的概念这个问题所给出的答案,该理论与该种答案应当是相称的。由于我确信,这个教义性的概念是一种解释性概念,所以在这个法理学阶段,我试图以一种一般性的方式对这个概念在其中发挥功能的种种实践作出解释:我给一种价值的混合体提出了一种一般性的说明,这个价值混合体以最佳的方式为这种实践提供了辩护;并且因此在下一个阶段,当我们要框定具体法律命题的真值条件时,该价值混合体应当引导我们延续这种实践。我在第六章主张,我们必须通过探究法律的愿望性概念来找出这些价值,以便确定哪些价值为这个概念提供了最佳观念——换言之,哪些其他的价值对作为一个政治理念的法治作出了最佳的说明。在这个阶段,对教义性概念的反思和对愿望性概念的反思合在了一起。所以在这个阶段上所要做的事情,必然是一件道德在其中呈现出重要意义的事,因为对于像法律的愿望性价值这样明显是政治性的价值,任何一种关于如何对它们作出最佳理解的理论,都必定是在政治的道德性中进行的一次操练。

我相信,对这个愿望性概念——对合法性与法治的种种价值——的任何一种充分说明,都必须把政治的整体性这个理念,也就是把这条原则摆在显著的地位:一个国家应当尽可能通过一系列融贯的政治原则来进行统治,它将这些原则的利益扩展到所有的公民身上。我认为,承认平等的这一维度并为其奋斗,这对于国家强制力的正当化而言具有本质意义。但是,其他在语义学的阶段和我一样认为法律的教义性概念是一个解释

---

* 指关于将法律的教义性概念当作是解释性概念,还是标准型概念,或者是自然类型的概念这一选择。——译者注

性概念,也和我一样认为我们必须在合法性这个愿望性概念中找出法律实践的一般价值的理论家们,对于在这个愿望性概念中所把握到的价值,却在为与我所作的说明非常不同的一些解说而辩护。例如,他们很可能认为,法律秩序的政治与社会价值,在于该秩序为了个人与集体效率的利益而便利公民作计划并协调其行动的能力。

教义性阶段

一旦我们在法理学阶段采用了一种有关法律之价值的理论,我们便进展到第三个阶段,即教义性的阶段。在这个阶段,我们要根据在法理学阶段所确定的价值,构建出对法律命题之真值条件的一种解说。假如索伦森夫人一案中制药公司的律师们采纳了我刚刚描述过的观点——即法律实践的一般性价值在于推进个人的与集体的效率——那他们可能就会主张,这一价值通过这样一种教义性理论得到了最佳的满足:这种理论使特定法律命题的真值性,排他性地取决于指定的法律官员在过去已经宣告的内容,因为这种实践将有助于使法律规则的内容免受争议,并因此促进协调的效率。他们可以以这种方式来支持他们的这个教义性主张,即在判定索伦森夫人之主张的真实性方面,道德是不相关的,即便他们承认了道德在法理学阶段的相关性。由于我自己的看法在法理学阶段强调了整体性而非效率,我在教义性阶段赞同的是一种非常不同的理论。

在我看来,对法律实践所作的以整体性为基础的解释,其最佳的贯彻方式是,在教义性阶段采纳这样一些真值条件,这些真值条件使在任何问题上法律是什么的问题本身就成为一个解释性的问题。我认为,假如一个法律命题是从个人的和政治的道德性原则中得出的,而这些原则为同时代法律实践中普遍被认为是真实的其他法律命题,提供了最佳的解释,则这个法律命题是真实的。根据这种观点,法律是否赋予索伦森夫人按照市场份额从所有制药公司那里获取损害赔偿的问题,应当通过询问下述问题来予以解决,即对作为一个整体的过失责任法的最佳辩护,是否包含一条在她的情况下要求这种结论的道德原则。这个程式不会自动以这一种或那一种方式对她案件中的争议作出裁决。可能的情况是,对过失责任法的最佳辩护包含了一条道德原则,其大意是说,认定任何人为并非由他造成的损害承担损害赔偿责任,那是不公平的。若是如此,那么法律或许就会支持制药公司。但也可能的是,最佳辩护将拒绝这条一般性原则,而赞成一个不同的原则系列,该原则系列包含了这样一个理念,即从具有危害性的事业中获利者,应当分担这种危害。如果是这样,那么法律就可能会支持索伦森夫人。对这些结论中的每一种,我都谨小慎微,因为,正如我们将会看到的,对法律的某个实体部分所作的任何一种一般性解释,都必定要比目前简要予以勾勒的要复杂得多。我的用意只是想表明我的观点在教义性阶段所要求的推理的性质,同时也是想强调,该观点所设定的问题明显是道德性质的问题。如果我是正确的,那么道德就不仅在法律理论的法理学阶段,而且在教义性阶段,也是包含在识别法律的过程中的。

15 　　对于像过失责任法这样的一个法律教义部分,假如一种解释给教义的这个部分提供了一种更好的道德辩护——它将法律实践展现为更好地满足了在分析过程的法理学阶段所提出或设想的那些法律理念——则它比另一种解释更好。我们因此可以区分出两个维度,在这两个维度上,我们可以衡量某个被提出来的辩护具有的成效。首先,一个辩护必须至少在大体上适合它意图为之辩护的东西:认为当代的法律实践服务于贯彻某位神的意志这种价值,而这位神的意志即揭示在某些确定的神圣文件当中——这不会是一个与当代法律实践相称的辩护。即便这是一个法律实践应采纳的正当而重要的目标,我们也不能主张说,它是我们法律实践的目标,因为这个主张甚至与律师和法官的实际所为都不相符。其次,一种关于某种实践的辩护要做的,必须比大体适合这一实践要更多;它还必须描述该实践所服务的一些十分重要的价值。说这些实践为许多律师提供了一种相当好的生计,这不能证明这些法律制度与实践是正当的。这种结果,尽管相当真实,但对于为一种具有重大后果的政治实践作辩护来说,却还是不够重要、不够有价值。

　　这两个解释维度之间的区分,并不是想去把握解释者实际上是如何进行思考的。通过教育、训练以及经验,任何一名法律家都会建立起他自己的判断力,以判断在什么时候某一解释足够适合、从而可以算作一种解释而非杜撰,而他会不自觉地运用这种判断力。我的意图不是要把这个区分当作一个现象描述,而是作为一种分析策略来帮助理解解释的逻辑,理解某种解释可能受到挑战的不同方式。无论如何重要的是,不要误解这个区分,就像某些评论者已经假设的那样,认为适合性检验(the test of fit)只是一种关于一致性的机械检验。与此相反,适合性与价值这两个维度表现的,是一种关于政治道德性之单一的总体判断的不同方面,而我们如何运用这两种检验,以及在教义性阶段对解释的成效进行最终估量的时候如何把两种检验结合起来,将会反映我们在前一个法理学阶段所作出的判断。〔11〕如果我们认为对法律的总体政治辩护包含了某些对于整体性的要求,并且如果这就是我们给法律命题选用一种解释性检验的理由,那么,我们就必须详细地阐明适合性这个维度,以便对我们关于整体性是什么及其价值何在的更为精微的判断力,进行反思。譬如,我们是否应坚持认为,我们提议用来为索伦森夫人所在州的过失责任法进行辩护的原则,不但符合她那个州的法院在过去所作出的实际判决,而且也符合判决这些案件的法官所写下的、用来支持他们判决的那些意见?要回答这个以及类似的问题,我们就必须努力对此领会得更透彻,即为什么一个政治共同体把相同的原则体制扩及每一个人的做法是很重要的。我自己的观点是,对这一要求的恰当说明所关注的是这个共同体实际上是如何运用它的权力来干预公民生活的,而不是不同的官员过去赋予这类干预的种种理由。

  一个总体的法律解释在另一个重要的方面也是错综复杂的。它寻求那样一些原则,对法律权利、义务以及某个特定法律实践所认可与实施的其他内容的种种实体主张,这些原则能够作出辩护;但它必须也能为这些实体主张置身其中的大量宪法性和程序性实践提供辩护。所以,对法律

---

  〔11〕 参见我在 *Dworkin and His Critics*, ed. Justine Burley (Malden, Mass.: Blackwell, 2004), 381-382, 以及 *Law's Empire*, Chapter 8 中对整体性的这两个维度的讨论。

实践的任何一种辩护，都必须把将创制法律的权力分派给特定机构的政治道德性诸原则，以及其他以各种正式与非正式方式限制这些权力的原则，摆在一个显要的位置。假设索伦森夫人所在州的立法机关已经通过了一部制定法，该法明确规定，谁都不能因为一种有危险性的药物造成的损害而获得赔偿，除非是为了反对被证明造成了该损害的人或机构。此时，对该州法律的任何一种恰当的解释在教义性判断上，都会以索伦森夫人无权获得赔偿而告终。认为在这个判断中道德不起任何作用，这是错误的。它在对立法机关的宪法角色的解释上，起到了重要作用。我们据以认为像立法机关一样被构建起来的一个机构拥有创制法律之权力的种种理由，乃是政治道德性的理由，如果律师们对这些道德理由的确切性质意见不一，那他们必定至少会在某些情形下，对这个立法机关实际上制定的是什么样的法律有不同意见。

在诸如合众国这样的国家（以及在其他日益成熟的民主体制中）——这些国家的立法权在宪法中被创制出来并受其限制，道德的作用尤其显著。假定，在索伦森夫人所在管辖区生效的宪法包含了我在前面提到的法律的"平等保护"条款。如此，则一部只针对危险药品的服用者的制定法是否构成一种不公正歧视的情形的问题，就可能是一个重要的宪法问题。即便在某个立法明显没有违反任何宪法上的道德标准之时——比如，交通法没有把任何人排除在正当程序之外——道德仍然在该判断之中扮演了一种消极性质的角色，就像夏洛克·福尔摩斯那没有哇哇叫唤的狗一样。或许交通法在道德上明显是无可反驳的，但这也是一个道德判断。

即使是一个立法的解释问题而不是立法权的问题，用来为立法辩护的诸政治原则也仍然有效，因为它们能证立解释的策略。假设某一立法机关通过了我前面曾描述过的法律，该法律准许在母亲的健康面临危险的时候堕胎。我们应当如何来判定，该法律是否准许为了保护精神健康而进行堕胎？如我所说，我们可以问一问，在精神健康与身体健康之间作出区分的做法，在道德上是不是一种专断。或者我们可以问一问，起草该法律的那些人是否有作出这种区分的意图：比如，我们可能查明，立法者们明确认为他们只是要保护身体方面的健康。在这两种解释制定法的方式当中——或者在其他许许多多可能的方式中——我们选择的是哪一种,这将具有决定性的意义。但我们必须为我们的选择辩护,证明那是对复杂的立法实践最佳的证成方式,而这就会要求我们在一种特定的民主观念或在其他的政治道德性中,也就是在对代议制多数主义统治的要点与价值的一种特定说明中,来为它辩护。

所以,一位裁判索伦森夫人案的解释者必须找到这样一些原则,它们不仅能正当化她所在州的没有争议的实体法——其损害能够被证明是由某个有过失的特定药品制造商所造成的人,拥有一项从该制造商获得损害赔偿的权利,而且还要能为这个州以及这个国家中权力和权威的确定安排提供辩护,在判决索伦森夫人拥有何种具体的法律权利的时候,后者的种种原则可以限制前者的力量。我在前面说过,制药公司的律师们可能在法理学阶段拒绝把整体性作为一项重要的法律价值,而赞成一种更多以效率为基础的合法性观念,并因此在教义性阶段选用种种不考虑政治的道德性的方式来检验法律命题。但是,通过在法理学阶段接受整体性,在教义性层次上也认可某种与我关于解释性分析的观点相类似的观点,他们也可以满足他们的委托人:他们可以论证说,对相关法律实践,包括它的宪法与程序维度的全部范围的最佳解释,给这条原则赋予了相当的分量:法律应当尊重过去的法律实践已经促成的确定预期,诸如制药公司和它们的保险公司在它们的各种预算条款中所反映出来的确定的预期,即制造商只可能被证明是它们造成的损害负责。索伦森夫人的律师们会反对赋予这条原则如此重要的地位;他们会坚决地主张,那种认为商业预期应当促进而不是阻碍实体正义的看法,为当下的实践提供了一种更好的辩护。如果在这个教义性阶段,双方律师的论辩以这样的方式展开,那我们就不能说一方比另一方在诸法律渊源中更多地诉诸政治的道德性。相反,我们应当认为,由于他们的道德主张不一致,所以他们的法律判断也不相同。

裁 判 阶 段

绝大多数人都认为,特定种类的政治决定——特别是那些由法官作出的、运用国家垄断强制力的那些政治决定——应当只根据真实法律命题所要求或允许的方式作出。对绝大多数人而言,这几乎是一种绝对的限制。但它并不是完全绝对的:他们承认,在一些极不常见的案件当中,法官可能拥有一项道德义务,去忽略法律——如果该法律极其不正义,或者如果它极端不明智的话——并运用他们的政治权力去阻止非正义或巨大的无效率。因此,我们必须识别出法律分析的一个第四阶段:裁判的层次,在这个层次上产生的问题是,通常被要求去执行法律的政治官员们,在特定的情形中,实际上应当做的是什么。那当然是一个政治的并且因而是道德的问题。它不是一个关于道德在识别法律时如何发挥功能的问题,而是一个关于在什么时候——假如有这种时候的话——道德会要求法官以不受法律约束甚或以有悖于法律的方式行事的问题。

大多数人认为,裁判的问题差不多总是由教义性问题所解决的:只有在数量微乎其微的案件中,身处某个比较完善的民主体制之中的法官们,才会被要求去做比识别并适用真实法律命题更进一步的事情。但是,这个显然是非常合理的观点,实际上取决于一些有意识或无意识的假定,这些假定属于我们已经描述过的法律理论的前面诸阶段。在讨论语义学阶段的时候,我提议说,法律的教义性概念是一种解释性的概念。它是以这样一种方式为我们发挥它的作用的,即它植根于一种实践,这种实践假定,权力的行使乃是根据法律命题的推论而进行。它是一个解释性的而非其他类型的概念,因为我们关于它的正确运用的认识,受到我们有关这类权力应当如何行使的判断的极大影响。如果我们在语义学阶段接受了对这个概念所作的这样一种说明,那我们就不能在裁判的层次与之明显产生矛盾。我们可以承认,在一些例外的情形,法官应当在他们的作为当中否认或忽略法律,但我们必须假定一种常规的预期,即他们不会如此行事,他们会根据他们认为是真实的法律命题所要求或允许的方式来进行判决。对我们来说,一种关于教义的理论(a theory of doctrine),是一种裁判理论不可缺少的部分,并且几乎就是裁判理论的全部,这不只是因为我们信奉一种遵守法律的道德义务,而且还因为——给定我们有关法律的教义性概念如何发挥功能的认识——为了建构一种法律教义的理论,我们必须假定如此。

不过,如果我们在语义学阶段作出了不同的决定,那在我们到达裁判阶段时,我们就很可能会有一个不同的故事要讲。假设,在之前的阶段上,我们判定,比起我所描述的解释性概念,法律的教义性概念更类似于光棍的概念,或更类似于水的概念。于是,假如我们认为这个教义性概念与光棍这个概念相似的话,那我们可能已经判定,我们单纯把法律家们在判断有关某些事项的法律是什么的时候都会运用的检验方法识别出来,就可详尽地阐明这个概念;而假如我们认为这个概念与水的概念相似,那我们可能就已经判定,我们只要把法律家们大体都同意是法律的内容的真实本质或性质揭示出来,就可详尽阐明这个概念。那样的话,我们在分析"法律是……"之时,在我们的分析中,就没有假定——即便是作为一个一般性的命题——任何有关该法律的状况*在法官判决他所面临的案件时应当如何扮演其角色的内容。我们任由这个裁判的问题全然不被触及。如此,则作为一个政治之道德性的问题,我们确实可以认为法官通常都应当执行法律,但是我们也可以以同等的连贯性认为,除非他们独立地认为法律是正义的或明智的或有效率的,否则他们就决不应当执行该法律。若是如此,则裁判的阶段就将是一个完全独立、自足的分析阶段。我们甚至可以说,一种裁判的理论,根本就不是法律理论的组成部分。的确,对法律的教义性概念的哲学性质持此观点的法律哲学家们可以认为,就如我的一些批评者说的那样,我以整体性为基础的教义理论,只是一种裁判理论,而不是一种法律理论。这个主张乃是由于他们在法律理论的第一个阶段,即语义学阶段所作出的决定,而成为可能的。

一种法律理论在裁判阶段能提供些什么,这不仅取决于在基础性的

---

* "该法律的状况"(the state of the law),译者的理解是指该法律的品质,尤其指其合宪性、正义性等道德品质。——译者注

语义学阶段作出的决定,也取决于在以后阶段所作的决定。比如,假设索伦森夫人的律师们在语义学阶段承认法律的教义性概念是解释性的,但在后一个法理学阶段坚持认为法律应当被理解为是为效率与合作等价值服务的,并因此主张这样一种教义理论:即在确定任何法律命题的真实性的问题上,该理论只认为法律官员在过去所作的明确宣告才是相关的,其他任何东西都不相关。于是,他们可能会论证说,尽管没有哪个过去的官方宣告授予他们的委托人一项根据市场份额获得损害赔偿的法律权利,但也没有哪个过去的宣告否定了这样一项权利。他们可能得出结论说,在这种情况下(就像在其他不胜枚举的情形中一样),存在一个被某些法律理论家称作法律中的"漏洞"的东西。没有哪个法律命题为这一方或另一方规定了结论,所以,即使法官承认他们在有法可循的时候必须遵守法律,但他们还是必须发展出一种独立的裁判理论,以告诉他们在无法可循之时应该如何裁判案件,而根据索伦森夫人的律师们,他们应当强制制药公司按照市场份额向她支付损害赔偿,以主持正义。(或许没有哪个律师会在法庭上完全以这样一种方式作此论辩——如果他这样做,他可能会受到惩戒——但当律师们说法律支持的是他们的委托人时,法官们会理解他们真正的意思是什么。)

在这个新的脉络里,道德在两个要点上在法律理论中发挥了作用:在法理学阶段,当价值被归之于法律实践的时候;以及在裁判阶段,当法官们被要求主持正义,并且他们被告知正义要求按照市场份额进行赔偿的时候。不过两次道德注入是分离进行的。与此相反,我自己的观点是,我们应当将其赋予法律实践的整体性这一价值,贯穿教义性阶段并进入裁判阶段。因为,我主张,整体性要求法官在某些案件里,包括在这个案件里*,既要依赖道德来判定法律是什么,也要依赖道德来判定如何尊重他们作为法官的责任。再一次地,差别不在包含道德的理论与那些排除道德的理论之间,而在于在分析的不同阶段引入道德并为最终的政治性裁决——一种完整的法律理论即在此完结——带来不同结果的理论之间。

---

* 即索伦森夫人的案件中。——译者注

法律实用主义

　　这个对法律理论的剖析把完整的理论分解成了语义学的、法理学的、教义性的以及裁判的阶段；当然，这个剖析是人为的：法律哲学家们并不以这种程式化的方式来表述他们的理论。但这个人为的剖析为识别并区分法律理论的各种类型，提供了一种有用的图式。在本书中，我以一种既在法律思想史上是激进的，也在当代法律实践中具有非常大的重要性的理论开场。这种理论采取了不同的形式，并且吸引了不同的名目。我将把它称为"法律实用主义"。

　　实用主义最容易并一般性地被描述为一种裁判理论：它认为，法官们始终应当以一种向前看的、结果导向主义的风格来裁判他们所面对的案件。他们应当作出最有益于其共同体之将来的判决，无论其判决是什么样的，而不必考虑过去之类似的实践。任何关于实用主义的更为精确的版本，必须对结果导向主义的一些特殊观念作出具体说明：它必须具体说明，如何判定一个判决的哪些后果将是最佳的。它可能是一种行动—功利主义的观念，认为每个个别的政治决定都应当根据某些特定的福利观念，如幸福，或者欲望之满足，以某个特定人群平均预期福利的最大化为目标。或者它可能是一种非福利的观念，根据比如经济效率或财富最大化来界定最佳的后果。

　　无论如何，一位实用主义的法官都必须接受工具性的限制，它们会要求他留意立法机关在过去制定了什么，或法官们在过去作出了何种判决。这些限制并非外在于他所选定的关于最佳后果的观念，相反，它们是从中得出来的。根据实用主义，法官必须大体上遵从立法机关并信守过去的司法判决，因为立法与司法机构协调未来行为的力量对确保效率或其他目标具有重大的益处，如果法官在新的判决中以忽略过去的宣告作为其行事特性的话，那这种力量就会遭到削弱破坏。不过对法官能做的事，不存在其他较少工具性的限制，所以当忽略或改写过去的宣告确实能够更好地满足效率或某些其他的共同体目标时，那就是一名实用主义法官应当做的事情。

我们的剖析提示了一个法律理论家可能到达该种情境的不同方式。举例来说,他可能——完成我们所描述的法律理论的四个阶段,并可能真的大体接受我对语义学和法理学阶段所提出的问题的解答。他可能在语义学阶段认为法律的教义性概念是一个解释性概念,在法理学层面上认为对法律诸价值的最佳解说包含了一种整体性理念。然后在教义性阶段,他可能希望给当代的实践提供最佳的但与我不同的解释,认为最佳解释所为之辩护的,只会是给法律设定向前看的、结果导向的真值的做法,所以索伦森夫人拥有一项根据市场份额获得赔偿的权利这个命题是真实的,当且仅当法官判给她这种赔偿的判决,对于整个共同体来说,大体上将会是利大于弊的。被称为"法与经济学"的重要的智识运动已经产生了各种流派;它最初植根于美国的法学院,但已蔓延到了其他国家。这些流派中的一种明显是法理学的和解释性的:属于该运动的这一翼的学者们主张,普通法法院一直在以其特有的方式作出这样的判决,即这些判决使由某种方式所界定的经济效率得以最大化。(我已经在我的若干文章和著作中,对这一运动的不同方面作了讨论和批评。)[12] 若如此,则对整体性的最佳保护,就是在类似索伦森夫人案这样的疑难案件中,以无论何种、只要能够将那个向前看的目标最大化的方式来发展法律。

不过,其他的实用主义者则是以极为不同的方式进行论辩的,其在分析的最初的语义学阶段,是从一种激进得多的立场出发的。我在本导论中概括我自己的观点的时候已经假定,法律命题有其真值条件——即询问下述问题是有意义的:索伦森夫人具有一项根据市场份额获得赔偿的权利这个命题是否真实,若真实,则为什么真实——[已经假定]一种对法律的教义性概念所作的哲学研究,应以识别这些真值条件为其旨归。这些假定,已经在几十年间,受到了某些自称为法律"现实主义者"的学院法律家们的挑战:他们坚称,法律命题既非真实亦非虚假,而只是法官或其他官员主观偏好的表达,所以为法律命题探求真值条件的方案纯属无意

---

[12] 参见 Dworkin, *A Matter of Principle* (Cambridge, Mass.: Harvard University Press, 1985), Chapters 12 and 13. 同时参见 *Law's Empire*, Chapter 8.

义的浪费时间;他们认为,法律的教义性概念并非标准型或自然类型的概念或解释性的,相反,它是个伪概念(bogus)。这些怀疑论主张中一种较为精致的版本,得到其他一些自称为实用主义者的作者以一种更具系统性和哲学性的方式的辩护。在第一章,我探讨了两位这样的作者的主张与论据:哲学家理查德·罗蒂以及文学批评家(literary scholar)斯坦利·费什(Stanley Fish)。尽管这两位谁都不是法律家,但他们都对我自己的法学观点提出了批评。在该章,我证明他们所辩护的这个实用主义版本在哲学上是混淆不清的,并且除非用比喻的说法,否则它无法得到说明,而这些比喻的意思要得以澄清,则又难免使他们的论据自己反驳自己。

不过,在法律学术界最具影响力的实用主义版本还是不同的。在表面上,它比第一章中讨论的观点要少一些哲学味而更具实践性,但它的核心论点仍然是政治哲学中一种重要而具有争议的立场。它认为,任何具有政治权力的人,都应当以他在制度上的职位及其权力的等级所允许的无论哪一种可能的方式运用那一权力,努力使事情变得更好。在这一观点看来,法官可能表现的对法律命题真实性的任何关注,都无谓地偏离了他们应当一心一意追求的目标——这一目标即改善他们的政治共同体。实用主义的这一形式整个地在法律理论的裁判阶段展现开来:它不需要任何一个在前的阶段。所以它没有关于法律的教义性概念之性质的观点,没有关于当代法律实践应当如何得到最佳辩护的观点,没有关于法律命题真值条件的观点。传统法理学的一切行头,在向前看的、工具性的、手段—目的的精打细算的劲风之中,统统一扫而空。

持有这一观点的最有影响的法律实用主义者是理查德·波斯纳,他既是一位著名的联邦法院法官,也是一名非一般多产的法律学者和作家。第二、第三章即讨论了他的观点。(在后面这一章的一个附录中,我讨论了波斯纳用其实用主义理论为联邦最高法院在布什诉戈尔案[*Bush v. Gore*]中臭名昭著的判决作辩护的企图,这个判决使乔治·W.布什当上了总统,并致命地改变了世界历史。)在我对波斯纳理论的整个讨论中,我都认为,他的实用主义形式是不成功的,它是空的,因为尽管他坚持法官应当为了创造最佳的后果而裁判案件,但他没有具体说明,法官应当如何判定最佳的后果是什么。这是一个重要的批评,因为把结果导向主义具体化为某种具体的观念,那将会使任何实用主义的版本立马变得不太有吸引力。许多现如今骄傲地宣称他们自己是实用主义者的美国法律学者,假如他们不得不去信奉一种实际的理论而非仅仅是修辞的东西,那他们是会感到难堪的。功利主义,尽管有其所有众所周知的不足之处,但似乎是法律实用主义者最可能采纳的道德理论。然而波斯纳却拒绝了它,但又没有表明,他会用来替代它的会是一种什么样的道德理论。对于认为他的实用主义空空如也的论据,他仅有的回应是说,美国法官们对他们社会的正确目标的问题拥有充分的一致,所以,对这些目标,没有必要作什么学术上的界定或探讨。只要任由法官们继续做他们全都同意是最好的事情,那就足够了。没有哪个追踪观察了最近有关布什总统对联邦法院法官之任命的政治上与国会中的斗争的人,还会相信这种主张。实际上,对与法律相关的政治问题的全部:从经济效率、安全以及环境保护的相对重要性,到种族正义与性别平等,潜在的和实际的法官们都有着深刻的分歧。

在第二章,我把凯斯·桑斯坦和波斯纳归在一起,把两者都认作是一种"反理论"思想流派的成员。现在,我觉得那个主张有些夸张,因为虽然两位学者都对政治与道德哲学在我对法律的解说中所扮演的角色持批评态度,但我现在相信,桑斯坦的观点与我自己的观点之间的分歧,正如他所说的[13],比起我和波斯纳之间的分歧来,要不那么深刻得多。然而,桑斯坦的观点与我自己的观点之间的差异仍然是重大的。他认为,我通过下述假定而对法官提出的诸要求,太过分了——当法律命题得到对总体的法律实践所作的最佳解释支持的时候,它们即为真;并且由于这个原因,这些要求很可能会产生有害的判决。如我在第二章中说明的,我认为,关于法律在某些特定事项上规定的是什么这个解释性问题,原则上是一个开放而没有终结的(open-ended)问题。法官们在我称为"局部优先

---

[13] 参见 Cass R. Sunstein, "From Theory to Practice," 29 *Arizona State Law Journal* 389 (1997).

性"(local priority)的原则〔14〕的引导下,只需查考他们自己的管辖权下、与他们的直接问题相临近的教义范围内的法律材料,通常都能获得恰当的答案。但是他们受到该种方式限制的论据,唯有受到一种将法律材料作为一个整体加以领会,并且以一种关于法律的更为基础性的法理学观念作为基础的、更具一般性的解释的支持之时,在我的观点里,它们才最终是合理的。在宣告有关法律规定的某个结论之前,一名律师或者法官必须亲自在这个更具一般性的领域涉足多深,这在本质上是一个实践的问题:除其他方面的因素之外,它取决于其他律师或法律官员针对他的观点实际上已经提出来的反驳。这些反驳可能无法从最邻近范围内的材料得到解答,而某种我所称的"理论梯度的上升"(theoretical ascent)就是必要的了。桑斯坦认为,法官们甚至在原则上就应当抵制这种理论梯度的上升*:他们应该以一种更为传统的方式裁判案件,在寻求与他们的同僚达成"非完全理论化的一致"(incompletely theorized agreement)时,只尝试对他们的判决作部分连贯的辩护。我在第二章批评了这些主张。桑斯坦最近和他的合著者共同发表了一项关于裁判的经验研究,其结论,他颇具气度地说,倾向于支持我的而不是他的观点。〔15〕

道德多元论

我的命题可能在法理学阶段,并且因此也可能在后面的阶段以一种非常不同的方式遭到批判。我关于法律实践的解释性说明假定,即使为法律实践辩护的诸价值纷繁复杂,但它们能形成一个整合在一起的整体,如此,则这些价值在教义性阶段和裁判阶段既能要求整体性,也能引导整体性。但有一个影响深远的哲学传统,现如今在许多法律家的意见里引

---

〔14〕 参见 *Law's Empire*,250-254。
* 原文为"Sunstein thinks that judges should resist this theoretical assent even in principle",其中"assent"一词,根据上下文判断,并征得德沃金先生的肯定,确定是排版上的错误,错把"theoretical ascent"(理论梯度的上升)排成了"theoretical assent"(理论性的赞同)。——译者注
〔15〕 参见 Cass R. Sunstein, Daniel Kahneman, David Schkade, and Ilana Ritov, "Predictably Incoherent Judgments," 54 *Stanford Law Review* 1153, 1200-1201 (2002)。

起了共鸣,它认为像自由与平等这类在政治上很重要的价值,彼此之间存在深刻的冲突,所以有必要在它们之间折中妥协。而该妥协本身无法由某些更为根本的价值引导,因为那冲突即发生在最根本的价值之间。最终,在诸价值之间作某些不受引导的、主观的选择就是必然的,这一事实驳斥了我的这个假设,即对总体法律实践甚或对法律的某些局部领域的一种解释,能够合理地被辩护为在总体上是最好的。诸政治价值之根本冲突的最有影响的提倡者是以赛亚·伯林(Isaiah Berlin)。伯林关于诸道德价值深刻冲突的理论,在一个极为根本的层次上对整体性理念提出了挑战。我在第四章分析了他的主张与论据,并作了批评。

政治的教义性实证主义

我早期刻画法律实证主义这个法理学学说之特征的尝试,激起了不必要的争论:没有哪件具有重要意义的事情要取决于这个名称的用法,甚或取决于哪些个作者被称作实证主义者。[16] 不过,作为一个说明的问题,把不同的法理学立场区分开来将是有助益的。这一些不同于那一些,因为它们是关于法律的不同概念的理论。教义性实证主义认为,道德因素对法律命题的真值没有什么意义,至少不具有根本性的意义。H. L. A. 哈特在他的著作《法律的概念》中为教义性实证主义作了辩护。"根据我的理论,"他说道,"法律的存在与内容,可以通过诉诸(例如立法、司法判决、社会习惯等)法律的社会渊源识别出来,而无需诉诸道德,除非通过社会渊源而被识别出来的法律本身已经为法律的识别吸纳了道德标准。"[17]

社会学的实证主义认为,在将法律与其他社会或政治组织形式区别开来的恰当的检验方式当中,道德检验不在其列。分类学的实证主义认为,道德原则与法律原则是截然不同的类别,因此法律不包含任何的道德原则。我已经提出了诸项理由,以质疑社会学实证主义或者分类学实证

---

[16] 参见 *Taking Rights Seriously*, Chapter 2.
[17] H. L. A. Hart, *The Concept of Law*, 2d ed. (Oxford: Oxford University Press, 1994), 269.

主义是否是一种重要的哲学立场。如我所认为的那样,如果法律的社会学概念与分类学概念是不精确的标准型概念,那就没有哪种坚持要给这些概念加上鲜明界限的理论,会具有不同于方法论的哲学重要性。我关于实证主义的著述是以教义性实证主义为靶子的,在本书中,涉及实证主义之处若未作具体限定,则应当理解为,其所涉及的就是这种立场。

教义性实证主义显然具有哲学上的重要性。它是否也具有实践上的重要意义?这取决于我们在法律分析的教义性层次和裁判层次之间所设定的关联。法律实用主义和我所捍卫的、关于法律教义的以整体性为基础的观点,都有实践方面的关涉:它们是在下述背景假设之下展开的,即法官们是如何裁判交由他们审理的案件的,这个问题关系重大。因此,它们位列这样一些关于法律的重要理论之中,这些理论在法律分析中——在司法意见当中,在公法与私法孕育其中的讲演厅、研究室中,通常明显起到实际的作用。某些法律实证主义版本——我将把它们共同作为政治的实证主义来提及——以同样的方式具有其重要性:它们也论及法官应当如何裁判案件。它们假定,法官应当做什么,这在很大程度上取决于什么法律命题是真实的,它们像我一样诉诸政治的道德性来为它们关于法律命题之真值条件的观点作辩护。正如我在第七章所说的,杰出的美国法律家,包括奥利弗·温德尔·霍姆斯和勒内德·汉德在内,之所以捍卫法律实证主义,是因为他们确信,法官们应当遵守民众的立法机关作出的决定,而不能由他们自己尝试根据他们自己或许不同的(以及——在这些法律家们看来是——更为保守的)道德确信,来批判或补充这些决定。这些政治的实证主义者们假定,对法律实践的最佳辩护,包括了他们所认为的民主原则:是作为一个整体的人民,而不是人民不能将其解职的法官,才应该决定统治他们的应当是什么样的法律。

一些当代的学院法律家以一种类似的、明显是实践性和政治性的方式为法律实证主义辩护:譬如,拉埃姆·穆菲(Liam Murphy)相信,如果法官们在达到他们关于法律是什么的结论的过程中诉诸道德,那么一般的公众就会被引导去认为,无论法律是什么,都是正义的。[18] 这似乎有违直觉,令人难以置信,但穆菲的论据仍然是政治实证主义之特征的一个很好的例证。哈特的教义性实证主义在学院法律哲学思想中很有影响,现在它一般不被认为是一种政治实证主义的例子,而是被认作分析实证主义的例证,我在下文会讨论这个理论类型。但至少在他早期的著作里面,还是有政治实证主义的线索的。比如,他也曾主张,将法律与道德论据分离的做法,将会稳固地推进对法律的道德批判。[19]

不过,当代最强有力的、具有极为重大的实践重要性的政治实证主义,是一种有关应当如何解读合众国宪法的理论。如我在前面所说的,许多国家的宪法律(legal constitutions)以抽象的措辞对立法机关与行政官员的权力作了限制,这些抽象措施或者明显是道德性的——刑罚不得是"残酷的和非常的",或者是对道德解释开放的——政府不得否定法律的"正当"程序。我已经表明,对官方权力的这些法律限制须被解读为道德限制,因此,被要求以这些标准为准去检验立法与行政行为的律师与法官们,必须亲自考察道德问题。[20] 为了判定一种只征男兵的做法(men-only draft)是否为宪法第十四修正案的"平等保护"条款所禁止,法官们必须判定这种性别区分是否可以在政治的道德性上得到辩护,即使这不是他们必须判定的唯一问题。这个观点遭到了那些自称为"原旨主义者"的律师与法官们的坚决抵制;他们确信,即使是美国宪法中抽象的以及明显是道德性质的条款,也应当被解释为只是禁止这样的一些立法或其他的行为,即那些很早以前写下或制定了这些条款的人或者他们死去很久的

---

[18] 参见 Liam Murphy, "The Political Question of the Concept of Law," in Jules Coleman, ed., *Hart's Postscript* (Oxford: Oxford University Press, 2001), 371. 同时参见,例如,Tom Campbell, *The Legal Theory of Ethical Positivism* (Aldershot: Dartmouth Publishing, 1996); Abner S. Greene, "Symposium: Theories of Taking the Constitution Seriously outside the Courts: Can We Be Legal Positivists without Being Constitutional Positivists?" 73 *Fordham L. Rev.* 1401 (2005).

[19] 参见 H. L. A. Hart, "Positivism and the Separation of Law and Morals," 71 *Harvard Law Review* (1958), 重印于他的 *Essays in Jurisprudence and Philosophy* (Oxford: Clarendon Press, 1983), 49.

[20] 参见 Dworkin, *Freedom's Law* (Cambridge, Mass.: Harvard University Press, 1996).

选民们本来即已预见到应当禁止这些立法或行为。他们坚持认为,只有关于历史上人民的信念或希望或预期的历史事实,才规定了宪法命题的真值条件:仅当内战——只征男兵的做法即是在此期间适用的——之后制定了第十四修正案的政治家们本来就已经希望他们的条款禁止这样一种征兵,平等保护条款才禁止一种只征男兵的做法。道德与之无关。

这一观点的支持者主要不是法律哲学家,而从他们所说的内容当中常常很难将他们论据的完整结构辨别出来。他们常常以这样的方式来提出自己的主张,即它们完全是从法律的定义或法律的本质中得出来的,这法律的定义或本质则可能表明,它们在语义学阶段就拒绝我关于法律是一个解释性概念的观点。但他们也经常诉诸这一政治原则来支持他们的主张,即,国家由人民以及他们的代表在以前、即便是很久以前制定的原则来统治,要比由一小部分现如今享有司法官职的法律家所偏好的原则统治,更符合民主理论。也就是说,他们认为,现时的法官不应当用道德推理来解释宪法命令,这不是因为根据定义,法律即与道德无关,而是相反,是因为政治之道德性的最佳论据要求现今的法官受到限制,以遵循某些较早世代的道德意见,直至这些意见被作为一个整体的人民而不是他们通过宪法修正案所取代。因此,他们同意我的"法律是一个解释性概念"的看法——不然又何必诉诸政治的道德性呢?——并且把他们所引用的政治原则当作是为美国法律实践辩护必不可少的东西。(有时,对于这一诉诸这些原则的做法在多大程度上是真诚的,还存在被怀疑的可能。如我在第五章讨论安东宁·斯卡利亚大法官[Justice Antonin Scalia]的法理学时所证明的,一些信奉原旨主义的联邦最高法院法官,在他们自己的司法行为中,并不一贯地遵从原旨主义的诸原则。对他们在争议案件中的表决,通过一种极为保守的政治议程可能可以作出更好的说明,这一保守政治议程不依赖于对我们的法律实践所作的任何总体解释的成效。)

我很久以来都在反对宪法解释的这一"原旨主义的"理论;在第五章,我讨论了一种哲学上的混淆,我认为该混淆影响了保守律师与法官为之提出来的那些论据。我在两种不同的观念之间作出了区分:语义学的原旨主义,它坚持认为,宪法文本中的语词必须被赋予制定这个文本的那些人所意指的含义；以及预期的原旨主义（expectation originalism），它主张，这些语词必须被给予他们希望它们具有的那种法律效力（the force in law）。语义学原旨主义在我看来是无懈可击的：它只不过是朴素地把含义这个观念的哲学理解运用到了法律文本之上。如果"残酷的"在18世纪所意指的就是"昂贵的"一词在现在所表示的意思，那么，要是把第八修正案解读为禁止酷刑，那就会是对它的误解。（劳伦斯·却伯[Laurence Tribe]，一位极棒的宪法法律家和辩护人，在我看来，在他自己对我有关宪法解释的著述的评论中，就没有注意到语义学原旨主义的重要意义，趁着第五章的机会，我说明了为什么我认为他的批评是错误的。）语义学原旨主义是不可反驳的，但预期的原旨主义则必须予以反对，因为，假如制宪者们想要设定抽象的道德标准的话——如我所认为的，他们确实想如此——那么，要是我们认为他们已经宣告立法应当根据他们自己关于公平的看法，而不是根据公平本身来加以检验的话，那我们就没有对他们所想表达的内容保持忠诚。我相信，斯卡利亚大法官关于制定法与宪法解释的论点——我在第五章对其作了讨论——尤其受累于这个混淆。

分析的教义性实证主义

分析的教义性实证主义主张，法律对于道德的独立性，不依赖于任何对法律实践的政治或道德解释或法律理论的裁判阶段上的任何政治教义，而是直接从对法律的概念或理念或本质的正确分析中得出来的。分析实证主义者们声称，一旦我们正确理解了法律的教义性概念，我们就会认识到，道德因素不能在此类命题的真值条件中发挥作用，此乃必然之真理。这是哈特在他那部被他称为《法律的概念》的最为著名的著作里广泛加以辩护的立场，尽管即使在这部著作中也存在政治实证主义而非分析实证主义的痕迹。[21] 我把它当作是哈特在学院法律哲学中的许多追随者，包括我在第七章对其著作作了讨论的那些法律哲学家们所持有的立

---

[21] 参见 Hart, *The Concept of Law*, Chapter 5.

场;虽然在第八章——我在这一章讨论了第七章发表之后所写的许多文章——我提出了诸项理由来怀疑,哈特的某些追随者现在是否应当被理解为仅仅是在捍卫分类学的实证主义。

分析的教义性实证主义者在法律理论最基础的语义学阶段即不同意我的观点,因为他们坚持认为,与我的见解相反,法律的教义性概念不是一个解释性概念(对这种解释性概念的阐释要求对政治之道德性问题采取一种立场);而是某种其他类型的概念,对它的说明完全是一种描述性或概念性的事情,实质的道德在其中是没有地位的。我对分析实证主义觉得难以理解的地方,主要就在于这个意见。在《法律帝国》,我提出了一种理解它的方式:我说,哈特实际上假定,法律的教义性概念是一种标准型概念,而对它的分析意味着把法律家们在应用它的过程中实际上——即使是无意识地——运用的标准,给呈现出来。这一概念分析的方法,在牛津哲学界是常被使用的,哈特即是在其中酝酿了他的著作。

我在《法律帝国》中认为,哈特的意思是想——本着哈特自己在其著作中引述的、他的同事 J. L. 奥斯汀(J. L. Austin)的一句格言的精神——主张,我们能够通过反思我们用来描述我们的法律实践并且我们在其中进行我们的法律实践的语言所固有的诸种特征,来认识法律的本质。我的意思不是说,哈特把自己当作是在常规的意义上提出种种定义。"我所想到的哲学家,"我说道,描述了"法律命题的意义——即这些命题对那些应用它们的人来说意味着什么,而这种说明或者是以旧时的方式采取了'法律'的种种定义的形式,或者是以更为现代的方式,采取对法律命题的'真值条件'——即法律家接受或拒绝它们的种种情形,进行说明的形式"。[22] 我批判了这种假设:即法律的教义性概念是一个这种类型的概念,它能够通过对"我们"认为这个教义性概念以及相关概念在其中得到正确运用的不同环境条件予以关注而得到阐明。我说,不能理解这个教义性概念乃是一个解释性概念而非标准型概念,这构成了一个我称之为"语义学之刺"的谬论,对此,我在第八章作了更详尽的讨论。

---

[22] *Law's Empire*, 418, n. 29.

在他逝世之后才出版的新材料中,哈特否认了我对他早期的方法论所作的描述:他说,我误解了他。像其他法律哲学家一样[23],我继续认为,我原来的分析是正确的,并且,从尼克拉·莱西(Nicola Lacey)最近出色的哈特传记中[24],我相信我的分析还得到了新的证明。不过,我们必须把哈特后来的否认,至少当作对他在那个时候是如何看待他自己的著作的一种陈述,因此我在第六章考虑了关于他的方法论的诸种备选的解释方式;但没有取得成功:我找不到另外的解说来说明,哈特本来是如何能够认为,他所希望提出的一种关于法律命题真值条件的理论在政治上和道德上可以是中立的。分析的教义性实证主义的成败,完全取决于它对法律的教义性概念提出这样一种解说的能力:它表明,这个概念可以作实质的和道德上中立的哲学分析。要是我们不把这个教义性概念当作一个解释性概念,就无法理解它在法律实践中所扮演之角色的意义的话,那么,也就没有哪种对这个概念的有益分析会完全与政治之道德性无涉。

第七章从一个更为同时代的视角考察了分析实证主义。在1970年代发生了一次论辩,这次论辩因我的一篇文章而起,在该文当中我提出,哈特的分析实证主义版本——它声称是对法律的概念本身作的一种说明,并因此可适用于古往今来所有成熟的法律体系——歪曲了法律现象学以及法律的官方文本记录的一个重要部分。[25] 哈特说过,所有这样的法律体系都包含一条基础性的、尽管有时是复杂的社会"承认规则",它基本上被所有的法律行动者所接受,并且它作为法律之真实命题的一种决定性的谱系检验而对他们发挥作用。我争论说,这个主张忽视了法律推理中道德原则的重要作用。在法官关于为什么法律是他们所认为的那样的解说中,这类原则具有重要意义,但它们并不是自己通过任何被广泛接受的支配性谱系检验而识别出来的。相反,这些在法律论证中具有重要

---

[23] 参见,例如,Stephen Perry, "Hart's Methodological Positivism," in Coleman, ed., *Hart's Postscript*, 311.

[24] Nicola Lacey, *A Life of H. L. A. Hart* (Oxford: Oxford University Press, 2004). 莱西在第144—146页描绘了哈特对语言哲学的着迷。她对他在1956年作为哈佛法学院访问学者的所思所想——这些在他当时的书信和笔记中展现了出来——所作的报道,表明他是如何彻底地认为自己是属于他所称的"语言学家们"的。参见 ibid., Chapter 2.

[25] 参见 *Taking Rights Seriously*, Chapter 2.

意义的原则的特性、地位和分量,我说道,是有争议的,而任何律师或法官的意见都依赖于他自己关于个人与政治之道德性的确信。

对于我的论点,哈特自己在有生之年没有发表任何实质性的回应。但其他的分析实证主义者则作了回应。其中之一是朱尔斯·科尔曼(Jules Coleman),他认为,我的文章起到了一种催化剂的作用,它驱使他们对分析实证主义作出改进与发展,以应对我的异议。在第七章,我描绘了他们的尝试,并通过考察科尔曼新近的理论以及哈特最著名的门徒约瑟夫·拉兹的理论,对他们的成效作了评判。科尔曼回应了我的论点,他在一种现在被称为"包容性"(inclusive)实证主义的理论中提出,仅当那些确实满足了承认规则之谱系检验的法律规则通过引述而吸纳了道德之时——譬如说,仅当某一宪法条款明确规定"不公正的"法律无效之时,并且也仅仅因为如此,道德在法律推理中才是相关的。我认为,他的论点在若干的方面都有错误,他的主张的结果并不是他的分析实证主义版本的胜利,而是让实证主义完全缴械投降。

拉兹以一种非常不同的方式对我的论点作了回应:他坚持认为,法律能够作为一种权威起作用,这对法律的概念具有本质意义;他于是阐发了一种对权威理念的特殊解说,根据该解说,假如道德推理被要求来鉴别标准的内容的话,那就没有哪种标准能够起到一种权威的作用。我认为,拉兹的特殊的权威理论是专断的,是仅仅为得出其结果而设计出来的;在任何通常的权威观念上,即使必须由从道德确信得出的解释来确定标准要求的是什么,标准也能够是权威性的。在第八章,我以一种不同的方式回顾了分析实证主义与我自己之间的论战。我讨论了科尔曼、拉兹、迈克尔·斯蒂芬·格林(Michael Stephen Green)以及斯考特·夏皮罗(Scott Shapiro)最近的文章,我认为它们证明了,当代分析实证主义者的论据是如何深刻地依靠下面这一点来维持自己的:它们忽视我在本导论前面讨论过的法律的教义性概念、社会学概念以及分类学概念之间关键的区别。

法 律 哲 学

被称为"法理学"或"法律哲学"的课程作为法学院校和法学研究机构的主要题材,已有数世纪之久。但是这些课程的内容以及它们在法学教育中的重要性,则随着那些声称法律哲学是其主题的学者间之辩论的特性与显见的实践重要性的变动,而经常发生变化。当我还是一名法科学生的时候,法理学课程被一种关于法律本质之概念问题的传统范型所占据,这些问题在研究对象方面,以及在对它们的学习来说必需的技能方面,都被认为与在其他的法学院课堂上所学习的实体法与程序法问题是非常不同的。通过质询是法律实证主义还是自然法,对法律的本质特征提出了一种更好的理解,我们就道德在法律推理中的角色展开辩论。

这番景象已经在两个重大的方面发生了转变。首先,被称为"法理学"的课堂已经不再仅仅专注于、甚至主要不再专注于那些概念性问题了:它们被大量更具政治性的问题所占据,比如关于经济学在法律中的作用、法律社会学、女权主义以及被以启发性的方式称作"批判种族理论"的问题。其次,法律哲学已然转移到了许多其他学术课程与主题的中心,完全抹杀了法理学与实体法之间的区别。很多学院法律家在本科生甚或研究生时就已经接受过哲学训练,而法律理论中某些在哲学上最具敏感性、最有价值的著作是由一些自认为宪法法律家或者合同法或侵权法或环境法或私法或公法的其他分支的专家,而不是法律哲学家的学院法律家所写。的确,正如我在第七章所说,一些法律哲学家——主要是分析实证主义者——继续把他们对法律的概念性研究当作既独立于法律实体也独立于政治哲学。但他们主要是在相互之间交流,而在学院与职业圈内,他们已经边缘化了。实际上,法理理论中最重要的著作,大多出自那些既在法学院执教又在他们自己的学科部门执教的政治哲学家和经济学家,而不是出自法律家之手。没有哪个理论家比政治哲学家约翰·罗尔斯对现代法律哲学所做的贡献更大。在本书的最后一章,我讨论了他的贡献。

最后一个提议

到目前为止,我的讨论尚未质疑这个传统的理解:"道德"和"法律"命名了原则上性质不同的思想部门,尽管它们在许多方面是相互依赖的。现在我想提议,这一促使我们廓清两个不同智识领域之间关系的传统理解,是不能令人满意的。或许我们更需要另一幅不同的智识地图:我们可以不把法律当作是与道德分离的,而是把它当作道德的一个部分。我们就是以那样的方式来理解政治理论的:即把政治理论理解为更一般地加以理解的道德的部分,但因其自己独特的质料而又显出特色,因为它可以适用于独特的制度结构。我们可以把法律理论,当作政治之道德性的一个通过对制度结构的进一步界定而区分出来的特殊部分来处理。

我的提议并不具有独立自足的实质效力:我们可以用古典词汇表谈论我想谈论的关于法律与道德之间相互关系的一切——古典的词汇表假定,法律与道德被合理地认为是处在性质不同的主要智识领域之内的。但是我所建议的这一转变,将会以一种更透彻的方式来组织我们的研究对象。它会鼓励我们把法理学问题当作下述道德问题,即在什么时候,在何种程度上,以及出于何种理由,权威性的集体决定和特定的协议,应当在我们的生活中具有最终定论的效力。我们将不会再怀疑,正义在确定什么是法律的时候是有其作用的。于是,我们便能够集中精力关注那一作用具体是什么这个更为复杂也更为重要的问题。

第一章　实用主义与法律

36　　　美国的法律理论已经在十多年的时间里,把太多的精力花在了有关它自己的性质或可能性的元理论争论上面。可钦可佩的政治目标激发了部分这样的投入(尽管只是部分)。但到头来,即便从这些政治目标当中也是空无所得;那些在头脑里面讨论虚无主义与社会正义之解构的人们,如果对其问题处理得更直截了当一些,那他们本来倒是可以对该项事业(cause)贡献得更多一些。现如今,我们该把关于以下这些问题的宏大争论当作大量的精力与资源浪费而搁置不论:法律是否根本就是权力或幻象或强制,或者文本所解释的是否只是其他的文本,或者是否存在正确的或最佳的或真实的或最合理的答案,还是只存在有用的或有影响力的或受人欢迎的答案。那样,我们可以转而探讨,应当如何作出那些无论如何都将作出的判决,以及那些无论如何都被认为是正确的或最佳的或最合理的答案中哪些答案确实如此。

新实用主义

　　某些法律家称他们自己是实用主义者,他们的意思是:他们是实践性的人,与对抽象的理论相比,他们对特定的政治与法律决策的实际后果更感兴趣。但是"实用主义"同样也是一种抽象的哲学理论的名称。罗蒂教授说他是一位哲学实用主义者,他不仅把威廉·詹姆斯(William James)、查尔斯·桑德斯·皮尔斯(Charles Sanders Peirce)以及约翰·杜威包括在这个传统之内,还把路德维希·维特根斯坦、W. V. O. 奎因(W. V. O. Quine)以及唐纳德·戴维森(Donald Davidson)也包括在内,尽管后面三位哲学家对该传统的罗蒂式版本更多的是批驳,而不是支持。

罗蒂说,我们必须放弃这样的观念,即法律或道德甚或科学的探讨,是一种要发现某事物真正(really)如何的努力:法律真正是什么,文本真正意味着什么,哪些制度真的是正义的,或者宇宙真正来说是什么样的。我们应当抛弃这样的念头,即某一张概念表,某个命题集合,能够比其他的概念表或命题集合更接近于某种独立存在的"实在"(reality)。相反,我们应当接受的是,我们拥有的用语系统仅仅是我们所拥有的、看起来是适合我们或者对我们有用的系统。我们还应当承认,当这个观念与命题的用语系统看起来不再有用——看起来不再适合我们的时候,我们就可以并且应当对其加以变革,以便去确定,用一种不同的用语系统"我们会如何往前进展"。如此理解,研究即是试验性质的。我们尝试新的观念,以确定它们会产生何种结果,确定哪些观念或用语系统能证明是有用的或者是让人感兴趣的。

这听起来叫人激动不已,但在哲学上它其实是一团糟,正如许多哲学家目前已经指出的那样。让我引用伯纳德·威廉姆斯(Bernard Williams)在概括希拉里·普特南(Hillary Putnam)提出的极其有力的批评时所用的一个简洁陈述:"[罗蒂的观点]完全是自我毁灭性质的。假定,像罗蒂喜欢说的那样,对世界的正确描述(对我们来说)是一个我们觉得何种说法便于表达的问题;并且假定,像罗蒂承认的那样,我们觉得,科学是要发现一个既定存在着的世界这个说法是一个方便的表达,那就根本不存在这样一种视角:从这个视角出发,罗蒂能够说——就像他确实也这么说的——科学并非真的是发现一个既定存在的世界,而是(或多或少地)把它发明出来。"[1]

　　这个要点对法律与道德也同等适用。普通律师在实践他们的职业过程中会认为,某些司法意见正确地或者忠实地理解了法律,而其他的则不是这样。普通公民认为,波斯湾战争真的是正义的或真的是非正义的。他们的意思不是说,说它是[正义的或非正义的]这样说说是有趣的或有意思的或有益的或有用的;而是说,它真的是[正义的或非正义的],因为击退一支侵略军真的是一件应当做的正义之事,或者因为,杀死无辜平民的确始终都是非正义的。毫不夸张地讲,在法律真正是什么或者正义真正要求什么,与以某种方式表达或思考会有如何如何的益处这两者间的区分,对我们是至关重要的。它是决定性的:没有这一区分,我们根本就不能"进展下去",更别提顺利地进展了。如果我们认为,实用主义者是要让我们抛弃这个区别,那我们将因为他的建议实际上是自拆台脚的而拒绝它:如果接受那样的建议,那将使我们的"用语系统"对我们更无用处而不是更加有用。

　　所以,无论它以什么面目出现,实用主义都是自我毁弃的(self-destruct):它提出的是它让我们不要采纳的建议。因此,当罗蒂这么说的时候肯定让许多读者感到惊讶不已,他说:至少在法律之中,我们已经作出了罗蒂牌实用主义所要求的那些转变,实用主义和它的盟友们差不多已经席卷了这个领域,他们为之奋斗的漫长战斗现在已经大体取得了胜利,至少在法律理论里,我们现在都是实用主义者了。[2] 这怎么可能呢?——因为,我们还是在这样谈论着,即法律家对法律的陈述是有关法律是什么的陈述,而不是有关怎么说将会有用的陈述;而且因为,我们仍然假设,法律家的陈述可能正确理解了法律或错误理解了法律。对此的说明包含在我此前已经提出的一种诊断中,这里我将用一定的篇幅来对

---

　　[1] Bernard Williams, *London Review of Books* (January 1991).
　　[2] Richard Rorty, "The Banality of Pragmatism and the Poetry of Justice," in Michael Brint and William Weaver, eds., *Pragmatism in Law and Society* (Boulder, Colo.: Westview Press, 1991).

第一章 实用主义与法律

它作一概括。[3]

罗蒂和他的追随者们显然都在被设想为是人们思考和言说的两个层次之间作出了区分,尽管他们没有澄清这一点。首先是内在的层次,某些实践性的事业,像法律或者科学或者文学活动或者道德承诺即在这个层次上展开。人们在这个层次上运用那些对他们有用的用语系统:在这个层次上,人们正当地说——因为这样表达是有用的——科学描述了世界真正是怎样的,法律不只是如果把它认为是什么那将会很有用的什么东西。其次是外在的层次,在此层面上,哲学家和其他的理论家谈论这些事业而非参与它们。在罗蒂和其他人看来,在这个层次上,一些糟糕的科学哲学家主张科学发现世界真正是怎样的,而糟糕的法哲学家认为律师和法官设法去发现法律真的是什么,即使在疑难案件中也如此。罗蒂想要占领的就是这个层次:他自己现在占领着这个外在的层次,他想说这些外在的主张是形而上学的,是基础主义的以及是其他什么糟糕的东西。他认为,对这些错误的外在描述所作的驳斥,不会改变内在层次,即实际的科学与实际的法律实践的层次上的思考或言说,而只是将其从那些由糟糕的外在理论渗透进实践之中的无论何种混乱与晦涩之中解放出来。所以罗蒂说,实用主义的胜利只是清理了概念基础,以便让实际的实践能够从那类混乱中解放出来,继续进行。

然而,这一辩护的疑难之处在于,罗蒂希望占领的那个外在层次并不存在。并不存在这样一个外在的哲学层次,在该层次上,"科学设法如世界真实的样子去描述世界"这个陈述,能够意味着某种与这个陈述在科学的内在世界里所具有之意义不同的含义;也不存在一个外在的法理学层次,在该层次上,"根据恰当的理解,法律允许纠正歧视的措施

---

[3] 一些批评者,包括布赖恩·巴利(Brian Barry)和约瑟夫·拉兹(Joseph Raz)认为,我对唯一正解(one-right-answer)这一主张的特征与重要性已经改变了想法。不论好歹,我并未改变。参见 Ronald Dworkin, *Taking Rights Seriously* (Cambridge, Mass.: Harvard University Press, 1977), Chapters 4 and, particularly, 13. 也可以参见我稍早一些的文章《疑难案件真的没有正解吗?》("Is There Really NO Right Answer in Hard Cases?"),该文作为第五章重印在 Ronald Dworkin, *A Matter of Principle* (Cambridge, Mass.: Harvard University Press, 1986)。

(affirmative action)"*可以意味着某种与它在法庭上所意味的含义不同的意义。语言只能在它在其中发挥作用的诸种社会事件、预期以及形式中获取其意义,这是一个概括在"含义的关键在于运用"这个粗略但却常见的口号中的事实。这不仅对于我们语言中普通的、操作的部分来说是真实的,而且对于语言的全部,对于普通语言也对于哲学语言,都是如此。当然,我们能够运用我们语言中的某部分来谈论其余的部分。譬如,我们能够说我刚刚说过的话:含义与运用是联系在一起的。并且当然的,在某个特殊专业的特定惯例中,普通的词汇可以获得技术性的含义:比如,法律家以一种非常特别的方式运用"考虑"(consideration)**一词。但我们无法从言说的整个事业逃到一个不同的、超验的平面上去,在这个不同而超验的平面上,词汇能够具有完全独立于由任何——不论是日常的还是技术性的——惯例赋予它们的意义的含义。〔4〕

所以,对罗蒂而言,仅仅诉诸一种神秘莫测的哲学性或外在性层次,那是不够的。他需要把糟糕的哲学陈述放到某些运用的语境当中去;他必须表明它们具有某些特殊的技术性的或其他的意义,由此,当一位法哲学家说,法律命题是根据法律真正所是的什么而为真或为假的时候,他不仅仅是以一种较为一般性地方式,说着一名普通律师在他说某个特定的司法意见错误理解了法律时所说出的东西。然而,罗蒂和其他的实用主义者都没有这么做。假如他们真的设法这么做的话,那也看不出他们如何能取得成功。他们将不得不以某种方式解释哲学上的陈述,以便揭示出它们那据信是特殊的含义,而在这样做的时候,他们将不得不退回到其

---

* "affirmative action"尚无统一译法,而该词的表面意思"积极行动"又无法直接传达这个术语的实际内涵。"affirmative action"含有优惠待遇的意思,1961年首次出现在美国总统的行政命令中,是为了矫正美国历史上的种族歧视问题,而规定的一些措施,具体指联邦机关在雇用有色人种时应采取积极的补偿措施,以改善黑人的处境。后来,该词泛指美国政府为弥补少数族群或弱势群体在过去所遭受的歧视的伤害,而在求职或入学申请方面提供优惠待遇,以提高其竞争力。参见王玉叶:《Hopwood vs. Texas》,载《欧美研究》2004年第三十四卷第三期,第457—509页。——译者注

** 即"对价"。为配合这里的上下文,特以日常用语直译。——译者注

〔4〕 正是这一点,使人很难去规定这个在形而上学上将"现实主义者"与"反现实主义者"划分开来的问题(假如存在这个问题的话),而更一般的情况是,使人很难阐发出任何一种在哲学上非常深刻的怀疑论形式。

他的词汇和观念上去,这些其他的词汇和观念同样具有完全是日常的和明确的用法,于是他们就又不得不向我们说明,这些词汇如何意味着某些不同于它们在其日常运用中所具有的意思的含义。

例如,假设实用主义者们告诉我们说,糟糕的哲学家们的理论有一种特殊的含义,因为这些理论主张说,这个真实的、外在的世界的内容,独立于人类的目的,或者独立于文化与历史,或者诸如此类的其他什么。困难在于,这些有关现实对于目的之独立性的新表述也具有普通的含义,而如果我们赋予哲学家们的主张以那种普通的含义,那么到头来他们所要说的,也会是普通的含义。例如——以所有这些词汇的普通用法来运用它们——绝对正确的是,珠穆朗玛峰的高度与人类的目的或历史或文化是不相关的,尽管我们用来描述其高度的公制计量,以及我们对它的高度具有任何的兴趣这个事实,无疑确实是依赖于目的与文化的。所以,一位实用主义者就必须为诸如"独立于目的"这类表述赋予特殊的含义,这些特殊的含义再一次要设法对此作出说明,即为什么当哲学家说现实独立于目的的时候,他的意思与普通人这么说时所表达的意思是不同的。实用主义者接着说的任何东西——他提供的任何新表述或新解说——都将不断遭遇这同一个困难,以至于无穷。假如实用主义者说,譬如,尽管山的高度确实独立于我们的目的,但这唯有在给定我们如何继续进展下去的情况下(given how we go on)才为真——这么说能不能解决这里的困境呢?不能。因为,再一次地,给定我们如何继续进展下去——也就是说,作为一个从我们已经在实际上发展出来的实践中获取其意义与说服力的陈述——这个主张是错误的。给定我们如何继续进展下去,山的高度也不是由我们如何进展下去这一点来决定的,而是由泥土与石头积聚的量所决定的。

顺便提一下,我希望没有谁会认为我这里是在主张说,实用主义的怀疑论还不够,或者以某种自相矛盾的方式说,它在它自己怀疑论性质的胜利中溺毙。请容我重复:哲学主张,包括不同种类的怀疑论主张,与任何其他种类的命题都是相似的。在它们被人信奉之前,它们需要得到理解,而它们必须在它们所使用的概念如何得到运用这个背景之下,才能获得

40

理解。这样理解的话,我们一直在此讨论的实用主义主张就没有成功地为真,而是——直截了当而直白地说——错误的。假设我们如何继续进展下去的方式是给定的,则以下说法就不为真而为假:例如,不存在有待科学家去发现的现实,或者法律仅仅是一个权力问题,或者解释与任意歪曲之间并无区别。这些论说听起来迷人、激进且具有解放的意味。但一旦我们问一问,它们在我们所拥有的这唯一的语言中,是否真的意味着它们似乎要表达的什么,那就不是这样了。

41　　刚才我说过,罗蒂的新实用主义者们,他们的先驱与盟友们,尚未作出真正的努力来回答我提出的这个问题:他们所驳斥的哲学或理论主张,与他们所接受的相对应的普通主张之间,其意义上的差别何在?差别又如何可能?他们如何能相信他们自己已经驳斥了他们尚未描述出来的主张?* 万万不可低估了隐喻以及其他自欺欺人的手段的力量。

　　实用主义者们运用了吓人的引号和斑斓醒目的斜体字:他们说,那些糟糕的哲学家不只认为事物真的存在,而是认为,它们"真的"或者真的**存在,仿佛这些引号或斜体字改变了所说内容的意义。不过,隐喻才是他们的重型火炮。他们说,那些糟糕的哲学家认为现实、含义或法律"就在那儿"(out there);或者认为世界、文本或者事实"提供"并"指示"它们自己的解释;或者认为法律是"天空中的一种无处不在(omnipresence)"。这些隐喻似乎是要让人以为,那些糟糕的哲学家们在主张一种新的、不同的、在形而上的层次上特殊种类的现实,超出普通现实的现实,一个新的、超自然的哲学的话语层次。但事实上,只有实用主义者才老是以那样的方式谈论。他们虚构出了他们的敌人,或者不妨说,是试图将他虚构出来。因为,假如实用主义者要对他那摄人心魄的隐喻作出解说,他将不得不回到日常生活的平常语言上来,而在此时,他终究是不把糟糕的哲学家

---

　　* 此处作者指的就是前文关于解释的无限倒退问题。由于最终都必须调用其他日常的表述来说明哲学家的命题如何具有不同于普通语言的含义,因此实际上,这种所谓的特殊的含义是不可能存在的。在此意义上,德沃金把实用主义者所批判的那种糟糕的哲学立场说成是实用主义者们未曾描绘出来的对象,因为他们根本不可能把不存在的特殊意义给描述出来。——译者注

　　** 本句中三个 really(真的),第二个是打上引号的,第三个是斜体。——译者注

与普通的法律家或科学家或怀有确信的个人区分开来的。假如,法律"就在那儿"这个说法意味着在法律是什么和我们想要法律是什么之间存有差别的话,那么,绝大多数的法律家都认为法律就在那儿,这样,实用主义者就不具有那样一个视角,从该视角出发他能够有意义地说,法律并不就在那儿。

正解之混杂

我已经说过,我关于疑难案件中之正解的命题是一个非常弱的、常识性的法律主张。它是在法律实践的范围之内,而不是在某些想象中与法律实践无关的、外在的、哲学的层次上作出的。我问道,在法律家可能表达的普通意义上,对某些疑难案件,是否可以合理地或正确地或准确地说,如果正确地加以解释,那法律是支持原告的(或支持被告的)。我回答说,是的,对某些疑难案件,一些这类性质的陈述是合理的或正确的或准确的。[5](实际上我说,一些这样的陈述在疑难案件中特别可靠或者通常都可靠。但在讨论我所作出的主张的性质时,我们可以忽略这更具雄心的陈述。)

因此,支持该法律主张的最自然的方式,就是在某些特定的疑难案件里面,设法指明正解是什么。当然,我只能通过作出一个普通的法律论证来做这一点。事实上我已经针对诸多非常疑难的案件作出了许多这样的论证:例如,我论证说,对合众国宪法的正确理解要求联邦最高法院推翻密苏里州最高法院对克鲁赞案(*Cruzan* case)的结论。[6] 联邦最高法院的四名成员赞同该结论,五名不赞同:他们认为可行的最佳论据要求相反的答案——他们被要求维持密苏里州最高法院的判决。现在我已经论及

---

[5] 要注意,我不是主张说法律家对哪一方是由最佳论据所支持的这一点全都意见一致。(我不可能主张这一点,因为一个疑难案件,正是一个法律家们确实存在分歧的案件。)我也不是主张说,可以有某种数学演算一样的裁判程序,它能指示出什么是正解。关于法律家应当如何思考疑难案件,我在其他地方已经描述过我是怎么认为的,我的描述强调了,该[思考的]过程有着多么浓重的个体判断的性质。

[6] Ronald Dworkin, "The Right to Death: The Great Abortion Case," *New York Review of Books* (January 31, 1991): 14-17.

身披法袍的正义

十位十分不同的法律家,我们*都认为(或者至少说过),作为一个普通的法律判决问题,在克鲁赞案中是存在一个正解的。无疑,另有数以千计的其他法律家持有相同的看法。现在,轮到你了。在任何一种疑难案件中,你自己是否已经发现任何总之是最合理的普通法律论据?那样的话,你就也已驳斥了我将其作为我自己的主张的靶子的"不存在正解"这个命题。

然而,法律理论家有一种显然难以抗拒的冲动,坚持认为,唯一正解命题的含义肯定不只是它在这个平常意见中所理解的含义,即在克鲁赞案中一方比另一方拥有更佳的论据。他们认为,我要表达的肯定不只是说,以某些普通的方式存在着正解,就像一位不自觉的律师可能说的那样;而是说,真的存在正确的答案或真正是真实的答案,或者正确的答案就在那儿,或者是其他的什么更夸张的说法。他们的错误正是罗蒂的错误:认为通过插入赘语或隐喻,他们能够给他们意图加以批判的见解添加意义,或改变其意义。不存在这样一种视角,从该视角出发,这些被夸张膨胀了的和修饰过了的主张,能够拥有一种与它们未被夸张膨胀或未被修饰过时所具有的,也就是它们在日常的法律生活中所具有的含义所不同的意义。所以,除了他们中的绝大多数都会认为对其加以拒绝乃是反常做法的东西,在我所说的之中,没有任何他们要拒绝的内容。

因此,假如怀疑论之不存在正解的命题具有任何实践上的重要意义的话,那它本身必须不是被作为一个形而上的主张,而是被作为一个法律的主张来对待。与普通的法律家的观点相反,它主张,认为在疑难案件中存在正解,这种看法是一个法律上的错误。这样理解的话,那它就是由法律上的论据来获得证立或被驳倒的。哲学与道德当然与该法律上的争论相关联,并且是以诸多的方式与之相关的。比如说,法律实证主义者认为,作为一个逻辑或语义学的问题,唯一正解的命题在法律之中肯定是错误的。(我在一篇早先的文章中尝试对他们的论点作了回答。)[7] 批判法

---

* 这里所说的提到十位法律家,是指九名联邦最高法院的法官和作者自己。——译者注

[7] 参见 Dworkin, *A Matter of Principle*, Chapter 5.

学运动(Critical Legal Studies)的成员们指向了他们认为在法律教义当中普遍存在的内在矛盾,如果这些矛盾存在的话,那这些内在矛盾将会令正解无处容身。(不过,我已经设法表明,这个意见将矛盾与竞争性的因素混为一谈。)[8]道德怀疑论者,包括约翰·麦基(John Mackie),捍卫一种内在的道德怀疑主义,如果这种道德怀疑主义是合理有效的话,那它也会使正解的可能性落空。[9] 无疑,其他具有法律上的分量的论据(arguments with legal bite)能够并且也将会被用来支持内在怀疑论的观点。但这些是法律上的论据;如果它们获胜,那它们就会要求变革;如果它们获胜,就可以不需要神秘难解的隐喻来帮忙主张它们。它们不像实用主义者提出的反对理由,除非用形而上的术语对我所说的加以重述,设法把我劫持到某种虚构的哲学层次上——在这个层次,外在怀疑论者成群游荡,而劫掠者则险恶地行其劫持的勾当——否则是无法主张这些实用主义异议的。

费什及实践的微妙复杂性

费什(Fish)教授已经(诚如他可能说的那样)和我的立场打赌打了很长时间了。他已经写了不下三篇有关我的著作的高度批判性文章[10],除其他的恶德之外,这些文章指责我"闪烁不明","蔚为奇观的混乱不堪";他拒绝让一篇受约对这几篇文章中的其中之一进行回应的文章获得发表;在对波斯纳法官的书所作的热情洋溢的评论中,他转述了后者在不

---

[8] Dworkin, *Law's Empire*, Chapter 7.
[9] 参见 Marshall Cohen, ed., *Ronald Dworkin and Contemporary Jurisprudence* (London: Duckworth, 1984), 271-275 and Chapter 7.
[10] 它们现在选录于 Stanley Fish, *Doing What Comes Naturally* (Durham, N.C.: Duke University Press, 1990). 参见"Working the Chain Gang: Interpretation in Law and Literature," Chapter 1; "Wrong Again," Chapter 2; 以及 "Still Wrong After All These Years," Chapter 16. 同时参见 pp.384-392.

经意的谈话中对我所作的"有几分不敬的"批评,并以此作结。[11] 我可不希望再去招惹精力如此充沛的对手。不过,他诸多有关解释的文章,包括那几篇对我的批评,是如此鲜明地例证了我一直在讨论的实用主义的特征,以至于我若不提请你们注意它们,就会显得我胆小了。

我说过,实用主义者通过对普通命题作怪异的形而上改造,虚构出了他们的对手,然后以如下方式来捍卫这个动作,即坚持认为这些假想的对手不是在以普通的方式言谈,而是在设法占据话语的某种特殊的、外在的层次,实用主义者实际上无法描述出这个层次,而只能固执己见,认为无论如何它都是存在的。费什的全部作品都证实了这个判断,但他加进了一个新的并且重要的手法:他说,必定存在一个次级的、外在的解释层次,因为从某种智识实践的内部出发,是不可能说出关于它的任何有意思的东西。* 演绎推理式的主张对一位自称的反理论者来说总是不相称的,而这一个则尤其是一个严重的错误。因为,任何一个对智识实践所具有的批判性论辩和反思性的特征茫然不察之人,几乎也不能理解有关它们的其他任何东西。

这个担忧在费什说明他认为实用主义的主要敌人——基础主义——究竟是什么的时候,变成了现实。"用基础主义这个说法,我想表示的是任何这样的企图,即试图把研究和沟通奠定在某些比纯粹的信念或未经

---

[11] 波斯纳法官的书典型地表现了这位显然高产的作者的优点和缺点。它清晰、博学、有冲击力,四面出击、诙谐机智,但却肤浅到底。作为他主要的理论目标,他打算抨击他将其描绘成正解命题的东西。他所想到的,乃是我早先所描述的并且设法加以澄清的命题。他说,他之主张在疑难案件中不存在"客观"答案,意思是说,在这样的案件里,专家们没有一致意见。恰恰正是这一特征——意见不一——使得这些案子成了疑难,由此,他便大获全胜,因为这[个说法]是无可否认的,即专家们在他们没有一致意见的案件里意见不一。但"正解"论所涉猎者当然并不在此。正如我早先说过的,它所涉猎的是一个法律问题,一个具有法理学幅度(jurisprudential size)和哲学维度的问题。我先前曾描述过这个问题的若干面相,其他一些作者已经着手探讨过它们。波斯纳一个不落地将他们全部回避,死死粘在他那微不足道的关于意见不一致的主张上面。他的书里妙趣横生,而他也确实涉及了范围宽泛而多样的问题,例如,讨论了制定法与宪法解释问题。

* 这里包含的就是一个逻辑上的演绎推理,其说服力(如果有的话),就来自下述推理过程:我们能够谈论"关于"某种实践的话语,这已经预设了在这种实践之外的观察立足点;因此如果我们确实能谈论"关于"某种智识实践的东西,比如谈论"关于"法律论辩这种实践的话语,那就必定存在不同于法律论辩本身的一个话语层次。供参考。——译者注

省察的实践更坚固、更稳定的东西之上。"[12] 注意这个对照:一方面是纯粹的未经省察的实践——做自然而然之事,另一方面是"某些更坚固、更稳定的东西"。这个对比也是自我毁弃的,其方式正与罗蒂类似的意见之自我毁弃相同。因为,认为某些研究和某些沟通确实奠立在某些比纯粹信念更稳固的东西,例如,事实之上,这正是纯粹的未经省察的实践的组成部分——一个不可缺少的组成部分。费什通过下述做法遮蔽了这个要点,即他紧接着就提出了人所熟知的糟糕观念(bad ideas)表——据信,这些糟糕的观念,是为某些相信"某种更为稳固的东西"的人所必定持有的。惯常的"嫌疑犯们"全都榜上有名:"恒定不变的跨越语境甚至跨越文化的……基础";一个"'原始事实'(brute fact)的世界";一组"永恒的价值";"自由而独立的自我";一种"全靠它自己就会产生出正确结果"的研究方法(着重标记原本就有)。这些个无意义说法中没有一个是我们普通实践的组成部分,这一事实并不意味着纯粹信念和某些更为稳固的东西之间的区别不是我们普通实践的组成部分;相反,它意味着费什没能把握到——甚或是在设法忽略——作为一个"我们如何继续下去"的问题,这个区别究竟导向什么结果。

  他讨论我的著作的第一篇文章,运用了如今颇为常见的隐喻策略。他告诉他的读者说,在我看来,意义在文本中是"就在那里的",或者意义在文本中是"自我实现的"(self-executive)或"已然就位的"或"恰好是给定的",文学著作"宣示了它们自己"与形式和风格之间的"从属关系",小说拥有一个"未被解释的内核",该内核能引导它们自己的解释。不过,他在结尾处却颇为谨慎地揭示了这个奇怪的事实,即我自己小心地拒绝了可能被认为是这些隐喻所提示的任何东西;实际上,或可认为,我已经预见到了他自己所论及的任何东西。但他说,我的拒绝只是暴露出了混乱,而远远没有表明他提到的那些糟糕透顶的隐喻是不恰当的。他说,谁若认为在解释某个文本和捏造出一个新文本这两者之间存在区别,那谁就必定假设了一幅"就在那里"或者"未被解释的内核"的意义图像,不论

---

[12] Fish, *Doing What Comes Naturally*, 342.

他在此之后说了什么,他都是在这样做或这样假设或者在这样想。

在他第二篇文章里面,这个双层次方法变得具体明确了。他说,我的闪烁不明和蔚为奇观的混乱不堪在于,我在话语的两个层次之间来回变换,却没有提请我的读者注意我在这么做。第一个是某种实践的,如解释或者判决的内在层次,在这个层次上,普通的学者和法官无非是拥有信念、作出决定。第二个是外在的、更为"一般和抽象的"层次,在这个层次,我们可能尝试"以一种决定性的(decisive)和启发性的(illuminating)方式来刻画司法活动的特征",或者提出关于它的"规定性或规范性的"主张。他把他的区分用到我的这个主张上,即在法官对先例的遵循与对先例的忽略之间存在一种区别,这是他早前已经坚决地加以否认的区别。

> 因此,当法律历史的延续和一个新方向的开创之间在实践的层次上存在一种区别时,这是一个存在于诸种正当化论辩(justifying arguments)方法之间的区别,而不是行动之间的差别:撇开任何的、不论是什么样的论辩来说,行动的差别是明白无疑的。要言之,这差别*是解释性的,并且由于它是解释性的,它无法用来确定任何东西,因为它自己也正是不断被确定着的东西。因而,德沃金处在一种全然进退两难的境地:他可以坚持他的区别的原初……形式[记住,费什不顾我的反对,用这个区别表示相对抗的文句]**,在这种情况下,他便无法有意义地(以一种能够得到鉴别[consulted]或运用的方式)在司法活动或任何其他的活动之间作出区别;或者他可以把它用作一种在……实践之中的区别,在这种情况下,它便不具有规定性的或规范性的效力,因为它是一个存在于各种有争议的自我描述或指控模式之间的区别。[13]

我们应当稍稍细致地注意一下这个颇为奇特的段落。它一开头认为,解释与捏造之间的区别并非"撇开任何不论什么样的论辩来说,是明白无疑的",这一否认是通常用来转移注意力的话,更加是一种"就在那

---

* 即正当化论辩之间的差别。——译者注
** 方括号内是德沃金增加的按语。——译者注

[13] Fish, "Still Wrong," in *Doing What Comes Naturally*, 111-112.

儿"的东西。没有谁会认为,这个区别撇开任何论辩来说是明白无疑的,不论这种明白无疑可能意味着什么。相关联着的这些个断言——遵循先例与忽略先例之间的区别本身牵涉了一个解释性的主张,即指责某法官忽略了先例这一指控乃是一个"有争议的"指控,这个区别没有确定任何东西,而它自己也总是有待确定——我认为,无非是说,法律家们对某个特殊的论辩形式是否算得上是解释或捏造的问题常常意见不一,以及法律家和法律哲学家们有关这些问题的观点不断处在变化之中。也没有谁曾否认过这点。[14] 但是,到此为止,在这个论辩里面,还没有任何东西是和费什想要说明的这个问题相关的:解释与捏造间的区别,是否能够在解释实践的内部,以一种启发性和批判性的方式加以运用,也就是说,仅仅赋予这个区别以费什现在同意它在该实践之内部所具有的那种意义。用这个普通的区别,是否能够有意义地说,某些法官不是在解释先例而是在虚构出一个他自己的先例?那样说能算得上是对这些法官的一种批评吗?

当然能。如果这个普通的区别不能以这种规定性和批判性的方式来运用,那它又能以何种方式加以运用?当我们说(如果所说为真的话),法官们接受了一项解释先例而非忽略先例的责任,此时我们当然以一种"启发性的"方式刻画出了司法实践的特征。并且无疑也是说无论他们是否接受该责任,他们都应当解释而非忽略先例,这是一个重要的规范性主张。它们本身——正如它们当然所是的那样——是解释性的主张,或者它们天生具有争议性而且常常不可能在命令一致同意这种意义上被"确定",这些又如何会减弱这些主张的效力或说服力呢?解释性实践为什么就不能以对该实践的解释作为其组成部分呢?[15] 费什的双层次主张看起

---

[14] 看起来,费什在这里似乎是在诉诸我在其他的地方已经称之为可确证性(demonstrability)命题的东西:没有什么可以算得上是某观点的一个好的论辩,除非它具有不言而喻(demonstrably)的说服力,也就是说,除非没有哪个理性的人能够或者想要反对它。所以,在实践内部,除非人人都对此持有一致意见,否则没有什么可以被认为能够证明某一特殊的论辩是一个捏造的例子。如果这就是费什的要点所在,那这正好是把与某一实践不相关的有关好论辩的诸种重要标准,从某种怀疑主义的外在层次引入这种实践的另一个例子。不过,费什说过,他在这一点上是同意我的,即这类外在怀疑主义没有意义。参见"Still Wrong," in *Doing What Comes Naturally*, 370-371.

[15] 参见 *Law's Empire*, Chapter 2.

来像是维特根斯坦对哲学上之魅惑(philosophical bewitchment)所作诊断的一份病历:理论家们通过某些隐秘的先验的信条(hidden a priori commitment),把他们自己苦思冥想到丧失了常识。费什的关键假设即一种解释性实践不可能是自我意识的和反思性的,在他关于我以一种混乱的方式从一个层次转移到另一个层次的做法的无数指责中,每一个都以这个假设为前提;这个假设是未得到充分辩护的、反直觉的、贯彻始终的和成败攸关的(crippling)。

这个假设的说服力很是差劲(down-market):它使解释性实践成了非反思的和自动的。[16] 它对它错误地割裂开来的各种活动都造成了严重的误解。它把解释理论丢到了虚构出来的敌人的、外在的元层次上,而任由实际的解释性实践成了直接了然和被动的东西,其反思的、内省的、论辩性的品质则被剥夺一空,实际上这一品质对解释性实践的特征来说是本质性的。在费什关于我的著作的第三篇文章里,这两种后果都赫然触目。首先,他重复道,不管我说什么,我们之间的战斗都必须被理解为是在一个外在的逻辑平面之上发生的,这个外在的逻辑平面完全独立于解释性实践。他说,我试图占据一个在所有实践之外的阿基米德点(Archimedean point);我的"作为整体性的法律"正是"这个一般性主张的一个替代品,即哲学应当成为一种存在于某个高于纯粹实践、能够揭示纯粹实践的外在层次上之反思的典范"。他所声称的、支持这一描述的新的论据在于,《法律帝国》试图给法律家们提供他们并不需要的建议,因为他们根本不可能以某种与那个建议相矛盾的方式来行动。这个论据,即

---

〔16〕 费什最近对解释的认识论结构提出了一种更为动态的说明;实际上,[他的这个说明]看起来,是一个与我在对卡纳普(Knapp)的回应中提出的、有关解释者是如何受到限制的说明在实质上相仿佛的说明。例如,费什说道:"即便头脑里满是一些限制了它可予以留意的东西的假设,但除了这些假设之外,还有这样一个假设,即某人的诸种假设在特定的环境条件之下、根据特定的程序,要受制于异议的反驳和可能的修正……"这似乎就承认了,解释在实践的层次上是可以具有内在批判性的,这一点,费什在前面引述的段落里则是否认的。但他并未标明他已经改变了他的想法,这或许是因为,他并不是把它作为对解释实践之反思特征的一种解说,而是更为消极地把它作为对诸种解释类型是如何能够受到挑战的一种解说,而提出这个动态说明的。参见 Fish, Doing What Coming Naturally, 146.

便根据它自身来说,也是不成功的。[17] 而即便根据它自身而言的确是奏效的,它对费什的目的来说也不能起到什么作用。即使我关于裁判的诸多主张全都是多余的和不必要的,那也不会由此得出说,它们以任何的某种方式是阿基米德式的或者是外在的;平常无奇之事物实在也是内在的、是在尘世间的。费什必须表明(正如我在前面说过的,实用主义者必须表明),他能够给他觉得令人讨厌的那些陈述赋予一种与它们在普通的解释性实践之内所具有的意义十分不同的意义,以便为他的这个主张作辩护,即它们是在一种不同的、存在于别处的、断开的话语层次之上被使用的。我没发觉他已经作过这样的尝试。

费什有关解释性实践之被动的、非反思的特征的第二个假设,主导着他对我的这个指责,即我不满足于转述法官们在一种实践"之内"思考,而是坚持要求他们应当在某个实践"之内"思考:

在一种实践之内进行思考(think within),就是让某人关于可能的和恰当的行动的理解和判断,"自然而然地"——不加进一步反思地——从某人作为高度境遇化之行动者(deeply situated agent)的立场之内产生出来……作关于一种实践的思考(think with)——有自我意识地运用该实践之某种被推定的运作模式——则要考虑他的义务是什么,什么样的程序是"真正"正当的,什么样的证据实际上真是证据等。那就是要成为理论家。[18]

但是,正如任何法律家都知道的那样,就法律来说,在这个实践内思考和作关于该实践的思考,这二者之间并无差别:它们是同一件事。一位

---

[17] 费什说,法官将不可能是我先前所描述的意义上的实用主义者,因为法官们禁不住要受到他们的法学训练的影响。这是一个不合逻辑的推论,当法官们忽略先例之时仍然可被认为是在作为法官而行动,这个事实并不意味着他们所做的就不是在忽略先例。他说,因为在解读任何制定法时解释都是必须的,所以我称之为因袭主义(conventionalism)的裁判方式是不可能存在的。但是,我对因袭主义的界定是,它认为法律是一个无争议的解释问题,而不是说它是一个无需解释的东西。他说,即便是一位否认任何与过去保持连贯性之责任的法官,也会在某种意义上作出一原则导向的判决,因此,从中可以推得:某种类型的整体性乃是必然的东西。不过当然,那不是我将之描述为对于作为整体性的法律来说是本质性的那种过分苛刻的整体性。

[18] 参见 Fish, *Doing What Comes Naturally*, 386-387.

48　好的法官将"自然而然地"以及"不加进一步反思地"认识到,自觉地和自我批判性地问一问他的"义务"究竟是什么,什么样的"证据是真正的证据"等,这乃是他的工作的一部分。他会自然而然地认识到,他既必须认真履行他作为一个参与者的任务,并且正是因此,用费什的话说,也必须成为一个理论家。(我最好说一下)那并不意味着,律师或法官在他们每一次发表意见时的嘈嘈切切当中都在构造他们的事业的理论。相反,那意味着我在讨论格雷关于"贯通全局的"(overarching)理论的观点时所说的东西:对于他们即便是未经反思地持有的那些观点,他们也承认它们的论辩性质,他们理解,即使是这些观点,在原则上也容易受到某种理论性的质疑挑战,一旦出现这种挑战,他们就有责任在合理的限度内竭力加以对付。在此以及在其他地方,费什都大大低估了诸实践之内在结构的复杂性,人们则可以相当自然地进入到此种复杂性之中;他没有领会到,在某些事情上,理论自身便是第二自然。我们所做的一些事情比起扔一次指叉球来要更加具有论争性质:邓尼·马丁内兹*从未提出过什么看法。再者,甚至在棒球运动中,理论与实践之间也要比费什所承认的有更多的联系。五十年前打出四成打击率的最后一个球员是现代最伟大的击球手**,他在每个投球之前都构造出了一种理论。[19]

---

　　* 邓尼·马丁内兹(Denny Martinez),1955年生于尼加拉瓜,著名的棒球投手。指叉球(forkball)是棒球球路的一种,投球时,投球者用食指和中指夹住球体,状如叉子。——译者注

　　** 应指泰德·威廉姆斯(Ted Williams,1979—2002),被认为是棒球史上最伟大的击球手之一。在单个赛季中打出四成的打击率,这个成绩是他在1941年创下的。打击率是安打数与打击数的比值。安打指击球手把投手投出来的球击出到界内,使击球手本人能至少安全上到一垒的情形。——译者注

　　[19] 费什教授对我的文章的部分回应(Brint and Weaver, eds., *Pragmatism in Law and Society* 的第三章第五部分)是值得欢迎的:他不仅承认理论的确确是某些实践的组成部分,他也肯定了有关理论如何在像法律这样的解释性实践之内发挥作用的最佳说明的一个关键成分。他说,在这类实践之中"合格的实践者是在对他们所从事的实践是为了什么[这个问题]所具有的一种强理解之内运作的"。他本可以补充说,这一事实说明了这类实践之论辩性的以及动态性的特征。法律家们对于法律在正确的理解之下对某些情形真正要求的是什么,常常困惑不解、不能达成一致。因为,尽管他们共享着这个认识,即法律是为了某些事情的——源自法律历史的许多多的规则和实践都拥有其意旨所在——但对这意旨为何,不论是在法律的总体方面,还是在法律特殊的部门或学说或规则方面,他们却有着不同的、相对立的和有争议的解说。所以,法律推理最好以下述方式理解为是解释性的:法律家们构造出他们认为是对过去的规则和实践所作的最佳辩护(justification),然后把该辩

第一章 实用主义与法律

护推展到那些新案件之中,他们即是以此方式来思考,在新的或有争议的案件中法律是什么。以这样的方式,他们进行提炼、再提炼,对相对抗的辩护进行检验和探讨,从而对他们的制度的过去作出解释和再解释。当他们采纳了关于同一历史所作的某种程度上不同的辩护,或者当他们以不同方式推展大体相同的辩护时,并且也正因为如此,他们彼此之间便产生异议。这一过程并不是在每一个案件里都是自觉的和明确的:"简易"案件是那样一些案件,在其中,对过去所作的任何一种看起来可能真实的解释都在当前要求相同的判决,因此新的判决似乎是非反思的和近似于自动的。但至少每一个上诉法院的法官都会面临疑难案件,在这些案件里面,辩护与推展的程序会变得更有自我意识、更为明确,更接近比如在课堂辩论中所采取的那种完全反思的和明确的形式,而课堂辩论无非是同样的一些实践在其中得以呈现的、有着不同的结构和推动机制的另一个论坛。(在《法律帝国》中,我试图对本段所概括的有关辩护的观点进行界定。)

要是费什以此种方式继续他的解说,那对于法律理论是如何"拌进"法律实践之中的这个问题,他本来是能够给出一种清晰而准确的说明的,对学院法律家和法律哲学家如何能够尝试去推进这一事业这个问题,也是如此。然而,他并未准备在解释性实践中赋予理论以这样突出的地位。所以,他以一种十分不同的方式继续他的解说,这个方式与他先前反理论的立场在精神实质上更为一致。他说,虽然法律家们理解,法律是服务于某种意旨的,但他们的理解"在任何值得给予注意的有意义的方式上都不是理论性的",因为它"之产生,不需要附加进一步的反思,即不需附加上关于在特定情形中什么是恰当的、什么是不恰当的,什么是有用的、什么是无用的,或者什么是有效的、什么是无效的这样一种认识"。换言之,他仍旧想把律师和法官们描绘得像自然而然的、无反思的运动员一样:一些本能式的匠人,他们对法律问题想也不用想一下就作出反应,像他们被训练去做的那样进行判决,而由于没有哪个受此训练的人能有所作为,故只能遵循他们的职业的古老惯例,因为其他不同做法将是不可想象的,他们仅仅在被人要求的时才给这些规则提供辩护,而当此情形,他们也只是重复他们在法学院里记住的那些空洞表述,这些无益的表述除了用来把像水力学那样的课本盖到水管工人的架子上之外,与他们的实际实践毫无关联。

这是对实际法律实践的一种极其贫乏的描述。费什的说明没有为难题或改进或争议或变革留下任何空间:它无法说明,法律家们怎么会对他们有关法律是什么的看法产生困扰或异议或质疑。如我所说的那样,他对解释性实践的说明使它们成了一目了然的和被动的了。譬如说,他坚持认为法官们完全不能质疑既定的裁判程序;他认为,就像法官们以任意引用莎士比亚的方法来裁判案件是不可想象的一样,要他们对法院层级与先例的传统原则重作考虑,那也是"不可想象的"。但是法律史上塞满了那些对程序上的正统加以质疑的法官的例证。一些挑战者以失败告终——比如,那些主张当他们认为联邦最高法院将会改变其看法的时候,他们有权不遵循过去的最高法院判决的联邦法院法官们,到目前为止还没有说服其他人,他们被否定掉了。在其他的案件中,挑战引人注目并且取得了成功。例如,几十年前,英国的最高法院,即上议院突然一反既定惯例,宣布它将不再受其自己过去判决的约束,尽管这个新的实践在某些英国法律家看来是不正当的,但现在他们当中却极少有人质疑它。这些只是随手挑出的一些例证;法律史或法律的进展过程能够提供数以百计的其他例子。在几乎所有这类情形当中,针对正统与惯例的质疑挑战都采取了一种有相同基础结

身披法袍的正义

构的论据:通过某种与被认为是无可置疑的东西的或多或少激进的断裂,裁判、先例、层级结构以及其他等的目的——至少在那些提出挑战的人看来——将能得到更好的满足。

费什针对实体法律原则提出了相类似的主张。他认为,如果法律家们被要求对他们在考虑合同案件时所运用的"工具",如承诺与要约、误解、不可能性、落空、违约以及其他教义,给出一个辩护,那他们将会哑然失声;他说,法律家在运用这些教义之时对种种理论或辩护的依赖,并不比木匠对使用钉子的理论的依赖要更多一些。但是,有关斯勒德案(Slade's Case)之后的数世纪中合同法是如何发展的任何标准历史学都表明,这是一个多么糟糕的类比,它是多么彻底地错估了理论性论辩和异议在该进展过程之中所扮演的角色。费什提到的任何一个教义在内容上都随不同的时期而变化,而它们在普通法世界中也还因司法管辖区域的不同而不同;这些变化与不同,除其他问题外,反映了对合同自由、商业效率、商业惯例公平性的要求、对谈判权力不足的人予以保护所具有之相对重要性的不同侧重——这里只列出法律家们针对合同法的意旨与辩护已经提出的或加以拒绝的大量理论性主张中的其中四个。再者,任何当代的合同法案例书都表明,这些争论仍然是如何地充满生气。例如,有争议的不仅仅在于什么应当算作是一个要约或承诺或误解,还在于,对于合意性交易的法律实施来说,[要约、承诺或误解等]这些观念应当具有怎样的重要性,正如——除其他的趋向之外——准合同与格式合同学说的发展,以及制定法对合同有限的取代似乎清楚表现出来的那样。再一次地,这些争议的核心乃是理论性的论辩类型——极力主张或挑战不同的辩护——而费什则想仅仅将其视为装潢门面的东西。如我在本文的前面所说的,法律怀疑论者质疑法律论辩中的一个日常假设——法律问题有其正解这个假设。但是这些怀疑论者又像其他任何人一样坚持认为,法律论辩仍然是费什所拒绝的那种意义上的理论性的,因为他们把它描述成这样一种尝试,即每一方都有自我意识地提升他们自己的私法眼界。

因此,我认为,尽管费什的观点现在比它们一度看来的那样要少一点激进和令人触目的性质,但他还是严重误解了理论性论辩在像法律与文学批评这样的解释性实践中所扮演的角色。但是,他必须指出他的回应中接近尾声的一个段落,该段落可能会使人得出不同的结论。他说,即使我[按:指德沃金]是正确的,即是说,一位律师或法官仅仅是为了称职地履行他的职责,他就必须从事理论性的反思,那"看起来也没有什么理由要将之称为理论",因为那完全是某人精通他的工作这种状况的性质。但是另一方面,如果"在一种更高层次的意义上来使用理论……那我们就回到元评论的(meta-commentary)和高度抽象的领域之内了"。这些主张中的第一个肯定让每一位读者感到不解。能够从事非常复杂的理论性论辩,这当然是一名哲学家或一名宇宙学家或一名福利经济学家"精通"其工作这一状况的一个部分,因故,我们不是"几乎没有"理由,而是有很强的理由将之称为他们是在从事理论。费什的意思是不是真的是说,理论在任何专业的劳作之中都不发挥"有意义的"作用吗? 还是说他的意思只是表示,对他来说,他不想用"理论"这个词来描述任何一种与工作技能相伴随的思考形式,不论它如何地具有自我意识,而是想保留这个词来描述这样的思想过程,这种思想过程在一个"元评论的与高度抽象的"乌有的理想之地(a never-never land),与实践了无关系? 若是如此,那我们最终将没有什么分歧。除了这一点,即由于我不信什么乌有的理想世界,所以我是在普通的意义上来使用"理论"的。

第二章 理论的礼赞

导　言

　　我将谈一谈理论在法律推理和法律实践当中所扮演的角色。举例子最能说明问题，所以我会从一些例子说起。假设有这么一种情况：一位妇女服用了某类药片，结果这些药片却造成了有害的副作用。许多不同的制造商制造了这类药片，而她却根本不知道她实际上购买并且年复一年服用的药片是由哪一家厂商生产的，因此，也就不清楚是哪一家的药片造成了她的损害。她能起诉这些药品生产厂家中的任何一家或者起诉全部厂家吗？或者我们是否坚持认为，在侵权行为中，谁都不必对那些并非由他或她或它所造成＊的损害负责？两种主张都不乏赞成的法律家。有些法律家——包括加利福尼亚最高法院——认为，这些药品生产商要负连带责任。〔1〕其他法律家则坚持认为，这些药品生产商都不必对此负责，这位妇女的损失尽管令人难过，但在法律上却是无法获得赔偿的。又假设（作为一个不同的例子），有人焚烧了美国国旗，以表示政治上的抗议。于是就出现了一个问题，即政府是否能够把这种行为定为犯罪

　　＊ 这里的"造成"（cause）指的应当是能够在法律上证明为存在的因果关系。——译者注

　〔1〕 Sindell v. Abbott Labs., 607 P.2d 924, 935-938 (1980).

而又不违反第一修正案。正如您所知道的,法律家们以及其他人又各持己见。联邦最高法院的答案是"不能",但许多法律家则一直认为最高法院犯了一个宪法上的错误。有关法律是什么的问题,极富争议的其他例子还有无数。联邦最高法院即将要听审一件从第九巡回区上诉来的案件,这个案件提出了一个更令人犯难的问题:宪法是否——至少在原则上——认可某种程度的安乐死的权利〔2〕。法官、律师和普通人回答这个问题的方式相去甚远。

现在,我可以来设定主要的问题了。这样一个陈述——比如药品生产厂家在法律上是要负连带责任的,或者第一修正案保护焚烧国旗的行为,或者第十四修正案认可一种安乐死的权利——是何种性质的陈述?这些陈述并非简单的历史陈述,并非只是对过去所发生之事所作的描述性报道。它们也并不仅仅是预测:某些人认为宪法保护安乐死,但他们可能(就像我一样)预测,联邦最高法院有可能会作出与此相反的判决。那么,使一个有关在某件事上法律是什么的主张为真或为假的东西,究竟是什么呢?

我相信,以下是提出同样问题的另一种方式。对有关法律的主张,如何才是一种合适的论争或辩论方式?对这个问题,让我们区分出两种相当一般性的回答。我将把第一种称为"理论内置型"(theory-embedded)(或者干脆叫做"内置型")方法。* 法律推理意味着把特定的、个别的法律问题,置于法律推演诸原则或者政治之道德性(political morality)的广大网络中来加以考察。实际上,除非你已经通过或者愿意通过一个巨大的、由诸多复杂的原则所构成的、贯通全局的(over-arching)理论系统来进行思考——这些原则,比如包括有关侵权法之本质的原则,或者是有关民主制中言论自由之性质的原则,或者是有关对良心自由与个人伦理决断之权利作最佳理解的原则——否则你就没法对法律问题的正确答案进行思考。

---

〔2〕 联邦最高法院后来对这些案件作出了判决。参见 Washington v. Glucksberg, 117 S. Ct. 2258 (1997).

＊ 即指法律推理是一种内在地包含了理论的实践。——译者注

第二章 理论的礼赞

第二种回答——我将把它称作实践型方法,以与理论型方法相对——可以这样来描述。我刚刚讲过的那些有关宏大的、一般性的和贯通全体的理论的东西,全部都是不合宜的。一个司法上的判决即是一个政治性的契机,法官、律师以及其他每一个虑及法律的人,都应当将他们的注意力,放在任何政治性契机在实践中会带来的直接问题上。唯一的问题乃是:我们如何能使事情变得更好?为了有助于回答这个实践性的问题,你确实需要对不同判决的种种后果有相当丰富的了解——或许你还需要懂那么一点经济学,以便对这些个后果进行论证。

我敢说,在我描绘出了这两种方法之后,你就立马明白哪一种是你的方法了。实践型方法看起来多么脚踏实地,多么合情合理,多么充满美国味啊。相反,理论内置型方法则看起来空空洞洞、玄奥难解,而且在需要去完成实实在在的工作的时候,它看起来就完全不合实用。因为你们现在既已集结起来,所以我要努力为那个与之相反的方法而据理力争。我将证明,理论内置型方法不但是具有吸引力的,而且是不可避免的——这个理论内置型的方法,我以它的敌人描绘它的方式描述过了,不过,我一会儿就会以更确切的方式来刻画它。我将表明,实践型方法这个选项有一个致命的要害:它根本就是不能实践的。

我先会尝试以相对更细致一些的方式,来描述我是如何理解法律推理的理论内置型方法的。在这个说明的过程之中,我将谈一谈赫拉克勒斯和其他的巨人。然后,我将考察一下新近针对这样理解的理论内置型方法的两种批评。第一个批评出自理查德·波斯纳法官[3]——你们知道,就是那位懒散的法官,早餐前他会写上一本书,中午之前会判上几个案子,整个下午在芝大的法学院讲学,晚餐以后则做做脑科手术。第二个批评来自波斯纳的一位同事,凯斯·桑斯坦(Cass Sunstein),他也在芝大法学院任教,几乎与波斯纳一样高产。[4] 这些学者一起构成了一个反理论的、讲求实际的芝加哥法学派。这两位都对法律推理的内置型观念

---

[3] Richard A. Posner, *Overcoming Law* (Cambridge, Mass.: Harvard University Press, 1995).

[4] Cass R. Sunstein, *Legal Reasoning and Political Conflict* (New York: Oxford University Press, 1996)(以下简称 Sunstein, *Legal Reasoning*)。

提出非难,并赞同一种实践型的进路,而且两位都把我自己对理论内置型的看法当作是他们想要纠正的那些错误的一个范例。因此,我将运用他们的著作来检验我的论点:实际上,在他们所指责的、所谓理论上贯通全体的、可鄙的抽象观点,和他们所吹捧的实践型观点之间,我们没得选择。

内置型观点

我在前面问过一个问题。药品生产商对他们当中的某些厂家并未造成的损害负有(或者不负有)连带责任——这样一个主张是何种性质的主张?我的看法是,最佳的做法是我们把该主张视为一种解释性的主张:它坚持认为,我们的法律实践内在地包含了(embedded)*这样一些原则,当你把这些原则运用到手头的案件的时候,它们将使原告有权获得一个不利于作为连带群体的药品生产商的判决(或者并没有认可原告有权获得这样一个判决)。"埋藏在实践中的原则"这个说法当然是一个比喻,而尽管比喻自有其吸引人之处,但在法学当中,它们太过经常的只是一些代用品,并不能促使思想往前推进,从而在它们出现之后,最好尽可能迅速地摆脱它们。** 我的这个比喻是想表明,我们是通过证明下述这一点来为法律主张辩护的:支持这些法律主张的那些原则,也能对个案发生于其中的那个教义性领域中更具一般性的法律实践,给出最佳的辩护。当然,对哪些原则为法律中需予考虑的某个部分的总体状况提供了最佳辩护这一点,律师们会有不同意见。比如,关于并非出于故意的损害的法律,有些法律家可能会认为,能够为它作最佳辩护的乃是这样一条原则:即人们要对他们出于过失而造成的损害承担责任,即便这损害不是出自故意,但对于任何不是由他们造成的损害,人们是不应承担责任的。如果我们认为该原则提供了最佳的辩护,那么药品生产商就会胜诉,而原告则会败

---

* 在本文中,译者将"embedded"一词译为"内置的",指内在地包含的意思。该词的字面意思是一种形象的说法,即埋藏、种植,故而作者在下文说,这是一个比喻的说法,译者为配合语境,在那一处语境中将其译为"埋藏"("埋藏在实践中的原则")。——译者注

** 译者的理解是,"摆脱比喻"的意思即不停留在比喻引发的形象之上,而是直接深入到实质问题本身。——译者注

诉，因为她无法证明任何一家生产商给她造成了损害。但是，其他的律师会争论说，对这个领域的侵权行为法，一条全然不同的原则给出了更好的辩护：如果损害的发生乃是某些有价值的盈利实业——比如制药研究——之不可避免的后果，那么该损失就不应只由个别不幸的受害人承担，而是应该由那个从这项实业获利的阶层分担。可以想见，这条原则将会支持相反的结论。自然，还可以提炼出其他相关的原则，其中某些原则甚至更有说服力，也更为复杂；不过，对我们的例子来说，两条已经足够。

关于所举的另外一个例子，我们也可以构想出和国旗焚烧案相关的、两条互相竞争的原则。第一种意见认为，我们的实践对言论自由特加保护，而这种自由在我们民主体制之机能中所发挥的重要工具性作用，为这种特殊保护给出了最佳的辩护。第二种意见认为，一条极为不同的原则对言论自由的实践作出了更好的辩护，这条原则就是：言论自由乃是平等公民身份的组成部分，并且因此，它是民主的一条构成性的、而不是对其起到工具性作用的原则；它意味着，不能因为对某种信念、观点或偏好的表达令人不快便不让它得到表达。我相信，前一条原则将会更倾向于支持反对焚烧国旗权利的判决，而后者则更能支持相反的判决。

于是，一个法律上的主张——不论是药品受害者能胜诉或败诉，还是禁止焚烧国旗是合宪的或违宪的——就等于是声称一条原则或另一条原则，对法律实践的某个部分给出了更好的辩护。在何种方式上更好？在解释性的意义上更好——也就是说，因为它更契合（fit）这个法律实践，并且使该法律实践获得一种更佳的理解，所以它是更好的。[5] 若是如此，那么随着我们或许可以称之为辩护梯度的上升（justificatory ascent）不断提高，任何一个法律上的论点都可能受到批评。一旦我们把眼光从看起来最为直截了当而一目了然的具体个案上稍稍抬高一点，去考虑一下相邻的法律领域，或者把我们的目光抬得更高一点，在相对较普遍的层次上对——比方说——事故法作总体考虑，或在更普遍的层次上对宪法作

---

〔5〕 这里，我不想重谈什么算作一种辩护，以及契合（fit）与道德性这些解释性维度是如何相互作用以产生一种辩护的问题。参见 Ronald Dworkin, *Law's Empire* (Cambridge, Mass.: Harvard University Press, 1986), 44-86.

总体考虑，又或者在更进一步的普遍性层次上，对我们有关司法之职能与责任的种种假定作总体的考虑，我们或许就会发现，认为我们将要采纳的原则能使我们以最佳的方式理解我们的法律实践这个主张，面临着一个重大的威胁。因为，我们可能会发现，该原则与我们必须赖以为某些其他更广泛的法律部分作辩护的原则不能协调，或者不能与之相配合。比如，我们或许准备接受这条原则：可以判决人们或者各种机构承担侵权赔偿的责任，而无须证明他们的行为造成了任何要求他们予以赔偿的损害。但是其他人则会敦促我们看到这样一种可能性，即这条原则在其他地方已被抛弃——譬如，在那些因为被告之行为和导致原告遭受伤害的因果链条之间的关系太过间接，而判定其无责任的案件当中，这条原则便无疑遭到了拒绝。或许我们自己也可能会迫使自己认识到这种可能性。当然，对于这个威胁，我们完全有可能证明那些后来的判决最终可以和我们认为应当适用于企业责任的这条原则协调一致，从而将它驳回。但我们不能完全无视这个威胁，因为，我们正在作出的解释性论辩使任何一种类似的威胁都具有了相关性；而这解释性论辩，则是我们为了要支持一个法律主张所不得不作出的。我们不能简单地忽略这个主张：我们所号称的这个辩护，实际上将会把我们的法律实践呈现为一件无原则的事情，因为它诉诸一条特殊的原则来为针对某些公民施加的强制提供证明，而在拒绝给予另外一些人以赔偿的时候又拒绝这同一条原则。如果这个主张能够得到证明，那么对我们所提议的判决，就可以加以反对，这不仅是作为一个理论讲求雅致的问题，而且也是作为一个承诺了平等公民资格的共同体如何自我统治的问题。

赫拉克勒斯与密涅瓦

我提请注意辩护梯度的上升所带来的这种恒有的威胁——当然，我的意思并不是说，这种威胁总是能够实现，甚或经常能够得到实现。绝大多数时候，这种威胁都不会变成现实，至少不会以一种十分严重且耗时费力的方式变成现实；实际上，我们满可以畅快地在我们可能称之为局部优先性(local priority)的地基上行进,除了考虑直接调整手头案件的制定法或判例,不需要到我们的解释性论辩当中去作更进一步的考虑。[6] 但是,辩护梯度的上升仿佛总是随时可以发生作用:从理论上说,我们不能将它排除在考虑之外,因为我们根本不知道,一个看起来再平常不过的、无可争议的法律主张,会在哪个时候突然间就遭到一个新的、出自更高层次的、具有潜在革命性的批评的挑战。我尝试在我的英雄式法官赫拉克勒斯这幅图像中,大体上把握住这种易受攻击的特性;由于他的天才能力,赫拉克勒斯是以和我刚刚描述的方式相反的方向推进的。他不是以由内至外(inside-out)的方式思考,也即他不是从较具体的问题推进到更广泛以及更抽象的问题,就像其他法律家做的那样;而是可能以由外至内(outside-in)的另一种相反方式来考虑问题。在他审理他的第一个案件之前,他便能够构建出一套宏大的、"贯通全体的"理论,这理论常年合用。他能裁决形而上学、认识论以及伦理学中所有未决的问题,还有包括政治之道德性在内的道德问题。他能够判定宇宙之中存在着什么,以及为什么他可以正当地认为存在着什么;正义与公平要求什么;得到最佳理解的言论自由意味着什么,它是否以及为什么是一种特别值得加以保护的自由;在何种情形以及为什么,可以正当地要求其行为与其他人的损失存在联系的人对这些损失予以赔偿。他可以将所有这些以及其他任何问题统统编织进一个不可思议的知识体系之中。当新的案件发生,他将已是有备而来的了。他能够从外部开始——大概是在他令人惊异的智识创造力那无边的天地之内开始——朝着手头的案件稳步向内推进:为一般意义上的法律找到有效的最佳辩护,为作为法律之一种具体形式的美国法律与宪政实践找到有效的最佳辩护,为宪法之解释、为侵权法,然后最终为服用了太多药片的可怜妇女和那位焚烧国旗的愤怒男士,找到有效的最佳辩护。

　　普通人、律师以及法官无法照此行事。我们是从内到外进行推理的:我们从职业或者因职责或偶然的原因而强加到我们手头的具体问题开

---

[6] Ibid., 250-254.

始,而我们探究的范围也严重受限——不仅因我们时间有限,而且也受到我们实际上碰巧遇到或想到的论据的限制。一位从内到外进行推理的法官很少会有时间或感到有必要去进行漫长而费力的研究或争论。不过,有时候他会如此。本杰明·卡多佐在 *MacPherson vs. Buick Motor Co.*[7]案中就感到有这个必要,而他改造了我们法律的特征。我们可以想到所有其他的那些判决,在这些判决里面,法官们发现自己受到牵引,升上某个辩护梯度,而当他们起初开始思考这些手头的案件,并未料想到这种情况。这种梯度上升的情形可能不常发生。但最最紧要之处在于,没有一个逻辑上的或者一步到位的检验方法来判定,在什么时候这个梯度必需上升。在某位律师或者法官确信他是否会感到有兴趣或受到牵引,去进行一种比他最初所想或所期望的更具理论性的论辩之前,他在思考某个问题的过程中定会驾轻就熟地到达结论。

在从外到内思考问题的赫拉克勒斯与从内到外进行推理的寻常法律家这两幅图像之间,并无矛盾存在。我要强调这两幅图像的一致性,因为许多针对内置型法律方法的批评都煞有介事地强调说,现实中的法官并非赫拉克勒斯。他们的意思并不只是说,法官们不是超人一样的造物;他们的意思是,我关于赫拉克勒斯所记述的种种,全不得要领。类比往往很危险——几乎与比喻一样危险——但我还是希望保留我即将在严格限定之下作的这个类比。和科学作一个类比可能有助于表明,即使是对那些在某个智识领域中以由内到外的方式进行思考的人,一种从外到内的视角如何也能是有益的。我们认为——或者说,至少是希望——我们笼统地称之为科学的这个知识体,是一个天衣无缝的网络。缝隙仍然是存在的,而科学家和哲学家则为这些缝隙操心。但我们并不因这样的宏愿而感到有什么毛病,即我们的物理学必定至少和我们的化学,我们的宇宙论,我们的微生物学,我们的冶金术,以及我们的工程学协调一致。实际上,我们还更进一步希望,这些传统上各自不同的知识体不仅是相互协调一致的,而且还能够排成一个等级序列,据此,物理学或许被认为是最抽

---

[7] 111 N. E. 1050 (N. Y. 1916).

象的,而其他知识体则可以被视为是从物理学中引申而出、渐次具体化的思想范围;我们相信,这已经部分地获得了实现。我们可以想象赫拉克勒斯同样的方式,通过设想一位女神密涅瓦来把这些理论与结构上的抱负形象化:密涅瓦女神在她动手建造一座个别的桥梁之前,耗费了数世纪必要的时间去掌握空间与时间的变迁过程和粒子论的基本影响。然后,当有人问她,某一特殊金属是否能够承受某个特定重量之时,她便能够从她那叫人惊叹的、完满的理论中推导出答案。我们能理解这样一幅图像,因为它把握到了我们是如何设想我们的科学知识体的。

不过当然,没有一个科学家能够按照密涅瓦的榜样行事。一名建造了一座新型桥梁的工程师是从内向外进行工作的。在她发现了问题之前,她并不知道她将会发现什么问题;而且至少在她发现这些问题之前,她不会清楚,她必定会发现的这些问题是否会要求她重新去思考某些冶金技术的基本原理,或者——假如它们要求的话——她也不知道,她深入冶金术的问题是否会要求她——或者其他人——去重新思考粒子物理学(particle physics)*。密涅瓦的故事叫人领悟到这位女神的生活的可能性;它是领会那些基本假定的一种方式,这些假定反过来能说明那位完全不同的工程师的故事——它们能说明为什么理论梯度的上升总是存在,总是有可能发生,即便没有谁想要踏上它,哪怕一步。这就是我在赫拉克勒斯的故事里面希望为法律捕捉到的意义。重申一下:我的主张是,法律推理预设了一个范围极其广泛的论证领域,其中包括了有关政治之道德性的非常抽象的原则,我们往往把这个结构当作是不言自明的,就像那位工程师把她所知的绝大部分知识都假定为是正确的一样;但有时,我们可能会不得不去重新检验这个结构的某些部分,尽管我们根本无法事先就确定在什么时候会有这种需要,以及如何去进行这种重新检验。

我一直在尝试着予以阐释的理论内置型观点,是对法律推理的一个

---

* 粒子物理学(particle physics):目前对所能探测到的物质结构最深层次的研究称为粒子物理学,又称高能物理学。——译者注

说明——说明我们如何能恰当地争论有关法律是什么*的各种主张。它同样也是对这类主张中包含的真值是什么的一个说明。它并不能自动地就成为一种有关法官在普通案件甚或在宪法案件当中所负责任的主张。尽管这可能很明显,但我之所以在这里要说这一点,是因为有太多的人都根据下述理由而拒绝了内置型观点:内置型观点允许法官专心从事——如他们经常说的那样——没完没了的理论"深究"(excursion)。但这并不能自动地从我一直在强调的那个事实中得出来——这个事实就是,对任何一种法律正确地加以识别,这项工作包含着一项解释性的操作,并且因此而容易受到来自辩护梯度之上升的批判;任何特定类别的官员都应当被课以一种行为责任,在任何特定性质的必要场合他就要履行这一责任。如果我们的共同体对一位法官要求说,"宪法是最高法律,你的职责是说明宪法的含义是什么",那么,正如我一直以来经常主张的,该指令将会表明,它要求相当程度地去"深究"一下政治的道德性。但我们倒不必非得那样去指令我们的法官。坚持认为我们的法官不应承担终局的和权威的宪法解释之职责,这绝对是可以理解的。如果你害怕太过强大的司法权力,那你就应该那样认为。你不喜欢让法官拥有巨大的权力,而法官大权在握的情形在理论上是可以通过变更他们的管辖权来加以救济的;但你若把你所嫌恶的说成是一种错误的法律推理理论,那就是一个重大的混淆。我要再作另一个评论来提醒一下。我的意思绝不是说,律师或法官或者任何的其他人都会对辩护梯度的上升所开出的任何宏大理论问题达成一致。他们当然不会达成一致。那也正是为什么我们会有异议、会有有益的课堂辩论的原因。我的意思只是说,理论渗透了法律,反思型的法律家理解这一点,即便他们不能一致同意渗透其中的是什么样的理论。

---

* "法律是什么"(what the law is),在目前这个语境当中指实在法对某个具体案件/情形所作的规定,而不是一般意义上关于"法律"的概念是什么这个本体论问题。但必须看到,这两个不同的问题其实紧密地互相关联着,颇有一语双关的效果。——译者注

芝加哥学派

最后,我要转而讨论我一直对你们承诺要讨论的那些批评者。但首先,我要简单地谈一下我们时代的精神气质,这一精神潮流刺激了那么多的人对理论表示不满。我们这个世纪的早期浸淫在意识形态之中,而意识形态并没有给这个世纪带来多少益处。到了世纪末,我们的知识分子对理论的不信任,或许比之前任何时期都更强烈。无论我们转向哪个领域,我们都听到后现代主义者、前结构主义者、解构主义者、批判法律学者、批判种族学者以及成千上万其他反理论大军的部队的斥责和否弃。有的说理论假大空,其他人说理论实是压制,而多数则认为它二者兼具。

不过,我不打算把注意力集中在这个反理论部落当中,即便是法学院中的那些——不妨这么说吧——更博学也更奇诡的成员身上,而是打算集中关注相对主流的一些批评者。这就是我拿芝加哥学派,并且尤其是拿波斯纳法官和桑斯坦教授做例子的原因。我认为,他们和其他观点相近的人用来反对在法律论辩中运用道德或抽象理论的那些论据,可以有效地用下述三个标题来加以统括:形而上的,实用主义的,以及职业主义的。

形而上学

首先是形而上学的论据。我说过,理论内置型方法有时会要求律师和法官向他们自己提出复杂的政治道德性问题——比方说,试图去解答,判决某个并未造成任何伤害的人对损害负责,这是否公平;或者针对为什么在一个平等公民资格的民主体制中言论自由值得特殊保护这个问题,试图辨别出政策和原则的不同根据。但现如今在我们当中,存在一种强劲而极富影响力的观点——它是被我称为我们这个时代之智识精神的内核所在——即对于这类问题,并不存在客观正确的答案;关于政治的道德性,没有客观的真理"明白地存在"(out there)在宇宙里面,就等着律师或法官或任何的其他人去发现它。在这种观点看来,我们关于这些问题——以及更为基本的问题,包括比如种族灭绝是否是种邪恶,或者种族歧视是否不正义,或者言论自由是否真的是一种基本权利——的所有确信,无非是(这里用一个维特根斯坦——请不要怪他——使其变得流行的说法)"语言游戏"造出来的东西。在我们这个社会,我们因我们自己的目的,由于我们自己的需求,而采用了一种特殊的言说方式,根据这一言说方式,种族灭绝令人憎恶,种族歧视骇人听闻,言论自由特别重要。通过该[语言]游戏,我们构建出了我们所诉诸的"道德实在"。在我们这个地方性语言游戏之中,言论自由是一项基本的权利。但它并不客观地或超验地就是一项基本权利:在这个世界的构造里面,没有一种这样的权利"明明白白,就在那儿"。按照波斯纳法官眼中的完美典型——奥利弗·温德尔·霍姆斯——的意思,如果在极其重大的问题上不同的社会之间差异足够大,其中一个社会可能就会不得不去毁灭另一个社会,但从整个世界的角度看,其中哪一个都不能自认为它自己的观点比它所憎恨的那些观点更有效。

波斯纳法官已然把玩上了这个叫人又惊又奇的论题。在他的著作《超越法律》中,他满口语言游戏,而且他对于语言创造了我们的道德世界而不是旨在转述我们的道德世界这个观点,看起来颇为倾心。[8] 无论如何,如今这就是贯穿当代诸多学术话语的一个极其流行的观点,但在哲学中除外。如果这一流行的观点同时也是有说服力的,那么法律推理的理论内置型方法就根本不对路子,而且根据两点理由,应当将其弃之不顾。首先,根据该内置型方法,法律推理预先假定,至少在通常情况下,一种解释性的主张要比它的对手更为优越,不仅在它的支持者的观点看来它是更为优越的,而且它真真正正是更为优越的;但如果不存在道德真理,那这类主张就不可能在任何真正疑难的案件中都真的更为优越。其次,我为该方法设置的事例本身就是一个道德事例——我说过,法律家必须准备为他们的判断提供一种理论辩护,因为使某些公民屈从于共同体在其他情况中拒绝了的某一原则体制,这是不公平的——而该道德事例自身

---

[8] Posner, *Overcoming Law*, 8-10.

又主张客观的资格。要支持这种理论性的方法,光说它针对并且得到以我们这个共同体的语言游戏为标准的真理,而不是客观真理的证明,这是不够的。与那些信服语言游戏的人们所认为的显而易见的假定相反,如果真有诸多语言游戏存在于当代民主体制之中,那它们便会使我们分崩离析而不是结成一体。我们,假如说不是在道德确信的最一般的层次上,也差不多就是在这样的层次上存在分歧,若是假定对有关正义的补偿或言论自由或种族正义这样的复杂问题,某个单一的答案就能塑造我们言说或思考的方式,那将是可笑的。所以,如果关于道德问题不存在客观真理这一论点是可信的,那么,其结论就不会是存在一个属于我们这个共同体的真理,而是我们每个人都有一个截然不同的真理,据此我们不可能证明一种裁判的理论性方法。

然而——它在当前大行其道这一点暂且存而不论——这一怀疑论的形而上学论点不能自圆其说。假设我对该形而上学层面的批评者说,"种族灭绝是邪恶的",或者"种族歧视是不正义的"。他回答说:"的确,你说的是真的,我赞同你。但请不要犯思维上的错误,以为这些命题是客观的真实,或者以为它们的真理性是以实在为根据的。你只是表达了你自己的观点,而对这个观点,我以及我们这个言语共同体或者解释共同体恰巧也是赞同的。"对于这一区别,理查德·罗蒂,该形而上学论题的一位著名的辩护者,以如下方式作了说明。他说,我们都知道,山当然是存在的。它们在有人类之前就已经存在,并且它们很可能在人类灭亡之后也将长久存在下去。但是他接着补充说,如果你问他一个不同的问题——山是否作为大写的实在的一个部分而真的存在(As It Really Is),而问题中的这些措辞都用上大写字母——他会回答说,不,那是荒谬可笑的。山的存在并非是作为大写实在的一个部分而以大写的真的方式存在;它们的存在无非是我们所玩的一个语言游戏的产物。但是,这一区别要求我们能够对下述两个命题的含义作出区分。其一,即便人类从未存在,山本来也一直存在。这个命题,罗蒂表示说是真的。其二,山作为大写实在的一个部分而以大写的真的方式存在。这个命题,罗蒂认为是假的。但是我就算花上一辈子也搞不明白,你能从第二个命题中——无论你往里面塞进多少个大写字母——解释出与第一个命题具有实质区别的什么含义来。

若如此,那罗蒂的论点就崩溃了。不过,你们当中有些人会想,假如我们把我们关于客观性的怀疑主义限定在正义问题而不考虑山的问题,我们就能建构起一个更成功的论点。然而,出于同样的理由,我们做不到这一点。假设我们认为,种族灭绝是邪恶的,或种族歧视是不正义的,或女性外阴切除(clitoridectomy)是骇人听闻之事,或言论自由至关重要。然后我们补充说,这些判断中每一个都只是我们的观点;它们没有哪个是客观真理。我们必然是在假定,下述两种命题的含义是有区别的:种族歧视是不正义的;种族歧视是客观地不正义的。但我们无法找出一点区别。我不想在这里继续对该主张提出我的论据,因为我已有专文(《客观性与真理:你最好相信它》)论述外在怀疑论的共通的问题,在那篇文章里面,我以相当的篇幅讨论了该论据。[9]

实用主义

但是,尽管如我所认为的那样,在波斯纳的著述中的确有这种形而上学论据的呼应,但他已经表示过,他并不想将他自己的建议建立在任何哲学命题的基础之上:他认为自己关于裁判的观点是独立自足的(free-standing)。他说,他的观点最好用姿态或态度而不是任何一般性的理论来表达,在开篇不久的一个段落里,他对这些姿态或态度给出了他最郑重其事的说明。"我用来刻画实用主义视角之品性的那些形容词——实践性的、工具主义的、向前看的、能动的、经验主义的、怀疑论的、反教条的、试验性的——都不是在考察,比如说,读罗纳德·德沃金的著作时会在你脑海里蹦出来的那些形容词。"[10]所以,波斯纳的态度,大概意味着与法律推理的内置型方法所表现那些态度恰成对照,尽管从他的波兰式美德清单(Polonian list of virtues)上面,基本上不可能理解如何去形成这种对比。他劝我们不要将奇思妙想拒之门外,要关注判决的种种后果,要不

---

[9] Ronald Dworkin, "Objectivity and Truth: You'd Better Believe It," 25 *Phil. & Pub. Aff.* 87, 89-94 (1996).

[10] Posner, *Overcoming Law*, 11. (译文参考了理查德·A. 波斯纳:《超越法律》,苏力译,中国政法大学出版社2001年版,第13页。——译者注)

然就是激励我们要以审慎的方式从事我们的智识活动与法律行为。教条主义是个大错误,我们若是屈从于它,那我们必定会招致大不幸——这是一个很有价值的建议。但这不是一种法理学需以之作为构建基础的素材;尽管波斯纳直言他不赞同我对裁判过程所作的描述,但对于为什么他不赞同或者他的描述如何不同,却恰恰几乎未置一词。

尽管如此,在他开列的我所欠缺的美德目录里,有两个项目似乎特别重要。他说,首先,实用主义方法是向前看的。不过,重要的是,在他可能想到的两种对比强烈的差别之间作出区分。他的意思可能是说,法律推理应当是结果导向的,而非道义论的;或者他的意思是,法律推理应当追求福利主义,而不是追求其他意义上的结果。我将依次说明并考察这些可能性中的每一种。道德理论的一个中心问题是,是否有义务去做一件会使事态变得更糟糕的事情——譬如,我们是否必须始终如一地讲真话,即便我们可以通过撒谎而在各个方面阻止事态变得更糟(包括阻止因有更多的谎言而令事态更糟)。一位结果导向论者会争辩说,我们决无道德上的必要,以一种会产生更糟后果的方式去行动;而一位道义论者则会认为,在某些情况下,我们确实有道德上的必要以如此方式行动。(其间的争论比这个描述所能把握到的要复杂得多,但它已足够用来说明我的论点。)如果波斯纳想到的是这一对比,那他就误解了我为之辩护的内置型方法,这一内置型方法显然是结果导向的,而不是道义论的。它在它的总体目标上是结果导向的:它的目标在于一种平等主义的法律与共同体结构,我在《法律帝国》里尝试描绘了这种平等主义的意义。[11] 它在具体细节上也是结果导向的:每一个解释性的法律论据都旨在确保某种事态,依照根植于我们的实践的那些原则,该事态比其他的可选项更具优越性。所以,如果向前看意味着结果导向,那么,说内置型方法不够有向前看的眼光,这对内置型方法就不能构成一种异议。

道德理论另外一个差不多也是具有核心地位的问题是,当我们对各

---

[11] Dworkin, *Law's Empire*, 176-224.

个事态所具有的善进行比较权衡的时候,我们是否应该只注意人们在这些事态当中的福利——也就是说,只关注他们在某种事态下是否比在其他事态下更加宽裕舒适(better-off),以及宽裕舒适度增加了多少。福利主义者必须选定某些福利函数——用来衡量某个群体是否更宽裕更舒适,以及增加了多少宽裕舒适度的方法——这类函数中最流行的一种即是功利主义。功利论的福利主义者会主张说,仅当一部法律或一个司法判决的结果使人们总的或者平均的经济状况变得更好(better off)之时,该法律或司法判决才改善了事态。部分拒斥功利主义的人认为,至少在有些时候,即使人们总的或者平均的经济状况并没有变得更好,某一事态也比另一种事态更好——或许由于权利得到了更好的尊重,或者由于该状况以其他的方式显得更公平或更具正义性。不需要太多的偏心,我们便愿意用"向前看的"来描述这一论辩当中的功利主义一方,所以我们可以这样说:波斯纳的建议是,法律推理与法律论辩应当专门致力于发现从功利主义角度来看是更好的那类判决/决策。

在具体细节方面,关于裁判的理论内置型说明,并不必然是反功利主义的。某些接受它的人也可能会认为(就如波斯纳实际上经常主张的那样),对法律实践的最佳解释表明,功利原则(principle of utility)处在法律实践的核心位置。但内置型理论也不会把功利主义当作裁判的指南而唯功利主义马首是瞻——至少在我看来,我们的许多法律,包括我们的宪法,都无法以功利主义作为根据来获得辩护,相反,它们必须以平等与公平作为其前提预设,而平等和公平在其精神或要旨方面都不是功利主义的。而内置型理论的总体目标,即平等主义,则显然不是功利主义的。所以,如果波斯纳用"向前看的"这个说法表示的是功利主义,那他倒是有理由指责内置型解释向前看得不够充分。但若是如此,他就还欠我们一个为功利主义辩护的理由,或者至少欠我们一个针对已经提出的、诸多拒斥功利主义的重要异议的回应。[12] 说进步就在于使人们按照平均值看变

---

〔12〕 参见 Ronald Dworkin, *A Matter of Principle* (Cambridge, Mass.: Harvard University Press, 1985), 235-289 (1986)(讨论了波斯纳与功利主义)。

得更为快乐,甚或像波斯纳过去曾不时建议的那样,就在于使人们变得更富裕,这很难说是不言自明之理。

所以,即使我们把实用主义只理解为对功利主义计算的肯定,我们也没有找到令这个实用主义选项比内置型方法更优越的理据。为此,我们应该转向波斯纳的目录上另一个强有力的形容词:他说,实用主义的方法是试验性的。内置型方法在某种意义上也显然是实验性的——实际上,其试验的性质比它的主要对手们还有过之而无不及。它建议裁判对原则保持丰富的想象力,于是,一位法官在为某个法律领域作出最佳解释的过程中,就有可能提出一条在过去尚未得到认可的原则,就比如卡多佐在 *MacPherson* 案中做的那样。[13] 所以,假如波斯纳想要指责内置型方法缺乏足够的试验性质,那他想到的必定是试验性这个词的另一种不同的意义:他的意思必定是说,不是理论上的试验性质,而是取理论而代之的试验性质。设若如此,那我们可以这样来转述他的建议:律师和法官对于他们所面临的问题应当尝试不同的解决办法,以确定哪一个是奏效的(works),而不必考虑哪一个是由某些宏大理论所推介或肯定的。他们应该专心考虑面前的实践问题,问一问哪一个可行方案将能在实际上使事情变得更好。

让我们考察一下,这个建议在什么样的情况下会有用。假设你的小汽车在一个不见人影的冷冷冬夜抛锚了,找不到救助,引擎熄火并且无法启动。此时说"别去琢磨什么内燃机的物理学问题,只要多试一些东西,看看是不是有一件能行就可以了",或许会是一个非常不错的建议。比如,它可能是说,如果你把帽子反戴,闭上你的眼睛,然后转动钥匙,汽车就可能会启动;如果真的启动了,那就不要再啰嗦去争辩它,把车开走就是了。在这些情形当中,波斯纳的建议看起来可能是有用的。但是,现在假设你是一位探询宇宙年龄的宇宙学家。要是波斯纳告诉你说,别去担心什么是实实在在真实的,你只要关心什么能够奏效就可以了;这时,你会感到大惑不解。在你关心的恰恰是真理的时候,却被告知说别为它操

―――――――――
[13] 参见前注7。

心,这叫人不知所措。不过,这个建议并没有什么危害,因为你明白,在这个语境中"奏效"意味着什么:如果一个宇宙论命题能够与我们所确知的其他东西符合相契,而且能使人对迹象和各种发现进行预测,而这些预测又被证明是有充分根据的,那它就是有效的。在我看来,说一个科学命题的真理性仅仅在于能提供可靠的预测,这是种哲学上的混淆视听;不过在实践中,这无伤大雅,因为这两种理想形象,如我们可能说的那样,是携手并进的:一位寻找可靠的预测的科学家,至少通常都会是一位适合去发现什么是真理的科学家。

但现在,设想一种非常不同的情况:你是一位法官,试图去判定那些药品生产商是否真的应该为那位病人所遭受的损害承担连带责任,而不论它们当中的绝大多数都不曾造成该损害这一事实;你被告知说,不要去操心什么是实实在在真实的,只要关注一下什么能够奏效就行啦。这个建议此时此刻就全然派不上什么用场,因为在你能判定什么能够"奏效"之前,你必须先判定各种问题的真理所在——比如去判定关于什么是公正这个问题的真理,因为现在——和车子抛锚甚或令人难解的宇宙大爆炸问题不同——你根本就没有一个独立自足的标准去判断什么意味着是"奏效的"。举个例子说,假设一种判决与另一种判决相比,它既能促进更多的研究,又能使药品维持在更低的价格水平。即使如此,那也不能证明这前一种判决比后一种更"奏效",因为此时仍然需要去裁定,一个判决能够达成这些可欲的结果,但却要以剥夺某些受到缺陷药品伤害的人获得补偿的权利为代价,这是否值得。

当我们考虑一下这个在社会上更具分歧性的问题——即堕胎问题时,让律师和法官们去追求"奏效"的判决这种建议的空洞性,就更显而易见了。许多法官和律师,还有哲学家,在深入思考这个令人不安的问题的时候都认为,设法对比如胎儿在头两个妊娠期内*是否具有它自己的利益

---

* 一个妊娠期为三个月(trimester):妊娠头三个月(trimester of pregnancy, first);妊娠中三个月(trimester of pregnancy, second);妊娠末三个月(trimester of pregnancy, third)。——译者注

这类深具理论性的问题作出回答,是至关重要的。设想我们应该停止自寻烦恼,不要去担心这样的难题,而只要问一问哪种方案能够奏效,这如何能帮上什么忙呢?假定我们对某些虔诚的反堕胎团体(pro-life group)说,我们应该有点试验精神,应该暂时尝试一下一种极端放任的政策,以便看看这个问题引起的社会不安是否能够因此得到化解。我们可能会说,不安若是真的得到了化解,而人们也似乎不再在意这个问题,那就会证明,放任的办法对我们就是奏效的。反堕胎团体将会惊恐万状,答复说:那种前景不能证明放任政策是奏效的;恰恰相反,它将证明它是一场更为可怕的灾难,因为它最终使共同体变得麻木不仁。在法律和道德当中,而且尤其是在法律和道德当中,通过关注"什么能够奏效"以便回避种种棘手的问题,这种忠告非但无益,而且不可理喻。

职业主义

对于法律推理的内置型方法的第三种批判手段,我将称其为职业主义异议。"我们只是律师。我们可不是什么哲学家。法律有它自己的门道(discipline),有它自己特殊的手艺。当你到法学院去念书的时候,他们会教你什么叫做像一个法律家而不是像一个哲学家那样思考。法律家不会努力去判定道德或政治理论的那些宏大的理论性问题。他们以一种更受限制、范围更有限的方式,一个一个零敲碎打地裁定特定的问题。他们进行论辩的载体不是哲学论文的宏篇大论,而是精密的文本分析和类比这些更为朴素更为可靠的方法。"

这一观点最为著名、影响最大的版本就是实证主义传统的那些伟大的法律哲学家;边沁、奥斯丁,尤其是 H. L. A. 哈特,是哈特使这一传统的精密与雅致达到了一个新的水平。[14] 按照我对他的解释,哈特认为,法律推理的核心在于应用一个政治共同体当中产生出来的特殊法律规则——这些法律规则之产生就是为了应用这个目的,所以,一般的理论性

---

[14] H. L. A. Hart, *The Concept of Law* (New York: Oxford University Press, 1961).

思考,包括道德或哲学理论只在下述程度上才是相关的,即这些特殊规则通过明确的规定而包含了理论性标准从而使其成为相关的。若是如此,则法律推理只能在这样一种偶然的程度上,也就是只有当惯习性的(conventional)法律实践被如此规定之时,才能被正当地理解为是根植在更为一般性的理论设定之中的;而至少在哈特的观点看来,在绝大多数当代法律体系当中,惯习并没有这样的规定。1994年,即在他过世两年后,出版了他的名著《法律的概念》的一个新的版本,并附有一篇新的"后记",这篇"后记"他断断续续写了若干年,但一直没有完稿。该"后记"在若干方面澄清了哈特对法律的内置型解释所持有之异议的性质——尽管又以其他的方式引出了新的问题。我希望在不久的将来能发表一篇针对该"后记"的实质性回应,但在这里就不涉足这项令人生畏的工作了。

作为代替,我将集中关注职业主义对整体性(integrity)所提出的挑战中更少哲学味、表面看来更具实践性的版本。数十年前,曾任芝加哥大学法学院院长、合众国总检察长的爱德华·列维(Edward Levi),出版了一部篇幅不大但很有影响的书,名为《法律推理导论》(An Introduction to Legal Reasoning),在这本书中,他对法律论辩给出了一种高度职业主义化的解说。[15] 他说,像法律家一样思考,不在于把理论的种种宏大结构应用到具体的法律问题之上,而在于通过从一组具体的法律决定(legal decisions)到另一组具体的法律决定的类比来进行推理。另一位芝加哥大学法学院的教授,凯斯·桑斯坦,现在又继续推进了这个观点,并使它变得更为精巧,他把这一观点称为法律的"非完全理论化"(incompletely theorized)的方法,而且他尤其强调了该方法与法律推理的内置型观点之间的差异。桑斯坦是新近投向反理论阵营的,但他追求反理论的热情则

---

[15] Edward Levi, *An Introduction to Legal Reasoning* (Chicago: University of Chicago Press, 1949)(最初发表在 15 *U. Chi. L. Rev.* 501 [1948])。

与那些皈依者们特有的热情不相伯仲。[16]

关于"非完全的"理论,他提出了许多种主张。我们必须对它们谨慎地加以区分,以便把公民与官员的不同责任区别开来。[17] 首先,我们负有判断的责任:我们必须各自为我们自己判定,要去支持什么样的政治立场和决策,去作出什么样的政治立场和决断。其次,我们当中的某些人还负有协同行动的责任:我们必须判定,是否以及如何与其他人合作,以便推进我们所支持的政策或作出我们所支持的决定。当然,协同行动之责任的形式取决于角色:对于立法者,它就是结成立法同盟的问题;对普通公民来说,它则是一个加入政党,尤其是加入利益团体的问题;而对于由多名法官组成的法庭中的法官来说,这就是一件为某个获其赞同的判决寻求多数支持的事情。我们当中的某些人,即官员们,还负有第三种责任:进行解释说明的责任。官员们通常必须对它们作出的决定给出一个正式的说明。该种说明的形式也是因角色而异,当它采取一种联合文件的形式之时,就像一份立法报告或一份由人数超过一人以上的法官所签署的判决意见那样,它即代表了那些判断结论相同而其判断的理由则可能彼此不同的人的声音。

桑斯坦针对这些责任中的每一种,都提出了一条"非完全性定则"(incompleteness theorem)。这些定则中有关协同行动以及说明责任的那两条,并非不可思议,而且除去非常情形外,也通常可信。他用重叠共

---

〔16〕 1993 年,桑斯坦针对第一修正案提出一个宏大的赫拉克勒斯式的方案。"我认为,"他说道,"第一修正案应当被认为提出了一条表达自由的一般原则,该原则的外围界线不应当被限制在拟定和批准它的那些人的特定理解上。"在对这个句子的一个脚注当中,他解释说,他想到的是一种解释性的运用,一种——他说——是由我所捍卫的解释性运用。Cass R. Sunstein, *Democracy and the Problem of Free Speech* (New York: Free Press, 1993), xv, 253. 但到了 1996 年,在对我的《自由之法》(*Freedom's Law*)一书的一个评论中,他对我决心为第一修正案提出一条表达自由的一般原则的努力,却进行了批评,而且他完全拒斥了他不久前还予以认可的解释性方法,只因为"联邦最高法院尚未就该修正案的'轴心点'(the point)作出过一个判决……言论自由法那复杂的躯体,不是由某个单一的贯彻始终的理论连成一体的"。Cass R. Sunstein, Book Review, *New Republic*, May 13, 1996, 35, 评论 Ronald Dworkin, *Freedom's Law: The Moral Reading of the American Constitution* (Cambridge, Mass.: Harvard University Press, 1996) (以下简称 Sunstein, "Review")。年轻人的智慧真是短暂不过三个月(Youth's wisdom had all too short a season)。我想补充说明的是,桑斯坦的评论对我的著作的错误描述多得不可思议,令人吃惊。

〔17〕 Sunstein, *Legal Reasoning*, 38-41 (区分了三种关于"非完全的"理论的主张)。

识这一罗尔斯式的装置主张说,我们当会乐意和那些赞同我们也赞同的政策或决定的人们进行合作,即使我们的理由与他们并不相同。他会同意,存在某些情形,在其中我们会抵制这个建议:我拒绝了和新纳粹分子一道去反对那些把宣扬从未发生过大屠杀的言论规定为犯罪的法律的邀请。* 不过,在常规的政治情形,包括在司法判决中,这个建议还是明智的。桑斯坦的第二个定则,即有关说明责任的定则,认为:在准备对某一官方决定作出一个共同的公共说明时,妥协可能也是明智的,而且在许多情况下,似乎也是有益的建议。[假设]一个由多名法官组成的法庭的法官们,比如说,在药品制造商的案子里,形成了一个赞同某一特定判决的"重叠共识";这些法官中的每一个当然都可能写一个单独的意见,来说明他自己的理论根据。不过在有些时候,出于各种原因,对于这个多数而言,确定一个唯一的、较表面化的(superficial)意见,以使他们每个人都能加入,这无疑会更加有益;而桑斯坦说这样的意见并不必然会被置之不理,这当然是千真万确的。

这两条关于非完全理论化的政治协作和非完全理论化的联合说明的定则当中,没有哪条是和法律推理的理论内置型观点相抵触的。但桑斯坦提出了有关我们个人判断的初始责任的第三条定则。罗尔斯式的重叠共识模式假定,共识中的每一方都以得自罗尔斯称为"完备的"(comprehensive)伦理方案的理论性理由为根据,作出了一个个人的判断,而每一方"完备的"伦理方案彼此不同。但桑斯坦却提出,律师和法官应当保持克制,不要冒险进入政治的道德理论这个更为抽象的领域,即便是在履行个人的判断责任之时,也是如此。换言之,他不只是想主张说,即使面临理论上的分歧,政治的和司法的联合也仍可以因具体的协同意见(concrete agreement)而形成;他更是意在主张,产生该具体协同意见的个人判断本身也应当是表面化的。他把这个"常规"法律推理的观点和我自己的观点作了对比。

---

* 也就是说,德沃金虽然反对将此类言论规定为犯罪的法律(即判断结论相同),但他仍然拒绝和新纳粹分子协同行动,因为他的理由(可能出于言论自由)和新纳粹分子完全不同(即理由不同)。——译者注

第二章　理论的礼赞

而在德沃金的观点中，赫拉克勒斯"向我们表明了"常规"判断背后隐含着的结构"，"并因此让这些判断向研究和批评开放"。赫拉克勒斯自然追求涵盖每一个法律领域的"完备理论"，然而无法将所有的研究线索通盘加以考虑的普通法官，则必得以一种"局部的"理论为目标。不过，赫拉克勒斯的"契合性与政治道德性的种种判断，是在和他们同样的材料基础上作出的，并且和他们的判断具有相同的性质"。我这里所否定的，正是这些要点。[18]

实际上，正如我们会看到的那样，结果证明，他根本就没有拒绝这些要点。[19] 但重要的是看一看，他开始的陈述可能的意思是什么，以便能理解他为什么到末了又不得不舍弃它。在《法律帝国》以及前文当中，我描绘了赫拉克勒斯和普通法官之间的差异，这差异在于他们反思的方向和抱负，而不在于他们反思的材料或者反思的性质。尽管"普通的"律师和法官就具体法律问题所作的推理是从内到外的，就如一名工程师关于一种新设备所作的推理一样，他们无法为某个问题会把他们带向的那个辩护梯度的上升，设置一个理论上可以确定的限度。是这种探究本身的性质——它展开的时候所产生的那些问题——决定着必须予以探讨的理论的水平，而这是无法事先得知或事先加以规定的。一位律师或一位法官所进行的法律探讨，不必超过这样一个点，即在这个点上，他可以可靠地假定，整体性已经尽可能好地得到了满足，而且在他判定何时能够可靠地假定这一点的时候，他必须考虑他的实际环境，包括作出判决的需要以及其他责任的压力。[20]

如果桑斯坦真的想要"拒斥"这个法律推理的说明，他就必须假设，律师或法官在整体性问题明白呈现出来的时候，应当拒绝去正视它们，或者应当对这类问题闭眼不顾，这样他就不会意识到它们。设想，有位法官不得不去裁判我们所举的例子当中的某一个问题。他们不能简单地诉诸先

68

---

[18]　Ibid., 50（省略了其中的引证）.
[19]　关于桑斯坦的解释最终和我所辩护的那种解释之间到底有多大差别，一项更为详尽的研究，请参见 Alexander Kaufman, "Incompletely Theorized Agreement: A Plausible Ideal for Legal Reasoning," 85 *Geo. L. J.* 395 (1996).
[20]　Dworkin, *Law's Empire*, 265.

例,这或者是因为不存在对口的先例,或者是因为最直接相关的那些先例,似乎与其他地方所公认的原则相矛盾。整体性要求他继续他的探究,在必要的时候扩展该探究的范围。桑斯坦能够给出什么样的相反建议呢?这名法官应当设法判定药品制造商是否负连带责任,而不必去考虑,按照根植于我们传统的标准,在没有任何因果关系的情况下课以责任是否公平吗?他应该设法判定妇女是否拥有堕胎的宪法权利,而不必去考虑胎儿是否也是我们宪法结构意义中的人,或正当程序条款是否可以正当地用来保护基本自由,或通过堕胎来控制生育的自由是否是一项基本自由吗?如果应当,那为什么他应该拒绝考虑这些明显相关的问题?如果不应当,那他拒绝考虑的是哪些"理论性"问题,并且又为什么这些问题是更具理论性的或是在不同意义上具有理论性的?他应当在何种不同的,而且不太"完全的"理论基础上作出判决呢?

  桑斯坦对最后这几个问题的回答是无所助益的。他开出了列维的方法:他说,法官不应当转向更抽象的理论水平,而是应当以一种更像法律家的方式,即通过类比来判决疑难案件。但这是一个错误的对比,因为(套用康德的说法)类比而无理论乃是盲目的。类比是说出结论的一种方式,而不是获得结论的方式,这一实在的工作必须由理论来完成。判决药品制造商们全部都承担责任,这与判决实际上确实造成损害的人们承担责任的做法更相类似呢,还是与找出和某一事故根本没有任何关系的人并让他们来支付该事故的损失的做法更相类似?焚烧你自己国家的国旗,是和在海德公园一角发表一次演说更类似呢,还是与运用冒犯性的侮辱来攻击人的做法更类似?堕胎是更像杀害婴儿呢,还是更像阑尾切除手术?如果不作深入的理论探讨——如果不去探询有关因果关系与责任之间关系的基本问题,或者关于言论自由为何特别重要或者人类生活的固有价值如何才能得到最佳理解和表达的基本问题——那对这些疑问的回答,我们甚或都会无从下手。桑斯坦明白这一点。他退而承认说,类比的方法需要诉诸一般性的原则,但他坚持认为,这一让步并没有破坏在他的观点与内置型解释之间所作出的区分。因为,他说道,类比要求诉诸的只是"中等程度的"原则,而不是整体性可能在某些时候会要求法律家援用的那些高等程度的原则。但这是一个特别麻烦的区分,不仅因为"中等程度"这个分类法没有告诉我们任何东西(说明言论为何特别重要的政治理论是一种"中等程度的"理论呢,还是一种程度更高或更低的理论?),而且还因为,法律反思的一个预先确定的限制——它被作为抽象程度的一种边界,法律反思不得越过该界线——这种观念在逻辑上以及现象上是如此奇异难解。(与其他人一样)法律家们判断在达到一个可靠的落脚点之前,探究进展到了什么程度,他们以此来发现,在探究的过程中他们需要进行的反思的范围有多大。他们不会——也不能——接受这样一种方法论,它预先规定了无论他们的反思在那一点上是多么摇摆不定或多么缺乏确信,他们都必须止步的地方。

所以,桑斯坦之诉诸类比,根本就没有把他的方法和他想要反对的理论内置型解释区分开来。这使得为什么他认为法官应当避开理论这个问题,益发显得重要了。但他对这个问题的那些个答案实在让人摸不着头脑,因为它们实际上说的不是为什么整体性应当被弃之不顾以至不应将它作为一个目的的理由,而是对整体性本身的需求。例如,他提请注意先例在法律实践中的重要性,并担心法官们急切地希望给法律施加新的理论结构,这会导致太过迅速地推翻这些先例。但是,那也是赫拉克勒斯予以关注的考虑之一,而这使他——恰恰出于对我们实践之整体性中的那一特征的尊重——采纳我称为"局部优先性"的原则[21],桑斯坦未曾提及这条原则,但它似乎相当于他自己的这个建议,即法官们应当采用这个"假定"——法律中的修正应当是"局部的"。[22] 他也认为,司法对宏大(large-scale)理论——诸如对言论自由的一种"个人自治"的阐释——的信奉,将会使法律僵化,从而使变革变得更为困难。但,正如他同样也指出的,理论上的明确性可能会使错误比较容易被辨别出来,而当过去明确宣告的理论本身被认为是错误的时候,也可能会促发大规模的(large-scale)变革,就如洛克纳时代(Lochner era)的那些先例一样。整体性以

---

[21] Ibid., 250-254.
[22] 参见 Cass R. Sunstein, "Incompletely Theorized Agreements," 108 *Harv. L. Rev.* 1733, 1760-1762 (1995);也请参见 Sunstein, *Legal Reasoning*, 44-46.

各种方式为有益的变革打开道路：例如，通过将先例的事实与其先前宣告的理论基础区分开来的方式，以及通过重心吸引力（gravitational force）这一方法。

不过，桑斯坦对理论上的"非完全性"所作的最有趣的辩护，明显更具政治性。"因为政策和原则两者的缘故，"他说道，"关于正当与善的宏大理论的阐发是一项民主的而非司法的任务。这些论点当会表明一种关于正当性之解说的诸种成分，非完全理论化之一致（incompletely theorized agreement）将是这些成分中的一个部分。"[23]但令人难解的是，若非法官们承认，辨别何种宏大理论隐含在立法和其他政治事件当中，乃是他们职责的一部分，那"民主"又如何能够产生"关于正当与善的宏大理论"。要立法在其规定中对抽象原则作明确的宣告——譬如，明确地规定自然奇观具有内在价值，或者明确地规定受益的企业所施加的风险应由从中受益的人群负担——这种可能性微乎其微。唯有通过对较为具体的制定法进行解释，我们才能把我们共同接受了的原则辨别出来。桑斯坦想到的可能只是宪法裁判，在宪法裁判中，受到我称为宪法的道德解读之引导的法官，可能会试图将他们自己的诸种"宏大"理论强加给一个可能拒绝它们的公众。即便如此，他的论点也不当地把"裁判"（adjudication）和"司法权"（jurisdiction）混为一谈。[24]或许法官不应当具有对宪法性约束进行解释的职责——或许该权力在更大程度上应当已经以某种方式留给了人民。但这不能得出结论说，一位负责裁断从第一修正案中能够得出什么结论的法官应当保持克制，而不得去探究——作为其他诸问题当中的问题之一——为什么一个民主体制会有理由以那样一种特殊的方式来保护言论。

如我所认为的那样，桑斯坦退而承认，归根究底，他不是要提出一种内置型解说的替代方案。在声明了他拒绝我的立场之后，他紧接着说，他

---

[23] Sunstein, *Legal Reasoning*, 53.（这里，译者对"incompletely theorized agreement"这个表述未采用"未完全理论化协议"这个译法。——译者注）

[24] 桑斯坦没有将此二者予以区分的证据，泛见Sunstein, "Review."（这个区分的要旨是：裁判指一种推理和作出判断的过程或方法，而司法权则指一种进行裁判的权限或权力范围。——译者注）

第二章 理论的礼赞

随后将对这一拒绝进行限定;而结果却是,那些限定几乎没有为任何[与内置型解说]不同的意见留下空间。"简言之,"他在引入那些限定条件时说道,"对某些案件,若不在相当程度上引入理论,就根本没法判决。再者,某些案件,若不引入理论,就不可能得到妥当的判决。如果能有一个好的理论,并且如果法官们能够被说服,相信该理论是好的,那么,在司法对该理论的接受方面就不会存在任何的忌讳。为非完全理论化之一致[他所指的必定是非完全理论化的个体判断]*所作的种种主张,是假设性的,而不是结论性的。"〔25〕在接下来的那几页,他描述了以一种与我自己的解说极为类似的方式来寻求整体性的法官所具有的优势〔26〕:比如,他说明了下述这一点的重要性,即不要把规则与实践同理论考察孤立开来,即便这些规则与实践是最无争议的。〔27〕然后,他强调说,他并不是主张"在法律中,一般性的理论任何时候都是不正当的。一种更为谦逊适度的观点才是合理的……法官们应当采纳一种反对高度理论化的假定而不是禁令"。〔28〕但是,内置型解说提出的是同样的建议:它建议法官们,唯有在他们有特殊理由这么做的时候,才向上推进到更为抽象的理论。

在某一点上,桑斯坦提出了内置型解说没有提出的建议。他写道,"只有当法官们非常确信,一种有关某个法律领域的更为完全的理论是正确的,这个时候,他们才应当采纳它。"〔29〕(相反,我倒认为,我们最需要的是保护我们免受那些"非常确信"他们的道德理论是正确无误的法官们的伤害。)但他不能真的意图如此,因为,正如他已经指出的,如果不引入理论的话,有些案件就根本没法判决,而其他的案件则无法妥当地判决,这就意味着,法官们将经常会不得不进行理论性的判断,以获得信心或至少是比对其竞争方案具有更大一点的信心,即便在缺乏确定性的时候也是如此。归根结底,法官在什么情况下,才能正确地认为,他遇到了一个若

---

* 此处方括号内的按语应系德沃金所加。——译者注
〔25〕 Sunstein, *Legal Reasoning*, 54.
〔26〕 比较 ibid., 54-61 与 Dworkin, *Law's Empire*, 176-190.
〔27〕 Sunstein, *Legal Reasoning*, 55-56.
〔28〕 Ibid., 56-57.
〔29〕 Ibid., 57.

是没有一定的理论性反思就"根本"无法裁判或无法"妥当地"予以裁判的案子？若没有理论性的反思，法官就不能确定，在考虑了所有事情之后，哪一个是与他的职责最相称的答案——这不就足以满足那样一种标准了吗？由此，他将他的理论性反思推进到一个他获得自信的点上，这对他来说，不是很合情理的吗？若如此，那在内置型观点及其对裁判之整体性的要求，与桑斯坦"谦逊适度的非完全理论化"之间，就不存在什么差别——根本就没有。

总结：保卫理论

我将转向我在开篇时搁置的那个问题，并以此来收尾。我们面临着一种对理论的反叛，这反叛出现在法律领域，也遍及其他的智识领地。波斯纳和桑斯坦只是两个例证：例如，美国最重要的学院派诉讼代理人（academic litigator）劳伦斯·却伯（Laurence Tribe）教授就宣称，他没有关于宪法裁判的一般性理论，而且也不打算尝试去创立一种这样的理论。[30] 这一趋势当作何解释？在前面，我描绘了一种哲学相对主义的形式，现如今，它在学院哲学之外颇为流行：它认为，一般意义上的真理，以及特殊意义上有关政治之道德性的真理，是由我们的实践创造出来的，关于这些事情，并不存在独立于特定的文化或语言的真理。该种极度混淆之哲学立场的流行，并不是对我所描绘的症状的解释，而是另一个需要得到解释的症状。

或许，答案部分在于，在我们这个意识形态灾难和专家主义灾难盛行的世纪的尾声，对谦逊适度有着强烈的要求。智识上的谦逊适度似乎是各种罪恶的反面：是预设了优越性的种族主义和性别歧视的反面，是看起来傲慢狂妄的形而上学家与体系建造者之野心的反面，并且尤其是那似乎不民主的保守知识分子之精英主义的反面。然而，我们已然察觉到了

---

[30] 参见 Laurence H. Tribe, "Comment," in Antonin Scalia, *A Matter of Interpretation: Federal Courts and the Law* (Princeton, N. J.: Princeton University Press, 1997), 65, 72-73.

第二章 理论的礼赞

这个陷阱,即它误把一种反理论的姿态当作谦虚适度。波斯纳那外表显得单纯的经验主义,其结果则是哲学家们迄今发明的最具野心、最具专家主义的绝对论中的一种,一种功利论的结果主义;而桑斯坦对司法节制的建议,假如它真的可行,那它所产生的将不是更多的民主,而是一种对于民主而言具有实质意义的过程的瘫痪。谦逊适度是一种态度,而不是一个名头。并不是说,当我们对有关我们作为人、公民以及官员的角色与责任的理论性难题掉头不顾之时,我们就算得上谦逊适度了;而是当我们以一种精神和勇气来面对这些问题时,我们才是谦逊适度的——这精神和勇气是在对我们自己的不可靠性的清醒认识之中锻炼出来的。我们的反思性判断可能会要求我们在各个方面都保持自我克制,但唯有这一判断本身是真正而彻底的反思之时,对这些自我克制的认可才是一种谦逊适度的行为。

并不是所有的法官都受过哲学的训练,对这一点,我赞同这些批评者的意见。但如果我的论点是合理的,那么,除了要求他们时常去面对那些哲学性的问题之外,我们别无选择。唯一可以替代的办法不是回避道德理论,而是将对道德理论的运用隐蔽在暗处,掩盖在所有那些习以为常的法律燃素(legal phlogistons)*——类似于像法律家那样类比推理这种神秘莫测的手艺——之下。前些天,我平生第一次吃到了鸵鸟。这类禽畜或者属于大漠,或者属于餐桌,尽管对此我还不确信。但它们不属于板凳。**

至此为止,你可能会想,我对理论的褒扬还只是否定性的。我对批评者作出了回应,但对法律中的整体性却没有作多少正面的论说。所以,我结尾的话希望能提醒你们,整体性为何如此重要。每一个当代的民主政

---

* 这里德沃金运用了一个比喻。"phlogiston"是古代对燃烧现象的解释,认为物体能够燃烧是因为其中存在着本身能够燃烧的东西。因此,正文的意思是说,实际上,那些用来掩盖理论运用的技术就像人们用燃素来解释燃烧一样,而真正的原因,即氧化作用(比喻法律推理中的理论因素)则没有被人认识到。——译者注

** 德沃金在这里又运用了一个比喻。说鸵鸟或者属于大漠或者属于餐桌,意思是或者以隐秘的方式运用道德理论而不予承认,或者是以公开的方式运用道德理论。说鸵鸟不属于板凳,意思是说,可以确定的是,理论不可避免,不存在一种无需理论的实践型方法。——译者注

体都是一个分化的国家,而我们自己的民主政体则是特别显著地分化了的。我们在文化方面、伦理方面、政治方面以及道德方面分化开来。但我们仍然渴望作为平等者共同生活,而对这一抱负来说似乎绝对具有决定性的是,我们同样也渴望,我们受其支配的那些原则是把我们作为平等者来对待的。我们必须尽我们所能,努力避免对制药公司适用一种责任理论,而对开车乘车的人却适用另一种责任理论,避免在我们因色情作品而担忧的时候采纳一种言论自由的理论,而在我们对焚烧国旗担忧之时又采用另一种言论自由的理论。除非在我们的集体审思过程中,包括在我们裁判的审议中,我们在必要之时愿意作足够高度的反思,以便检验我们在那一方向上的进展状况,否则我们就无法推进那个责无旁贷的抱负。*如果我们主张一种法治——它并非仅仅是经济成就与社会和平的一件工具,而是使我们有资格声称是共同体的那种平等的公共关心的一个标志、一面镜子的话——那么,我们就必须担负起那一至高的职责。

---

* 此处所说的"那一方向"、"那个责无旁贷的抱负",即指作为平等者共同生活。——译者注

第三章 达尔文的新斗牛犬

紧迫的问题

理查德·波斯纳的愤懑之情,发在了他最近几个月[1]对他所称的"道德理论"作的第三次抨击[2]之中。他先前的一篇文章是对我一次讲座的回应[3],而我又对那篇文章作出了答复[4],所以,这个评论是在继续一个已经历时长久的讨论。波斯纳的几个讲座有其特有的风趣、草率、充满野气(picaresque)和冲击效果。它们塞满了大量各式各样相关和不相关的枝蔓、引证和辱骂。只是,他为他的主要主张所提出的种种论据,实在是无法让他自己提出来的问题成为一个紧迫的问题。什么东西能够有效地解释他对他决心予以反对的那些学术作品所怀有的这种强烈的敌意呢——他称之为一种"刻骨的憎恶"[5]?我将给这个问题提出一种解答:抛开他自己与之相反的那些明确断言不论,

75

---

[1] 参见 Richard A. Posner, "Against Constitutional Theory," 73 *N. Y. U. L. Rev.* (1998); Richard A. Posner, "Conceptions of Legal Theory: A Reply to Ronald Dworkin," 29 *Ariz. St. L. J.* 377 (1997) (下文简称 Posner, "Conceptions of Legal Theory"); Richard A. Posner, "The Problematics of Moral and Legal Theory," 111 *Harv. L. Rev.* 1637, 1640 (1998) (下文简称 Posner, "Problematics")。

[2] Posner, "Conceptions of Legal Theory," 379.

[3] Ronald Dworkin, "In Praise of Theory," 29 *Ariz. St. L. J.* 353 (1997).

[4] 参见 Ronald Dworkin, "Reply," 29 *Ariz. St. L. J.* 431 (1997)。

[5] Posner, "Problematics," 1640.

波斯纳自己可能就深陷于一种实质的、非工具主义的道德理论之中，而他对此没有完全予以承认，甚至都没有认识到这一点。这一理论与他正式采纳的"道德相对主义"有相当大的差异，但却更能解释他那多变的立场和激情。

不过首先，我必须为我对他的种种论辩的质量所下的刺耳评价作一辩护，而我意识到这样做存在一种危险。波斯纳糟糕的论辩很可能是一些陷阱，因为他的核心主张之一就是，法官们不擅长哲学推理，他有可能是在引诱批评者来表明这个主张是真实的，至少在一个——特别有才智、特别优秀的——法官身上是如此，由此也就证明了他的主张。如果这就是他的策略，那他就用他的网罗又捕捉到了一只鹬。

这篇回应相当详细地考察了波斯纳的种种主张。我有两个理由，要对我已经形容为显然是糟糕透顶的论辩作出一个颇下工夫的回应，并把它拿来让诸位读者劳神费心。首先，波斯纳的论辩是用来为一种民粹主义的（populist）反理论运动服务的，该运动目前在美国的智识生活中有相当大的影响——他在他的论辩过程中所构思的那种灾难性的科学观点，无非是这一流行趋势的又一个例子。[6] 这一运动在浪费我们的时间，因为它在很大程度上，就像波斯纳的论证那样，是由空洞的口号组成的，它口喊着要为追求种种目标而付诸行动，而对这些目标，它甚至都无法说清楚是什么，更不用说为之辩护了。更糟糕的是，这些反理论家们嘲笑一个他们未深思熟虑地加以领会的观念，但那*却是任何对社会正义负责任的追求所具有一个关键属性。任何道德原则，无论它是如何彻底地根植于我们的文化、语言和实践之中，也都仍然可能是错误的——或者，无论它是如何彻底地遭人否决，也都仍然可能是真实的。我不知道我们智识史

---

[6] 波斯纳提出说，"共识是真实性主张能够或者应当被接受的唯一根据，因为是共识产生'真理'，而不是真理迫使达成共识。"Ibid., 1657. 提出这个关于科学的"后现代主义"观点是带点假设性意味的，但波斯纳一再提及（尽管有时自相矛盾的）主张——意见的多样性表明不存在客观真理——预设了这个观点。关于我称之为波斯纳的后现代主义式"自娱自乐"的内容的进一步讨论，参见 Dworkin, "Reply," 439-440. 关于在最近对这类观点的浅薄性所作的一次著名的揭示中，对这类观点的批判，参见 Paul Boghossian, "What the Sokal Hoax Ought to Teach Us," *Times Literary Supplement*, Dec. 13, 1996, 14.

* 译者的理解是，反理论家们嘲笑的观念以及代词"那"指的就是道德性（morality）的观念。供参考。——译者注

中的这一段反理论的插曲,将在何时完结;它可能已经开始了它迟延已久的衰落。但我们应当不让任何一个有关它的信条的主要陈述不受挑战。

道德的独立性

我深入讨论波斯纳的论证的第二个理由则是策略性的。他的讲座具体例证了一个重要的哲学上的要点,因为,尽管他的目的是要证明,普通人和法官都可以将道德理论一丢了事,但他自己的诸论据一而再再而三地依靠的却恰恰是这类理论。他未能看到这一矛盾,因为他没能认识到道德哲学这一方与道德社会学、道德人类学以及道德心理学这一方之间的决定性差别。

对一般性的道德判断,或者对任何具体的道德立场——比如,外阴切除无论在哪都是错误的,我们都可以提出许许多多各种各样的问题。这些问题分属不同的智识领域。一个领域是道德社会学。世界各地的大多数人是不是都对重要的道德确信持有一致的意见?如果不是,那其意见又有多大程度的多样性?比如说,有多少人认为外阴切除是错误的,又有多少人认为那在道德上是允许的甚至是应当的?第二个领域属于道德人类学。什么东西能够最恰当地解释,人类是如何发展出作道德上之对与错的判断的素质的?人类具有认识特殊的道德领域或道德因素的能力吗?要不然,人类具有与宇宙间"就在那儿"的道德元素建立感官联系的能力吗?若没有,那什么东西能够最恰当地解释,为什么人们会具有他们所具有的那些意见——为什么在某些文化里面,绝大多数人认为外阴切除是错误的,而在其他文化中的绝大多数人则不这么认为?第三个领域属于道德心理学。在人们的道德意见一度形成之后,是什么导致人们改变其道德意见,或者发展出新的意见?例如,论据或者其他的动因,能够在多大程度上转变人们关于外阴切除之是与非的意见?第四个领域是道德本身。外阴切除在道德上是错误的吗?它是不是无论在哪都是错误的?或者它在哪里都不是错误的?或者它只是在不具有某些特定传统或需求或环境条件的文化中才是错误的？在这些不同的领域和问题之间，存在着重要的联系，但首要的是要认识到，第四个领域在概念上是与其他任何一个领域都截然不同的。当然，比如说，某人一贯认为外阴切除在许多文化中广受认可，他认为其在某些文化中被认可，而在别的文化，包括在他自己的文化中遭到拒绝，无非反映了两个社会中不同的经济需求和其他需求；认为没有哪种论据能够改变某人关于这一实践的看法，并认为，这个实践在哪里都是道德上可憎的，这都是可能的。

在某一处地方，波斯纳似乎承认了前三个领域和最后一个领域之间的差别。他把"关于"（about）道德的问题（它包括了前三个领域），与道德"的"（of）问题（它构成了第四个领域）区分开来，他声明，他的讲座只考虑前者。[7] 如果这是真的，那就犯不着去反驳他的讲座了。但那并不是真的，因为波斯纳的种种主张，正如我们将会看到的那样，乃是道德"的"主张，而非"关于"道德的主张；实际上，如果它们只不过是"关于"道德而已，那它们就根本不会与他的学术靶子的观点相矛盾——就他所反对的著作而言，他的学术靶子的著作完全属于[道德]"的"这个种类。

波斯纳未能充分地把不同领域区分开来这一点，在他的讲座中随处可见。他给出了一页又一页有关道德多元个性的无可怀疑的汇报，和一页又一页对现如今为人熟知的有关利他主义与其他道德态度的进化论解说。（列在他那打击对象名单上的"学院道德家们"，是否真的需要被告知或如此频繁地被告知说，不同社会、亚文化以及个人，具有不同的道德意见，或者一只疣猪，假如它也有此种思维能力的话，可能会认为另一只疣猪美若天仙？）[8] 然而，他似乎没有意识到这种需要，即他必须表明这种社会学或人类学或科学虚构的任何内容，是如何支撑起他的"强命题"的（这个命题是一个实质性道德主张），或者是如何支撑起种种变化多端的、包括他所赞同的道德相对主义在内的实质性道德立场的。他可能设想（我担心许多律师和法律学者都这样设想），他所提到的这些社会学事

---

[7] 参见 Posner, "Problematics," 1647.
[8] Ibid., 1655.

实与人类学思考,本身就使某种相对主义的或其他反客观主义的道德立场成为必然。但他必定明白,他所批评的那些作者们,并不认可这一必然的设定,因而他本来应当设法对它作出说明,为它进行辩护。实在奇怪的是,他觉得他没有要为他的假设作辩护的责任,因为他说他打算对我自己的观点给予"特别的注意"[9],而我最近已经发表了一篇长文,以解释为什么任何这类假定都是一种错误,以及为什么唯一能够支持某种实质性的道德立场,包括支持波斯纳说他为其所吸引的那种道德立场的论据种类,乃是一种道德的论据。[10] 我写那篇文章,是为了和有关道德理论的种种混淆作斗争,我认为这些混淆现今在法学院以及大学的其他科系特别流行,它们滋养了那民粹主义的反理论运动。波斯纳读过该篇文章,而且在若干场合还引用了它(通常是不恰当地引用它)。[11] 尽管他一再重复着我已指出是站不住脚的那些论据,但他却不作任何努力来回应我所说的内容,甚至都不表示一下他已经注意到了我说的内容。我不想在这里概括我在那篇文章中提出的论据,虽然我在下文当中呈现了那些论据。无疑,波斯纳认为他有根据来驳斥我的论据,我希望并且假设他将用他对[我]这个回应的答复的一部分内容,以一定的详尽程度来解释,这些根据

---

[9] Ibid., 1640.

[10] Ronald Dworkin, "Objectivity and Truth: You'd Better Believe It," 25 *Phil. & Pub. Aff.* 87 (1996).

[11] 最能说明问题的,也是最重要的一个错误是他的这个转述,即"[德沃金]把道德相对主义、道德主观主义以及道德怀疑主义混在一起说,把它们当成他所谓的'外在[道德]怀疑主义'的不同名称"。Posner, "Problematics," 1642 n. 6 (第二处改变是其原文中就有的——译者按:这里说的第二处改变应该是指"外在的[道德]怀疑主义"这一短语中加中括号的部分,就是说,第一处方括号是作者德沃金引用时加进去的,而第二个方括号则是波斯纳原文中有的。供参考)。我的文章的核心论点恰好相反:这些立场中的每一个只有作为我所称的"内在怀疑主义"的一种形式时,才是有意义的。像波斯纳那样说后者只是局部性的,那也没有抓住外在与内在怀疑主义之区分的要点所在。[两者的]差别毋宁在于,尽管内在怀疑主义是全局性的,但它本身是根植在(可能是反事实的)实质性规范判断之中的。这里可能是我作这样一个正式的补充说明的合适场合,即我无法理解波斯纳通篇所说的关于"形而上学"、"道德现实主义"以及"正解"的很大一部分内容。他显然是在用一种怪癖的方式来运用这些术语。

身披法袍的正义

是什么。[12]

何谓"道德理论"？

波斯纳声称,他的目标不是道德——他说,对道德他没什么好争论的——而是某种他称为"道德理论"的东西。[13] 他可能认为,即便道德是不能单单以非道德的论据来加以推翻的,但是"道德理论"则是可以的。但若如此,他的策略就失败了,因为他的区分本身就混乱不清。他认为,普通人所从事的道德判断或推理,和仅仅让与世隔绝的学院派等级感兴趣的道德理论之间所存在的差异,乃是一种质的差异(a difference in kind)。但这个差异,如果能够得到辩护的话,那也仅仅是一个捉摸不定的程度问题。

典型的情形是,人们之进行道德推理,乃是对他们在他们的道德确信中所感到的不确定性或薄弱性作出的反应。许多人对道德与政治问题都有其原初的意见:初期的胎儿是否拥有它自己的道德权利;在医生对病人提出的撤走生命支持的请求给以的尊重,和医生对病人要求给予能了结生命的药片的请求所给予的尊重之间,是否存在一种道德上的差别;一个

---

[12] 我这里是在请求波斯纳给出他自己的观点;我敢保证,他能搜罗到一些可供援引的文章,这些文章批评我的著作的这个方面以及其他方面。他喜欢单纯用引用来进行论辩;参见,比如他引用了针对罗尔斯的一个极为无力的批评,把这个批评当作是关于这位卓越的哲学家对道德与政治哲学所作贡献的定论;这个批评在玛莎·努斯鲍姆(Martha Nussbaum)的回应中有论述。参见 Martha Nussbaum, "Still Worthy of Praise," 111 Harv. L. Rev. 1776, 1778 and n. 11 (1998). 这类引证是会倒转枪口的,因为这位作者通常被认为赞成他所援引的那些意见,因此他会对它们进行核查检验。又比如,在第98个注释,波斯纳显然是以赞赏的口吻转述了邓肯·肯尼迪(Duncan Kennedy)的观点,即我把许许多多的立场,包括"公民不服从,不控告焚毁征兵卡的人,[以及]明确地顾及分配性后果而不是对效率的依赖"在内,都推荐为"法律上的'正解'"。Posner, "Problematics," 1686 n. 98, 引自 Duncan Kennedy, A Critique of Adjudication (Cambridge, Mass.: Harvard University Press, 1997), 127-128 (原有的引用符号省略). 我无法领会,这个观点如何能支持波斯纳的论证,即便它完全正确。不过它并不正确。我一直谨慎地说,我关于公民不服从,包括关于焚毁征兵卡的观点并非法律的判断,例如参见, Ronald Dworkin, Taking Rights Seriously (Cambridge, Mass.: Harvard University Press, 1977), 206;我也一直谨慎地拒绝赋予我关于分配正义的观点以法律的身份(legal standing),例如参见, Ronald Dworkin, Freedom's Law (Cambridge, Mass.: Harvard University Press, 1996), 36。

[13] Posner, "Problematics," 1639.

政治共同体是否应当在诸如堕胎和安乐死这类问题上达成集体决定,并且通过法律对每一位公民执行这些决定;或者一个政治共同体是否应该允许个人达成他们自己的确信并根据其确信行动。除了少数"形而上学"哲学家,几乎没有谁会去为这类意见的哲学性状操心。很少有人会去绞尽脑汁地思考,他们的确信是对不依赖于心智的(mind-independent)事实的报道,还是情感在一个道德上中立的世界的投影而已。但是,很多人确实会担心他们的确信是否合理可靠:他们认为,得出这些问题的真理并将对该真理的理解付诸实施,那是非常重要的。简言之,他们是道德上负责任的人,他们对道德推理所具有的兴趣是那一责任感的自然后果。他们希望对他们的确信作出反思并说服他们自己,这些确信与他们在其他场合所赞成的更具一般性的原则或理念不相违背。他们很可能问他们自己,比如说,他们有关堕胎的观点是不是预设了某些关于感知能力与利益或权利间之联系的更一般性的立场,以及当这一立场被阐发揭示出来之时,他们是否真能赞同它或赞同它的其他推论。或者,他们可能会问他们自己,他们关于国家在安乐死方面对每一个人强制执行一种观点的做法是否正当的问题所怀有的观点,与他们关于国家在堕胎问题上对每一个人强制执行一种观点的做法是否正确的问题所怀有的观点,是否相互一致。当然,我的意思不是说,人们只关心他们的种种确信之间的一致性,好像真实性却无关紧要似的。他们关心他们的种种确信的整体性(integrity),因为他们真切地希望做正确之事。

确实,其他许多人对这种性质的反思是没有什么耐心的:他们知道他们所想的,并且不想为认为他们缺乏一贯性或没有原则这样的疑虑或建议去费什么心思。他们在游行示威或者投票赞成进行战争之前,并不需要什么"理论",而对那些需要"理论"的人,他们则报以嘲笑奚落。波斯纳与他们站在同一个战壕,但他不应该误解更具反思性的人们的动机与假设。他假定,更具反思性的人们的唯一动机,就是要使世界上其他的每一个人都相信他们才是正确的——他一而再、再而三地说,意见的不一致，证明了道德理论已然失败。[14] 但是这太过拙劣了。无疑，在学院哲学与报章杂志中间，也在日常生活里面，人们常常希望能说服他们自己，也希望说服其他人。但这个目标并没有穷尽在任何场合所作之道德反思的要点，甚至通常还不是它的核心所在。反思性的人们想要消除他们自己的疑虑。他们也想使利益受他们的作为影响的其他人相信，他们所付诸实践的是经得起检验的确信，并且是秉持正直（integrity）之心而这么做的。所以，他们努力用一种体现出反思、真诚以及一贯性的方式来解释他们的确信，即便他们并不奢望能够让其他人转而去信服那些确信。

反思性的人在相信任何事情或作出任何的决定之前，也并不坚持要先构建出一种像功利主义或康德形而上学的某些变种那样完整的道德或政治哲学。相反，正如我在其他场合已经指出的，他们是从内而外进行推理的。[15] 他们从一个特殊的具体问题开始，并且有理由担心，他们是否能够针对如下异议而捍卫他们的立场，即他们的立场是专断的，或是与他们的其他观点或确信不一致的。因此，为了平息这些疑虑，他们自己在智识、道德与专业方面的责任感会指令他们必须构建或者接受一个具有何种一般性程度的"理论"。当他们的责任特别重大的时候——对政治官员们来说即是如此——他们就很可能认为，对照其他人的，包括道德与法律哲学家们的更全面的和得到充分阐发的解说，来检验他们的反思，乃是适当的；道德与法律哲学家花了大量的时间在这些相关问题上劳神费心。人们求助于这些资源，并不期望找到决定性的答案——他们知道，这些资源在它们自身中间就会互相不一致——而是为了对它们的确信作严格的检验，是为了在他们发现他们的确信需要补正的时候能找到新鲜的观念，并且通常是为了找到他们在将他们的观点重新加工成更准确、得到更有力支持的确信时能够遵循的理论指引。

我把这个反思的程序描述成一种"辩护梯度上升"的过程。[16] 任何

---

[14] Ibid., 1656-1657.

[15] 参见 Ronald Dworkin, *Life's Dominion* (New York: Knopf, 1993), 28-29; Dworkin, "In Praise of Theory," 358.

[16] Dworkin, "In Praise of Theory," 356.

一个人都不可能通过在"推理"与"理论"之间的某种先验区分，事先就把这个梯度上升的过程应当继续到何种程度这一点给规定下来：直到启动这个过程的难题或冲突得以化解，否则这个过程将一直持续下去，而这个得以化解的点则是不可能事先得知的。[17] 所以，在原则上不可能说，道德判断在某一点上结束了而道德理论开始了。在经过普通的道德反思之后，通过把某个看起来不可靠的或者专断的判断，联系到更宏大的原则、视野或理念，以便为其作出证明。这是道德推理的组成部分，而不是什么附加上去的不同的东西，就像一场比赛打到9平之后加赛一局的做法是棒球比赛的组成部分一样。再者，几乎在一般性的每一个层次上都提出了种种原则和理念。它们包括"能够增加快感(pleasure)的无论什么东西都是善的"这个具有支架地位的(overarching)功利主义命题；约翰·罗尔斯那严格限定的政治的正义观念[18]；我努力为之辩护的政治民主理论[19]；托马斯·斯坎隆(Thomas Scanlon)对言论自由之要点与价值的解说[20]；赫伯特·哈特对刑法中的惩罚与过错责任法之道德基础所作的考察[21]；凯茜(Casey)堕胎案中三位大法官附随意见的核心部分有关个人自主的评论[22]；最近在若干司法意见以及法律评论文章中，对以市场份额为根据来划分责任的公平性所作的评论[23]；对教会与国家之分离所作的报章评论；有关一个国家对其他国家的人们的人权进行保护的责任问题，在茶余饭后所进行的评论；某位学校教师开设的、有关一代人对另一代人所负有的环境义务的课程；某位家长通过问孩子"如果他对你那样做，你会有

---

[17] Ibid., 356-357.
[18] 参见 John Rawls, *Political Liberalism* (New York: Columbia University Press, 1993).
[19] 参见 Dworkin, *Freedom's Law*.
[20] 参见 T. Scanlon, "A Theory of Freedom of Expression," in Ronald Dworkin, ed., *The Philosophy of Law* (New York: Oxford University Press, 1977), 153.
[21] 参见 H. L. A. Hart, *Punishment and Responsibility* (Oxford: Clarendon Press, 1968).
[22] 参见 Planned Parenthood v. Casey, 505 U. S. 833, 869 (1992)（奥康娜大法官、肯尼迪大法官以及苏特[Souter]大法官的联合意见）。在该案中，斯蒂文斯大法官的另一个意见明确地引证了哲学文献，被引证的文献提出了一个适合该案件的判决根据，这一根据与在三位法官联合意见中起作用的诸多根据的其中之一，很相近。参见 ibid., 913 n. 2（斯蒂文斯大法官，部分附随，部分异议）。
[23] 参见在 Dworkin, "Reply," 435-456 中所引证的材料。

怎样的感受?"来试图改变孩子的观念的努力。道德"理论"的这些例证仅仅是在它们的一般性或抽象性层次方面有不同,对具体的道德论辩与理论性的道德论辩作任何一种断然的分类,都不可能不是任意而武断的。波斯纳那张打击名单上的某些"道德家"是在相对高的抽象性层次上写作的,而有一些则是在相对低的抽象性层次上写作的;波斯纳不分青红皂白把他们统统捆绑在一起,这无非体现了他自己的立场的任意性。他既没能把握到种种激发起道德推理的动机的复杂性,也错失了反思与确信之间的交互作用之为道德的现象所具有的复杂性。

"强"命题

波斯纳的"强"命题认为,没有哪种道德理论能为道德判断提供一个"坚实的基础"。[24] 这个命题自身当然也是一个理论性和普遍性的道德判断,因为是否有任何种类的道德主张为另一个道德主张提供了一个"坚实的基础",这本身就是一个道德问题。例如,对种族歧视予以谴责的某条原则是否给对于纠正歧视措施(affirmative action)的谴责提供了一个可靠的基础,这就是一个道德问题:它取决于该原则是否合理可靠,应当如何对它作出最佳的解释,以及如此解释之后,它是否能得出那个结论。

这些道德的问题,必须小心地与占据着波斯纳讲座之大部分的经验性问题区别开来,因为后者主要是关于这样一类心理学的问题,即对任何道德判断所作的某种理论辩护,尤其是由某些在大学里面教书的人所构建出来的理论辩护,是否能够说服某些其他的人改变他自己相反的确信。那显然是一个不同的问题:某人坚信,特定的道德原则——比如说,处在某个并不流行的宗教传统之核心位置的那些道德原则——是绝对真实的,并且确实为大量有关道德权利和义务的更为具体的主张提供了"坚实的基础";但他又承认,几乎不可能使任何其他的人领悟到这些原则

---

[24] Posner, "Problematics," 1639.

的真理,或认可它们作为那些更具体的判断的根据;这其中一点矛盾也没有。

所以,波斯纳只有用他自己的一种实质性的道德理论来捍卫他的强命题。这类理论的其中一种是道德虚无主义,它主张,没有什么在道德上是正确的或错误的;虚无主义无疑将会使下述主张正当化,即没有哪个理论上的论据能够提供一个好理由,使人可以认为某个行动是正确的或错误的。但是波斯纳否认他是虚无主义者。[25] 相反,他把自己描述成一个道德"相对主义者"——道德"相对主义者"认为,存在有效的道德主张,也即符合"能够评判某一道德主张为有效的标准"的那些道德主张。[26] 这些标准是"地方性的,也就是说,是随着该道德主张在其中被提出来的特定文化之道德准则(moral code)而变化的"。[27] 实际上,如我们将会看到的那样[28],波斯纳没能成功地刻画出一个这种相对主义的连贯版本。不过现在,这不是什么问题,因为若把相对主义理解为一种实质的道德理论而不仅仅是一门(在这里是不相干的)道德社会学,那就没有哪种相对主义形式——即便是似是而非的、性质降到最低限度的相对主义形式——能为他的强命题作辩护。假如相对主义是真的,那么,加上有关"一个特定文化之道德准则"的全面知识,它就将为该文化当中的道德主张提供一个"坚实的基础"。波斯纳的批评对象中的几位学院哲学家和法律家,的确提出了这类论辩,许多相对主义者都会承认它们至少为这些哲学家的部分主张提供了基础。例如,约翰·罗尔斯常常这样来刻画他的论辩的特征,即它们显示了隐含在当代诸民主体制之公共文化之中的原则与理念所具有的种种意蕴。[29] 我自己关于宪法的论辩也是对一个特殊政治文化的解释。[30] 显然,以关于道德相对主义这个学派的任何一种

---

[25] 不过,很可能,虚无主义实际上是从他在后面,第89—90页上所描述的种种相互矛盾的道德立场中得出的最自然的实质立场。我考虑我在后文所探讨的另一种可供选择的解释,但这并不是要排除[对波斯纳作虚无主义的解释]这种可能性。

[26] Posner, "Problematics," 1642.

[27] Ibid.

[28] 参见89ff.

[29] 参见 Rawls, *Political Liberalism*, 3-11.

[30] 参见 Dworkin, *Freedom's Law*, 1-38.

可能的设想来判断,罗尔斯和我,以及波斯纳名单上的其他任何一位,都不是道德相对主义者;但是,一位相对主义者不会否认,至少我们提出的某些论辩,为个别的道德判断提供了一种"坚实的基础"。[31]

因而,波斯纳根本就没有为他的强命题提出什么辩护。他的讲座的绝大部分内容都在宣扬一个不同的——但也是极不可信的——主张:没有哪种一般性的道德理论或论据,能够说服某人去接受他原本予以否认的某个道德判断。我同意,除非在他或她的想象力(imagination)中找到一个控制点,否则没有哪个道德论辩能够说服任何一个人。但是,想象力可以采取许多种形式,许多人的想象力即包含了对伦理与道德整体性的渴求。他们希望他们的生活能体现他们的种种确信,而且他们希望他们的确信是真实的。仅此一点,就能够说明,能对他们产生影响的反思的层次,甚至学院道德理论的种类,可以有多么的不同。有些人想要的比整体性还要更进一步:他们想要一种关于如何生活——以及如何共同生活——的视野,该视野不仅能够作辩护,也能够激动人心;这一渴望说明了,为什么最优秀的道德哲学历经数个世纪甚至历经千年而不衰。

观念最终确实能够移山填海、息兵止戈,这是可敬的历史学家们的见解,也是我们民族智慧的一部分。波斯纳没有提出真正的经验证据来证明与之相反的立场。他引述了时髦的进化生物学中某些"就是这样"(just so)的故事的粗糙版本。但是,在我们这个物种中某种道德感具有有益于生存的价值这一点,完全不能证明道德感没有包含对整体性和一致性的渴求;它可能倒是很能说明相反的看法。西方大学中的学院法律家与哲学家们(他们的个性、背景、历史经历、性情、文字风格以及论辩策略彼此千差万别,即便在单独的一所大学里面也是如此),其所受之训练

---

[31] 波斯纳若要否认这一点的话,那他只有坚持认为,他所想到的道德法典就像一张洗衣单,所列者都是有关极其特定化之问题的个别道德判断,而不包括任何其解释可能会成为一个争议问题的更为一般性的原则。但那样的话,他说他不打算予以批评的、而且一名相对主义者也会承认的"规范性推理"就根本没有存在的余地了。那同样也会意味着,没有哪个实际的共同体拥有一部道德法典,而这恐怕将使他的相对主义成为[与他的命题]不相干的东西。

与教育如何以及为什么在某种程度上,使得他们作为一个单独的群体,不能胜任道德劝说,对此波斯纳提出了他自己的反思。他还指出,某些受教育的人犯下了道德罪过。

但这说明不了什么。如果对道德论辩或道德理论在行为和信念方面之影响,有可能作出一种恰如其分的一般性说明,那它将是异乎寻常的复杂,要作出无可计数的区别。它将把即时而直接的影响和迟延缓发的影响区别开来;它将把后者*可能通过大众文化中各种惯例的中介作用而得以发生影响的各种方式一一列明;它将考虑到论辩者的技巧与名声,也会考虑到论辩的质量;它也会注意到这类影响所依赖的其他数以千计的文化与心理变量。简言之,"道德论辩是否会改变人们的看法?"是一个提得很拙劣的问题,要使它成为一个得当的问题,还需要做许多的工作。即便如此,对这个问题目前的粗糙形式,我们也可以信心十足地拒绝下述两种回答中的任何一种:"总是能够",以及"绝不可能"。只有愚蠢得不可救药的乐观主义者才会认为,好的道德理由总是能够打败原初的自利或相反的意愿。也只有独断的犬儒主义者才会坚持认为,道德论辩绝对无法产生任何实际效果,无论该论辩如何优越,或者无论其影响是如何通过中介发生作用的。波斯纳似乎倾心于后者,但他除了提出一点先天的心理学合理主义和一些奇闻轶事来向我们表明其理由所在以外,就什么也没有了。

"弱"命题

波斯纳的弱命题认为,不论道德理论在日常生活或者政治领域具有什么样的影响力,法官们都应该忽略它,因为他们有可资利用的更好方法

---

* 即迟延缓发的影响。——译者注

来达成他们种种专门的目的。[32] 他再次忽视了道德的独立性。如果在判决疑难案件时,法官没有必要去作道德决断,那他们当然也就没有必要去参考道德理论。但是,假如他们确实面临道德问题,那么,让法官通过历史学或经济学或任何其他非道德的方法来解决这些问题,就会是一个范畴错误,这就好比建议某个在代数问题上遇到麻烦的人去试一下罐头刀一样。

波斯纳希望说服我们相信,法官不会面临道德问题。在一篇新近的文章中,他指责我无知,因为我认为法官们很关注公平的问题。[33] 我作了回应,引证了我已经讨论过的法律领域中的司法意见以及讨论这些意见的法律评论文章对公平性的若干讨论。[34]（我本来也可以引证1991年一项对产品责任判决的研究,该研究得出结论说,"公平问题得到阐述的频率要比效率问题高18%,而公平性在判决中占据支配地位的频率则要高24%。"[35]）在他讲座的开始,波斯纳重复他的主张:他说,道德理论"与案件中的实际问题是对不上号的"。[36] 但到了很靠后的地方,他改变了

---

[32] 他说,英国的法官是将道德忽略不计的,但他对英国法律实践的评论所依赖的信息是不足的,而且与他自己最近写的东西相矛盾。波斯纳说:"英格兰的法律是一门自治的学科。新问题主要是通过对由制定法、规章以及司法判决组成的权威性文本的解释来解决的;这些组成权威性文本的成分中没有哪一个构成一种有争议的道德理论。有时,英格兰的法官们不得不作政策选择,但他们这样做的时候是如此罕见,以至于他们感到他们'[正]踏出法律之外'。"Posner, "Problematics," 1693, 引证了 H. L. A. Hart, *The Concept of Law* (Oxford: Clarendon Press, 1994), 272 (改动原文就有)(这里所说的改动,指的应是波斯纳在引用的时候将哈特的原文"step"一词的一般现在时改成了现在进行时"stepping"。——译者注)。在他自己的书中,在美国的实践方面,同样在英国的实践方面,波斯纳都否认了哈特的陈述在描述上的准确性。参见 Richard A. Posner, *Law and Legal Theory in England and America* (Oxford: Clarendon Press, 1996), 15. 作为对"正踏出法律之外"这一说法的批评,波斯纳说,"对实证主义观念的[一个]进一步的反对意见是,法官和律师们对于作为法律适用者的法官和法律创制者的法官之间的区分毫不在意",他还补充说,哈特"指出下面这一点是对的,即在判决这类案件时,法官是在作出价值选择……而不单单是在使用分析、反思或者某些特殊的被称为'法律推理'的探究模式"。Ibid., 18. 波斯纳对英国实践的新描述从来不是真实的,而现在它则是一个应受责备的错误描述。(有关英国司法在比如行政法领域中对政治理论的运用的说明,参见 Jeffrey Jowell, "Restraining the State: Politics, Principle and Judicial Review," 50 *Current Legal Problems* 189 (M. D. A. Freeman and A. D. E. Lewis, eds., 1997).)对波斯纳来说,将比如他讨论到的联邦最高法院关于安乐死(assisted suicide)的诸判决,See Posner, "Problematics,"与英国上诉法院在一个类似案件中明确依赖于当代道德哲学家的著述的判决,参见 Airedale NHS Trust v. Bland, [1993] 2 W. L. R. 316, 351 (C. A.),作一个比较,可能会对他有所教益。

[33] 参见 Posner, "Conceptions of Legal Theory," 388.

[34] 参见 Dworkin, "Reply," 435-436.

[35] James A. Henderson, Jr., "Judicial Reliance on Public Policy: An Empirical Analysis of Products Liability Decisions," 59 *Geo. Wash. L. Rev.* 1570, 1595 n.131 (1991).

[36] Posner, "Problematics," 1639.

他的攻击策略。他承认"法官似乎陷入了道德理论的范围"[37],但他坚持认为,对[判决]记录的细心研究将会表明,我(以及可能所有我引证的那些学者们)认为法官是在一种道德的意义上运用道德术语,那是上了他们的当。

但是,他们能够在什么样的其他意义上使用它们呢?他没有说,而且他在提出法官是以一种非道德的方式来运用道德术语这个意见之后,又立即在他对为什么法官的确如此频繁地诉诸道德这一点进行解释的时候,削弱了这个意见。"为了让人印象深刻起见",他说,他们这样做是为了"说一种……更适合外行理解的语言",并且最终是因为"在法律和道德之间存在着不容忽视的重叠"。[38] 所有这些说明当然都假定,法官们是在一种与你我的用法相同的意义上来使用道德术语的,也就是说,是用这些术语来诉诸道德的概念的。在这些明白无疑的让步之后,波斯纳又立即转而进行攻击。他指责"德沃金及其同道"试图使法律的每一个方面都和我们认为道德法所要求的内容相一致,还颇为有趣地把我们与那些将冒犯伊斯兰宗教法的人斩首的阿富汗原教旨主义者相提并论。[39] 但是,当然,没有谁必须去赞同这个荒谬的主张,即为了能够认为在判定法律是什么的时候,道德确信有时——甚至经常——是相关的,法律就应当强制执行所有的道德义务,并且仅仅执行道德义务。

接着,波斯纳试图表明,我讨论过的联邦最高法院的一些特定的案件,并没有提出什么道德问题。但他自己的例子却又证明了相反的情况。例如,他说,在安乐死诸案件中,联邦最高法院的大法官们"回避了诸哲学家的意见书"已经探讨过的"哲学问题"。[40] 那份意见书中的主要道德主张:第一是,有行为能力的(competent)临终个体,在原则上,拥有一项决定他们自己如何死亡的权利;第二,即使承认,该权利在某种程度上会增加其他病人被迫违反他们的意愿而选择死亡的风险,这增加了的风险

---

[37] Ibid., 1697.
[38] Ibid., 1695.
[39] Ibid.
[40] Ibid., 1700, 讨论了罗纳德·德沃金、托马斯·内格尔、罗伯特·诺奇克、约翰·罗尔斯、托马斯·斯坎隆以及朱迪斯·扎维斯·汤普森(Judith Jarvis Thompson)作为法庭之友(Amici Curiae)支持被告的意见书,Vacco v. Quill, 117 S. Ct. 2293 (1997) (No. 95-1858), Washington v. Glucksberg, 117 S. Ct. 2258 (1997) (No.96-110),重印于"Assisted Suicide: The Philosophers' Brief," *N. Y. Rev. Books*, Mar. 27, 1997, 41.

也根本不能为拒绝承认这项权利的做法进行辩护。没有哪位大法官"回避"这两项主张——他们中的三位在第一点上作出了与我们的立场相反的决定，有五位在第二点上作出了与我们的立场相反的决定。[41]

他说，联邦最高法院在罗伊诉韦德（*Roe v. Wade*）案中也"回避了道德问题"，并且在这个语境中他还补充说，他"全部的要点是，法院不能胜任对'道德成本'进行平衡的工作"。[42]（接着这个评论的，是对我提出的一个论据所作的尽管具有启发性但却不对路的抱怨，我提的那个论据涉及迟延承认堕胎权的做法所造成的"道德成本"。[43]）但是联邦最高法院并没有——也不能——"回避"这个道德问题，即各州是否应当尊重个人在个人道德问题方面的自主性。（在后来的一个堕胎案，即凯茜[*Casey*]案的多个大法官意见中，这个问题甚至更为突出。[44]）联邦最高法院如果不同时对这个更进一步的道德问题——即一个早期的胎儿不具有使它能获得宪法保护的自身利益——作出判定的话，那它是不可能得出支持自主性的判决的，因为如果一个问题会危及其他人的基本权利，那它是不能以个人自主性为根据提出来的。（毕竟，联邦最高法院不会认为，一位母亲有权自己决定是否杀害她的婴儿。）在诸堕胎案中，联邦最高法院无疑裁断了这个道德问题，即胎儿是否是具有它自身的利益与宪法权利的人。

事实上，在若干地方波斯纳其实承认，决定重要宪法问题的法官们常

---

〔41〕 这是对该判决作的一个扼要说明。更完整的说明，参见我的文章"Assisted Suicide: What the Court Really Said," *N. Y. Rev. Books*, Sept. 25, 1997, 40.

〔42〕 Posner, "Problematics," 1703.

〔43〕 在对以下意见——如果联邦最高法院搁置对宪法堕胎权的承认，那它本来会显得更为明智——作出回应的时候，我说，联邦最高法院要是搁置对宪法堕胎权的承认，但是后来最终还是作出支持堕胎权的判决，那它就会引发许多年轻妇女的生活遭到毁灭这一人所共知的"道德成本"。Dworkin, "Reply," 437. 波斯纳回答说，当它作出它的那个判决的时候（译者按：即在罗伊案中判决支持堕胎权），这家法院同样引发了道德成本，即那些胎儿之死亡这一道德成本，如果联邦最高法院搁置了它的判决，那这些胎儿本来是不会被堕掉的。参见 Posner, "Problematics," 1703. 但这家法院最终的判决的意思是，在它看来，怀孕早期的堕胎没有涉及任何对权利的违反，并且因此早下判决而不是晚下判决，就没有牵涉到任何那种性质的道德成本。波斯纳错失了这个要点，因为他没有认识到，联邦最高法院在罗伊诉韦德案中的判决必然要对道德问题作出裁断：这家法院所做的不是"平衡"道德成本，而是至少在其判决必要的范围内，对它们作出界定。

〔44〕 参见注22。

第三章 达尔文的新斗牛犬

常对道德原则问题作出有争议的判决;他确实宣称他们应当如此,甚至还告诉他们应当依赖哪种道德理论。例如,他提出了一个道德论据来解释,如果由他来判决安乐死诸案,他会如何下判决:联邦最高法院应当支持反安乐死的制定法,因为,考虑到这个国家在该问题上的权力平衡,让安乐死*问题的斗争在日常政治领域展开,将最能满足民主的价值。当然,波斯纳必须隐藏他对道德理论的诉求,他以一种令人惊异的方式这样做了。他宣称,有关政治之道德性的确信,包括他自己有关一个民主体制之恰当运转的确信,根本不是道德判断;他说,它们仅仅是"关于政治或司法程序"的主张。[45](有关"道德"主张与"政治"主张之间差异的类似陈述遍及他的文章各处。[46])但是,这些确信并不是任何描述意义上的"政治的"。它们是关于政治与司法机构应当如何运作的规范性主张。它们也并非波斯纳有时所主张的那样是策略意义上的规范性诉求:它们不是有

---

* 在这里将"assisted suicide"与"euthanasia"都译作"安乐死"。——译者注

[45] Posner, "Problematics," 1701.

[46] 这些陈述中的绝大多数都带有显著的辩护口吻。例如,在一个颇为怪异的脚注里面——从中可以明显地预见到他那不可思议的区分——他提出说,如果我只是想说法官需要政治理论,那我自己的那个认为法官需要道德理论的论辩将变得平常无奇。参见 Ibid., 1639, n.1. 他这么说实在是莫名其妙。我举的属于法官所需的那类道德理论的例子中,尤其是在我宪法领域的著作里,绝大多数——按波斯纳所明显而易见的建议——都是政治的(political)而非个人(personal)的原则。在另一处,他预想到了针对他的这样一个反对意见,即他自己即依赖于伦理的论据,但他在作出回应时,却只是给出一些含糊其辞的断言。"伦理与实践理由不可以和道德理论等量齐观,"他说道,"除非这个术语(指道德理论)徒劳地被用来表示在社会问题上作的所有规范性推理。"Ibid., 1697. 讨论中的这种道德理论当然不包括"对社会问题作"策略性的或工具性的"推理"。但是为什么它就不能包含对社会问题作的这样一种推理呢?它具有的不是这些意义上的规范性(按:"这些意义上的"指"策略性的"和"工具性的"),而是绝对意义上的(categorical sense)道德推理呢?如果某种关于道德理论的定义把有关政治的道德问题略去不谈,那它还能有什么意义? 在另一个场合,波斯纳谈到他的这个论辩,即根据对民主的恰当理解,安乐死应当留待政治过程来解决:"这不是一个道德论点,除非道德是政策的同义词。"Ibid., 1701. "道德"的确不是"政策"的同义词,假如后者用来指的是工具性的或者策略性的考虑。但波斯纳关于民主的论据并非是策略性的或工具性的;它说出了一个有关如何对民主作出最佳理解、予以最佳实施的有争议的立场,而这是一个政治道德性的论据——除此而外它还能是什么?在另外一处,他又说,法官在检验纠正歧视措施计划的合宪性时,不需要依赖道德判断,尽管在某些这一类的案件里,法官会不得不"政治地"作出判决。参见 Ibid., 1706-1707. 我设想,他的意思不是说按照党派关系来判决,而是根据他们对相互竞争的派别提出的主张在政治道德性方面的合理性所作之最佳判断,来裁判案件,这样这一陈述就完成了这个自相矛盾。

关如何达成某个规定好的目标的判断,而是关于应当追求何种目标的高度争议性的判断。它们是关于政府权力应当如何分配、如何行使,以及——如果在某种程度上是必要的话——这些权力在何种情况下应当出于对个人道德权利的尊重而受到限制的道德判断。[47]

波斯纳对种族隔离的讨论,因为他要掩饰他自己对道德理论的诉求这一需要,而带上了更为严重的缺陷。他先是宣称说,法院所运用的论据(以及他认为其他的人本来应该运用的论据)实际上是"非道德的"论据。[48] 例如,他说布朗(*Brown*)案的法院将它的判决奠立在心理学家得出的这个"非道德的"结论之上,即"隔离会伤害到黑人的自我评价"。[49] 但是,该"非道德的"结论预设了,黑人与白人在政治上是平等的,并且黑人应受平等的尊重,而在这同一个讨论中,他声明说,这个预设在1954年是一个有高度争议的道德主张。[50] 接着,他尝试了一条不同的策略:他说,联邦最高法院援引的一些道德原则实际上是根本没有争议的,它们仅仅是布朗案中得到一致同意的"背景"的组成部分,就像这个案件的事实一样。[51] 但他提出来作为他的例证的是这条原则——"政府在以种族为根据来分配利益或负担的时候……应当具有一个好的理由"[52],而正像他刚承认的那样,黑人在政治上是否比白人低人一等,并且因此他们的"低人一等"是否是根据他们的种族来隔离他们的"一个好的理由",这无

---

〔47〕 可能波斯纳所指的是某种他没有说清楚的、在个人道德与政治道德之间的区分,这个区分根本是难以澄清的。(法官根据市场份额来课以责任,这是一个个人道德的问题还是一个政治之道德性的问题?)如果波斯纳的"圣旨"只是要把个人道德排除在司法推理之外的话,那无论如何,其动机都将是不可理解的。政治之道德性的诸理论,包括他自己关于民主的理论,都具有那些所谓的不足之处——即它们必定是有争议的和不可证明的——他认为这些缺陷使任何道德判断都不适合让司法来运用它们。

〔48〕 参见 Posner, "Problematics," 1702-1703.

〔49〕 Ibid., 1705.

〔50〕 参见 ibid., 1705.

〔51〕 波斯纳简要地批评了我过去对另一个案例的使用, Riggs v. Palmer, 22 N. E. 188 (N. Y. 1889)。参见 Posner, "Problematics," 1707. 他说,在这个案件里,不存在道德问题,因为每一个人都同意,继承人杀害[被继承人]的行为是错误的。然而,我用这个案例是作为这样一类判决的例证的:该判决之所以困难,不是因为牵涉到的道德判断是有争议的,而是因为对所牵涉到的独立的道德原则应当在制定法解释中扮演何种程度的重要作用这一点存在争议。参见 Ronald Dworkin, *Law's Empire* (Cambridge, Mass.: Harvard University Press, 1986), 15-20.

〔52〕 Posner, "Problematics," 1705.

疑是有争议的。最后,他似乎全然抛弃了他的这个主张,即在有争议的案件里法官应当拒绝作出有争议的道德判断;相反,他建议他们不要声张他们在这么做。他说,联邦最高法院在对布朗案的判决中"不够真诚",但它的做法比任何着手谈论政治之道德性的做法更加明智。[53] 他补充说,如果联邦最高法院简单地宣告"每个人都知道,平等保护条款在某种意义上意在防止或者应当被用来防止"学校以及其他公共场所里的种族隔离,那它的意见本来会更有效——而且更"真诚"。[54] 但那无疑将是一个谎言——大法官们意识到,许多非常著名的法学家并不"知道"平等保护条款"在某种意义上意在防止或者应当被用来防止"隔离——而且该谎言如何能够有助于促进"真诚",这一点并不明了。

更不清楚的是,为什么波斯纳会认为,如果联邦最高法院在宣告了官方隔离不符合平等公民身份之后又拒绝捍卫这个命题,这样做对联邦最高法院本来会更好。确实,联邦最高法院应该不会认为,有必要去发表一篇论述对人之基本平等权的康德式理解,是否比边沁式理解更为优越,或者论述任何其他与之相当的哲学论题的意见。对联邦最高法院来说,阐明某种原则,以便对应当被理解为是包含在平等保护条款之中的平等的性质加以鉴别,而大法官们也应当愿意承认这一原则的其他推论——这样应该就足以满足联邦最高法院在智识上和政治上的责任对它所提出的要求了。我们可以很容易地构想出一条这样的原则,尽管它可能不为布朗案的法院所欢迎。平等保护条款禁止这样一类法律限制或制度,即它们只能以某些公民比其他公民优越,或他们的命运不值得予以平等关注为根据来予以辩护;而官方的种族隔离无法根据任何其他的假定而得到充分的辩护。(我相信,在布朗案和罗默尔[Romer]案之间,联邦最高法院事实上已经时不时地在接近那条原则了。)[55] 当然,那不是一条会自动实施的原则:必须用某个道德论辩来为它每一方面的特征,包括对它在学

---

[53] 参见 ibid., 1705-1706.

[54] Ibid.(原有的引用符号省略。)

[55] Romer v. Evans, 517 U. S. 620 (1996). 对这一论点的详细说明,参见 Ronald Dworkin, "Sex, Death, and the Courts," *New York Review of Books*, August 8, 1996, 44.

校隔离问题上的适用性,作出证明。不过,那只是说,道德判断本质上是开放的(open-ended)和有争议的,即便当它在宪法裁判中发挥作用的时候也是如此。波斯纳更愿意让司法判决建立在算术或科学的基础上,这样的话,它们就总是能够通过共识来获得"解决"(在他对这个术语*的特殊意义上)。但是,不论是好是坏,法官们都面临着道德问题,而对道德理论横加诋毁,那并不能够将这些问题转变成数学或科学问题。

新实用主义

如果我是正确的,那么波斯纳就根本没有为他的这个"强"命题——道德理论不能给道德判断提供根据——提出什么论据,也没有为他的"弱"命题——法官们能够并且应当避开道德理论——提出什么论据。相反,他自己就不断地诉诸道德理论,尽管有若干英雄式的但自相矛盾的努力想掩饰这个事实——这一点且搁置不论。因此,我们必须回到我最初的问题。如果他的论证是如此糟糕,那什么能解释他对"学院派道德主义"所持有的强烈敌意呢?他自己有个不正经的建议说,年龄减弱了他在理论方面的本事,因此使他对它的口味变得麻木迟钝了[56];让我们把这个建议搁在一边。(对这个解释所假定的条件,我可没有什么兴趣。)答案可能仅仅在于性情。威廉·詹姆斯描绘了一个他称之为哲学"业余爱好者"的人,这个人希望同时是"柔性头脑的"(tender-minded)和"刚性头脑的"(tough-minded)**,以此把互相矛盾的态度结合在一起[57]。或许注意到在波斯纳那里的这同一种念头我们就应该感到满足,尽管他想要塞到一起的,并不是刚性头脑和柔性头脑的气质,而是刚性头脑和更为刚

---

* 指"解决"(resolved)这个词。——译者注

[56] 参见 Posner, "Problematics," 1646.

** 参见[美]威廉·詹姆斯:《实用主义》,陈羽纶、孙瑞禾译,商务印书馆 1979 年版(1996年第7次印刷),第9页以下。该中译本将这个基本分类译作"柔性的"和"刚性的",前者对应的是根据原则行事等一系列心理结构,后者对应的是根据事实行动等一系列心理特质。——译者注

[57] 参见 William James, *Pragmatism*, ed. Bruce Kuklick (Indianapolis: Hackett, 1981 [1907]), 7-21.

性的头脑的气质。

不过,我提示过一种不同的解释,现在我该对此加以探讨了。我坚持认为,波斯纳的诸种主张只有依赖于他自己的一种宏大的、实质性的道德理论,才能获得支持。波斯纳实际上很可能是受到这样一种理论的触动。如果果真如此,则该种触动他的理论并不是他在这些讲座中明确采纳的那种。他说他是一名"道德相对主义者",他认为"能够评判某一道德主张为有效的标准是地方性的,也就是说,是随着这道德主张在其中被提出来的特定文化之道德准则而变化的"。[58] 但是,出于若干理由,除了把这个自我描述当成一种掩饰之外,很难再能认真地把它当作任何其他的东西了。

首先,他对道德相对主义的说明很快就导致了一个矛盾。假设中国的道德准则要求已有两个孩子的母亲在怀孕后无论何时都必须堕胎,而爱尔兰的道德准则则禁止任何情况下的堕胎,那么,根据波斯纳的界定,当中国人说,在特定的情形下在中国或爱尔兰的任何人都有堕胎的义务,此时,他们提出了一个"有效的"道德主张;而当爱尔兰人声明在两个国家人们恰恰有相反的义务时,他们也提出了一个"有效的"道德主张。或许,波斯纳的意思是想说"行动所发生于其中的[那个特定文化]"而不是"主张在其中被提出来的[那个特定文化]"。根据这样的理解,中国与爱尔兰的言说者就不一定会彼此冲突:每一方都可以说,所有妇女都有一项遵守她们自己共同体的准则的义务。这样,一名接受如此界定的相对主义的爱尔兰言说者就应当承认,当中国妇女堕胎的时候,她们根本没有做错什么。但波斯纳说,对于这种会得出此类结果的相对主义的"粗俗"版本,他是拒绝的。[59] 更甚者,当波斯纳在往后的一页对他所称的道德"主观主义"表示赞同之意的时候,混乱就变得更厉害了:他说,谁如果拒绝他自己共同体的道德准则,那他终究也没有什么"道德上的错误",因为,不存

---

[58] Posner, "Problematics," 1642.
[59] 参见 ibid. 波斯纳被伯纳德·威廉姆斯(Bernard Williams)书中的一段论述所误导。参见 Bernard Williams, *Morality: An Introduction to Ethics* (New York: Harper and Row, 1972), 20-21. 威廉姆斯是在讨论相对主义的一种"功能主义"版本,它与波斯纳声称是他自己的那种版本,有着极大的不同。

在"超文化的道德真理"。[60] 可是，正如波斯纳刚刚界定的，一名相对主义者否认我们需要"超文化的"道德真理来作出"有效的"道德判断。波斯纳可能意识到了自相矛盾，因为他补充说，他真正的意思是，有效的道德规范不是相对于一个人群共同体而言的，而是相对于一个单一的个体而言的。[61] 但就在前一页，他否认他是"一名'一切皆可'的、被更准确地称为道德主观主义这个意义上的道德相对主义者"。[62] 无论如何，那看起来恰恰是他在后面明确表示的意义，他声称自己是一名相对主义者：他说，归根究底，他不会把某个"真诚地"相信杀死婴儿是正确的人看作是不道德的。[63]（这个观点，看起来又明白无疑地和他最近在另一处刚刚发表的另外一个立场相矛盾；他说，以下这种设想的情形"并不是我的观点"——"如果有人对我说可以对儿童刑讯逼供，我在回应的时候只能说，对此我不赞同，但每一个人都可以有他自己的观点"。[64]）讲座后面的部分陷入一片糨糊，当这位"相对主义者"宣布：

> 一条道德原则在并不"正确的"情况下，在当前也可以是不可动摇的。在一个社会中没有一个人对——比方说——反对种族间通婚的禁忌提出质疑这个事实，并不会使这个禁忌在道德上正确。要认为它会*，那就要采纳粗俗的相对主义，也就是这样一种观念：一个社会对一条道德原则的接受，令该条原则成为道德上正确的。[65]

记住，就在没几页之前，波斯纳已经宣布"能够评判某一道德主张为有效的标准……是随着[道德]主张在其中被提出来的特定文化之道德准则而变化的"。[66] 这不就是他现在宣布为"粗俗的"观点吗？

所有这些，都使人不无道理地认为，波斯纳实际上被一种与他正式采

---

[60] Posner, "Problematics," 1643.
[61] 参见 ibid.
[62] Ibid., 1642.
[63] 参见 ibid., 1644.
[64] Posner, "Conceptions of Legal Theory," 382.
＊ 指认为不对禁忌提出质疑的事实，会使这个禁忌成为道德上正确的事情。——译者注
[65] Posner, "Problematics," 1704-1705.
[66] Ibid., 1642.

纳的那些道德立场都不相同的"道德立场"所触动。他约略提到了这个立场，他表示"相对主义提出了关于道德的一种适应主义的（adaptationist）观念，在该观念中，道德是根据它对一个社会的存续或其他目标所具有的作用——以一种非道德的方式，也就对一把锤子之好与坏的评判，要随它钉钉子的功能而调整这样一种方式——来加以裁断的"。[67] 我们可能马上就会想到驳回这个陈述：对道德的一种"适应主义的"观念如何能够是非道德的呢？我们不能通过询问道德是否有助于一个社会的"存续"来评价一种道德，因为社会所采纳的道德几乎总是用来决定这个社会存续的形式，而不是用来决定它是否存续下去。加上"其他目标"也无济于事。假设在某个特定的社会内部，关于它的"种种目标"都是没有争议的——例如，它确定要根据衡量福利的某些具体标准，来追求平均福利的最大化——那样的话，锤子的类比就是恰如其分的。但是，对我们自己的共同体来说，目标并不是没有争议的；相反，我们绝大多数造成分歧的论辩都关系到我们应当追求哪些目标——比如说，我们应当以严重的不平等为代价来追求富裕吗？所以，"以非道德的方式"这个说法就像一声无谓的口哨：如果波斯纳说出他认为是恰当的目标并以此来完成他的"适应主义"观念，那他就只是以一种怪癖的形式提出了一种标准的道德理论；而如果不如此，那他就根本没有讲出什么有意义的东西。在他（更重要的）年轻时期，波斯纳曾试图捍卫有关我们应当集体追求的目标的一个特殊建议，而且他也不怕给他自己的建议贴上道德理论的标签。他说，我们的目标应当是使我们的共同体在平均值上变得更富裕。[68] 现在，他显然承认他犯了一个错误[69]，但他没有提出一种对更恰当的目标的替代性说明。

至此，这看起来像是典型的实用主义困境。实用主义者主张，任何道德原则都必须只根据一种实践的标准来予以评判：采纳该[道德]原则是否有助于使事情变得更好？但只要他们规定出任何特定的社会目标——

---

[67] Ibid., 1641.

[68] 参见 Richard A. Posner, "Utilitarianism, Economics, and Legal Theory," 8 *J. Legal Stud.* 103, 119-127 (1979).

[69] 参见 Posner, "Problematics," 1670 and n. 62.

关于在何种情况下事情变得更好的任何一种观念——他们也就破坏了他们的主张,因为那个社会目标是不可能以工具主义的方式来正当化它自己而不陷于循环论证的。所以很典型的情形是,他们拒绝谈论使事情变得更好这个说法是什么意思:与一切政治经验相反,理查德·罗蒂以及波斯纳的反理论大军的其他头目们似乎假设,在何种情况下某一状况得到了改善,或者用一个他们认为是有用的词讲,某个特定的策略是否"奏效"了,这一点对于所有人来说都是显而易见的。[70] 但是,道德方面的分歧必然包含了有关什么能够算作"奏效"这个问题的分歧。比如说,对于何种形式的堕胎规制是"奏效的",反堕胎的活动人士和支持堕胎合法化的活动人士会给出极为不同的说法。所以,在许多批评者看来,道德实用主义看起来就是一个空洞的理论:它鼓励向前看的努力,以追求一种它拒绝对其加以描述的前景。

假如实用主义是一种充分的放任主义(laissez faire)的话,那么时兴的达尔文式道德生物学看起来就可能为实用主义提供了新的希望。假设我们被说服,相信通过进化人类发展出各种态度和性情,这些态度和性情不但有助于他们的生存,还有助于他们变得繁荣昌盛。那样的话,我们就可能不会信赖我们自己辨别恰当规范与态度的能力,而是信赖大自然通过自然选择或某种类似的机制来做到这一点的能力。也就是说,我们没有必要说我们知道何者对我们自己以及我们的共同体是最有益的;我们只需信赖使特定倾向、态度、同情以及性情在不同共同体中成为自然而然的那个过程。我们不必做好准备去说明我们应当集体地追求什么目的或者什么算得上是一种改善,当然不必以在关于这个问题的某种理论中所能指望的那种详尽程度来作出说明。相反,我们可以说,自然倾向必须被假设为是明智的,这些自然倾向向我们指出的目标必须被认为是合适的;当然,除非我们被说服,认为我们的未经反思的种种假定是以错误的事实数据为根据的,我们才不能这样假设。

我们可以把这里简要地勾勒出来的态度称作"达尔文式实用主义"。

---

[70] 参见第一章。

第三章　达尔文的新斗牛犬

实际上,这乃是一种实质性的和非工具主义的道德态度,理解这一点很重要,因为它预先就假设了人类生活的某些特定类型以及某些特定的人类社会状态,本质上要比其他类型、其他状态要优越。它只是在这个意义上是工具主义的,即它假定了一种用来识别并达成这些状态的特殊方法——一种由事实研究和另外的非干涉主义的寂静主义组成的混合物。这一工具主义只有对以下这个进一步的假定才是有意义的,否则它将会是空洞的同义反复;这个进一步的假定即:存在着本质上优越的人类生活和人类社会状态,有待自然去发现,也就是说,这些"状态"若不是"优越的",那只是因为它们是自然产生的、仅因事实错误而被校正的东西。

达尔文式实用主义是波斯纳直觉上持有但被掩藏着的确信,这个假说揭开了我一直在描述的所有谜团。它解释了,他何以不情愿把任何事情谴责为不道德,这种不情愿是其实际的道德确信之自然的和未经雕琢的(unexamined)表达。它解释了他对生物学家有关利他主义与道德是如何产生的种种说法的迷恋。它解释了为什么他是这样一位变幻无常的道德相对主义者。对他具有强烈吸引力的是相对主义的精神实质,这种相对主义的精神教导我们尊重实际有效的道德准则;而不是它对我们把与我们自己的准则不同的道德准则认作是错误的这样一种自然冲动所具有的责难。他也不愿意把道德的反叛者指责为不道德:他们的反叛也一样是自然的,并且,正如他坚持认为的那样,还可能具有达尔文主义的价值。("事实上,"他说,"我们需要一些不道德主义者,或至少是需要一些非道德主义者。"[71] 当然,不道德主义者或者非道德主义者的牺牲者们是不需要他们的。但这里所谈到的"我们"乃是人类,是仍然在进化的和需要突变的人类。)这个假说解释了,为什么他希望"精英"法官运用他们的宪法权力,去宣告那些以影响到食欲的方式(viscerally)冒犯他们的——他们无法"消化"(stomach)的——事项无效*,但希望他们不要尝试用任

---

[71] Posner, "Problematics," 1642.

* 这里对"viscerally"和"stomach"两个单词的译法,主要是考虑到正文谈到的波斯纳对生物学的偏爱。——译者注

何有碍健康的理论来把这件事弄得了无生机。[72] 它解释了,为什么他突然抛弃了他的相对主义,而宣布说,"不可动摇的"道德准则不能确定什么是道德上正确的;相反的观点*会妨碍"适应主义"这种他认为是唯一真实的过程。它解释了他为什么要抵制有关道德的任何怀疑主义或犬儒主义:他明白,道德,只有当它感觉起来像道德的时候,才拥有它的自然的、进化的力量。所以他会断言说,关于道德主张,存在着地方性的"相关事实",就好比在一座特定的城市里,存在着有关气温的地方性"相关事实";还断言说,他属于道德现实主义中的一"种"。[73] 而与此同时,他对一种针对人们创造出来的道德所作的工具主义辩护又并不在意,所以若干页之后,他坚持说,他并没有"不知不觉地陷入"他在这里所采纳的这种现实主义。[74] 再者,达尔文式的实用主义有助于解释他对奥利弗·温德尔·霍姆斯所怀有的深深敬意,霍姆斯自己的《法律的道路》就已经让那些想对这位大法官加以归类的法律哲学家们大伤脑筋了;《法律的道路》,正如它的标题提示的那样,也最好被理解为是对自然这一无情的熔岩所作的赞美:自然的洪流通过历史开辟着它的道路。[75]

最为重要的是,达尔文主义的假说解释了在下面两个方面之间作的这个区分,即一方面是"普通的"未经雕琢的道德推理,另一方面则是"学院派的"道德主义;我们在前面发现,这个区分问题重重。波斯纳急切地希望保护作为自然力量打动他的东西,而对他来说,"未经反思的"就意味着"自然的"。他同样急切地想要抵挡住任何不自然的、经过精心构思雕

---

[72] 参见 ibid., 1708. 在一种同样风格的、有启发性的评论中,波斯纳提出,就像老师在不研究教育理论的情况下可能教得更好,法官无需研究道德理论也能干得很好,而他认为我的主张相反倒是"空洞的"。参见 ibid., 1797-1798. 在这两份职业之间,存在着两个相关的差别。第一,教师们并不经常被要求努力通过文字来解释他们的所作所为为什么是正确的,以对其进行辩护;但有时会有此类要求,在那样的情况下,他们就确实要从事某种教育的理论了。第二,对于在教学过程中什么算是成功,这一点有时是相当清楚没有争议的——例如,学生考试成绩的提高——在这样的情形下,我们就能够以工具主义的方式来检验教师的试错成就。他对法官的工作持有[与对教师的工作]相同的观点,正如[他把法官职业与教师执业作的]这个类比所揭示的;这一点是波斯纳的法理学失败的一个征兆(signal failure)。

* 指特定文化共同体中的道德准则系统能够评判道德判断是否有效。——译者注

[73] Ibid., 1643(原文中的引用省略).

[74] Ibid., 1704.

[75] 参见 Oliver Wendell Holmes, "The Path of the Law," 10 Harv. L. Rev. 457, 459-460 (1897).

琢的东西:他认为,学院派的理论是不自然的、干预主义的、是由没有真正生活过的人所写的,以及(不论他*如何声明其无害性)最终都是危险的。[76] 他呼唤道德理论的死亡,不过,和所有自命为哲学担当者的人一样,他意指的只是他自己理论的胜利。因为,他的种种论辩证明了与他的意图相反的东西:它们表明,道德理论是无法被排除在外不予考虑的,道德视角即便是对道德怀疑主义或道德相对主义也是不可或缺的。波斯纳自己被一种未予明确表达的、被掩盖着的、没有什么吸引力但却残酷无情的道德信念支配着。

附录:实用主义与布什诉戈尔案

迄今为止,对联邦最高法院在布什诉戈尔案(*Bush v. Gore*)中的判决所作的最常见辩护是,联邦最高法院使这个国家避免进入一个进一步的、或许还是旷日持久的法律和政治斗争期,把这个国家从一个不能确定谁将是下一任总统的持续不断的状况中拯救了出来。基于这样的观点,五位保守的法官,尽管知道自己的判决无法以法律根据来加以辩护,但他们仍英勇地作出判决,为将这个国家从这些个困境中解救,而不惜以牺牲他们作为法学家(jurists)的声誉为代价:像人们有时说的那样,为了我们其余的人,他们"领受了一枚子弹"。在我编辑的一本评论这次大选和联邦最高法院判决的著作中,理查德·波斯纳以其特有的尖锐与活力,为这个观点提出了比任何其他人都更为清晰的论证。[77]

---

* 这个"他"泛指写作学院派理论的人。——译者注

[76] 在波斯纳或者其他某人明确采纳达尔文式实用主义之前,我不想就它作为一种规范性理论谈得太多。(它可能会落入这样一些理论类型当中,即它们的精心陈述全然是一种反面的辩驳。)它在极大程度上看起来是种伪科学,能够解释已经实际发生的任何事情;这是关于道德发展的新进化论模式的一个缺陷。例如,对波斯纳指责的那些实践,我们可以很容易地构建出一种进化论的说明。通过辩护梯度上升的不同层次,包括哲学的层次来进行的道德反思,和任何其他事情一样都是人性(human nature)的一个成分。此类反思的能力与意趣在主要关注进化理论的遗传环境中可能不怎么发达,但在这里,在理论性科学的情况下,我们晚近的历史可能就是建立在很早的历史时期里出现的有用的能力之上的。

[77] 参见 Richard Posner, "*Bush v. Gore* as Pragmatic Adjudication," in *A Badly Flawed Election: Debating* Bush v. Gore, *the Supreme Court, and American Democracy*, ed. Ronald Dworkin (New York: New Press, 2002).

波斯纳说,法官至少在有些时候应该采取"实用主义"的方法开展工作,作出他们认为将会产生最佳结果的判决,即便这些判决无法得到先前的法律教义的认可。他认为,实用主义方法会在布什诉戈尔案中建议作出保守法官们所作的那种判决;他将这个判决与内战期间亚伯拉罕·林肯搁置人身保护条款时无视宪法的做法相提并论;甚至还将这个判决与二战期间联邦最高法院作出允许将日裔美国人集中拘禁的判决相比较。[78] 不过,波斯纳并不认为司法实用主义应该限制在诸如全面战争这样例外的紧急情况;相反,他提倡将实用主义视为司法判决的一般类型,不仅适合法官们在宪法性紧急案件中适用,也适合在日常的普通案件中适用。因此,我们应该看一看他对何谓实用主义以及实用主义意味着什么所作的正式陈述。我从其早期的著作中摘出了这类陈述中的一段:

> "实用主义的"作为一个与司法程序相关的事情的形容词,仍然让人发抖不已。它似乎开启了司法任意性和主观性的窗口,是对法治的嘲讽;它似乎将法律等同于精明算计,并且因此使之成为马基雅维里主义式的。然而,实用主义的司法裁判所必需的全部涵义——我用它所表示的全部的涵义——就是由对案件的可供选择的不同解决方法所具有之后果的比较所引导的、而不是由这样一套演算方法所引导的裁判:这种计算方法想要用逻辑或者其他形式性程序将法官引导到唯一正确的判决,它只利用用以作出司法判决的权威材料,诸如制定法或宪法文本,以及先前的司法意见。实用主义不相信存在或者应当存在这种演算法。他把裁判,尤其是宪法裁判,看作组织社会秩序的实践性工具,并且因此认为,为社会带来更好后果的判决就是应当予以支持的判决。[79]

在他对布什诉戈尔案的讨论中,波斯纳将这一解说放置到了一个更为复杂的哲学语境中。他把"日常"实用主义——一种刚刚在上面引述的段落中描述过的结果主义的、"讲求实际的"(hard-nosed)、成本—收益式

---

[78] Richard Posner, *Breaking the Deadlock: the 2000 Election, the Constitution, and the Courts* (Princeton, N.J.: Princeton University Press, 2001), 171.

[79] Ibid., 185-186.

的法律推理方法,与实用主义的两种更哲学化的形式,即"正统的"和"不服从权威的"[80]实用主义区分了开来。这一日常的、结果主义意义上的实用主义法官,并不忽视先例和技术性的法律论据;相反,他对以下两者都予以注意并加以考虑:一方面是从司法对传统的法律论据和教义的体制性尊重所产生的好的结果(包括使人有信心来计划他们的事务),另一方面是法官在特定场合忽略传统教义的做法可能产生的坏的结果(包括使那类预期*受挫,削弱对它们**的体制性尊重所具有的普遍好处)。但实用主义法官也意识到盲从正统法律推理的危险——他知道,在某些情况下,通过得出会产生某些特别重要的好处或者会避免某些特别重大危险的判决,他能取得更好的结果,甚至从长远来看都是更好的后果,即使该判决公然对抗已确立的教义。所以,实用主义法官必须在对教义的尊重所具有的长期利益,和不时地忽略教义的做法所具有的长期利益之间进行平衡。正如波斯纳所说,"不存在什么能够达成这一平衡的演算方法……他或她应设法使判决在考虑了所有的因素之后都是合理的,这里,'所有的因素'包括了标准的法律材料……但同时也包括了手头案件之判决的种种后果,只要这些后果能够被识别出来。"[81]

波斯纳称,在布什诉戈尔案中,联邦最高法院不得不努力达成那样一种平衡。从长远看,遵循先例和教义——那将建议驳回布什的上诉,并且因此让佛罗里达州继续重新计票——能否"为社会带来更好的后果"?或者从长远看,支持一项缺乏说服力的法律论据,以便停止重新计票,从而使布什即刻成为当选总统,这样是否会"为社会带来更好的后果"?波斯纳说,可以预见的是,如果五位保守派大法官支持第二种选择,那他们将会被认为是作出了一个带有强烈党派色彩的判决,而这家法院的正直与公正的声望(这很重要)将会受到损害。这种考虑会要求第一种选择。但

---

[80] 我不赞同波斯纳对哲学实用主义的历史或内容所作的分析,但是,既然那个分析和他对布什诉戈尔案的论辩没有关系,我在这里就不想为他的异议作辩护了。不过,他对非哲学的司法实用主义的说明,似乎与我自己在《法律帝国》中对司法实用主义的描述是相符的。

* 指人们有信心计划他们的各种事务这一预期。——译者注
** 指先例与传统法律教义。——译者注
[81] Posner, "*Bush v. Gore* as Pragmatic Adjudication," 201.

这第一种判决可能会造成他所谓的"出现最糟糕情形的一幕",这一可能性会有力地支持第二种选择。以下就是波斯纳所说的、当联邦最高法院的大法官们在 2000 年 12 月不得不作出判决时,他们可能仔细考虑过的"出现最糟糕情形的一幕"。重新计票或许会表明戈尔在佛罗里达州获胜,然后佛罗里达州最高法院或许会裁定该州的选举人票投给戈尔。由于联邦最高法院将于 12 月 12 日下达判决,重新计票工作在 12 月 12 日这个"安全期"(safe-harbor)界限是无法完成的,而"安全期"使州对选举人的确认免受国会的质疑*;实际上,一次负责任的重新计票甚至在 12 月 18 日都无法完成,而在这一天,选举人就要投出他们的选票。与此同时,由共和党主导的佛罗里达州立法机关可能已经选出了它自己的、效忠于布什的选举人名单。那样的话,国会将不得不在两份名单之间选择**,但国会可能会分裂:站在布什名单一边的、由共和党主导的众议院,以及参议院——参议院的分化势均力敌,但当时仍由副总统戈尔主持,他可能会投下决定性的一票,支持戈尔的名单。如果国会不能达成一致意见,那么由佛罗里达州州长(他是布什的同胞兄弟)确认的选举人名单就将获得资格。但是,如果佛罗里达州最高法院裁定,要求州长确认戈尔的名单,州长拒绝,而佛罗里达州最高法院宣告他藐视法庭,那该怎么办?谁来决定州长的官方裁定是什么?假设最终佛罗里达州的票都不算数。那么,戈尔将获得选举人票的多数,但不是压倒性的多数。这样,总统的职位就将取决于这个未解决的争议,即他是否只需根据先前的结果(the former)***就能够

---

　　* 根据美国相关选举法律的规定,当一州的总统选举人票出现争议时,州立法机关应当在选举人团投票选举总统前的 6 天内,按大选前制定的规定,解决争议,产生该州的总提选举人名单,避免国会卷入对州政治的仲裁当中。这一规定被称为"安全期限"法。佛罗里达州选举人团的投票时间是 12 月 18 日,所以这里说 12 月 12 日是"安全期"界限。——译者注

　　** 按照美国选举法,选举人是由选民投票选出的。所以,假如重新计票表明戈尔选票更多,佛罗里达州的选举人名单将是一份由选民票选出的有利于戈尔的名单。但根据"安全期"法,在选票有疑问、选举人因此产生疑问的情况下,佛罗里达州议会就可以在规定的选举人投票前 6 天自己选出选举人。所以,波斯纳会假设,重新计票的结果可能会导致两份选举人名单。——译者注

　　*** 原文所说"先前的"(the former)指的是双方在争夺佛罗里达州选举人票之前的宣战状况,在与布什争取佛罗里达州的选票之前,戈尔在其他各州的宣战中赢得了微弱优势,但两人的选举人票都没有超过选举人票总数的一半。按照规定,总统候选人要获得超过半数的选举人票才能当选总统。——译者注

胜选。联邦最高法院可能会以这是一个政治问题为理由而拒绝对此作出判决,这样的话僵局将不确定地拖延下去。有人将成为代总统,而根据一定的假设,这个人可能是劳伦斯·萨默斯(Lawrence Summers),当时他是财政部长(现在他已是哈佛大学校长)。但萨默斯会是一个得力的代总统吗?

对这一出现最糟糕情形的可能性,波斯纳有时会作出温和的、消极的主张。他说,那"绝不是幻想,甚至也不是高度不可能的";稍后,他说那"并不是不可避免的",但"不能被认为是幻影"。[82] 然而在很大程度上,他主张他的那一幕如果不是不可避免的,至少也具有如此大的可能性,以至于一位实用主义法官应当假定,假如他判决允许继续重新计票的话,那种最糟糕的一幕就是他的判决所会产生的后果。(他将其有关2000年大选的书命名为《打破这个僵局》[Breaking the Deadlock],而不是《打破一个并非幻影的僵局》[Breaking a Not Phantasmal Deadlock]。)其实,对于任何真正的后果分析而言,对可能性的说明都是难免的。对一个实用主义者而言,在比较两个选项的时候,仅仅比较各自最坏的可能结果,或者仅仅比较各自最好的可能结果或最有可能的结果,那是不合理的。他必须比较每个判决的各种可能结果,考虑到它们的严重性,但要根据各自的概率来对每一种可能性进行折抵。当我们用这种精神来重述波斯纳的实用主义论辩时,即便是从它自己的立场上来看,也会急剧地丧失其说服力。

波斯纳以下述假设开始:佛罗里达州最高法院所许可的人工重新计票,不可能于12月12日这个"安全期"界限完成,甚至也极不可能在12月18日前完成。但这个假设假定了实用主义的结果主义者所不能假定的某些东西:是其他的某些东西而不是长远结果的恰当平衡,要求联邦最高法院在12月9日中止了佛罗里达州的重新计票;并在其12月12日的裁定中,宣告进行中的人工重新计票有欠妥当,因为它们没有统一的重新计票的标准。一位一贯的实用主义者在考虑12月9日是否应该发出中

[82] Ibid., 192, 201.

止命令时本应自问:作出完全不加干预的判决——那样的话联邦最高法院在教义的层面上将会拥有充分的掩护——这种做法,比起在那一天中止重新计票并在几天之后判决除非重新计票服从统一的标准,否则即违宪,其长远结果是否会更好。在考虑第一种选择将会造成多大程度的混乱而第二种选择将会在多大程度上避免混乱时,他不能假定:重新计票会因为某些不相关的原因在12月13日之前停止,其重新启动只能在经过辩论并选用了统一的标准之后,不论其间经过的时间有多久,而有关这些新标准之适用问题的争论,则留待时间去裁断。[83] 所以,恰当的结果主义提问方式是:如果佛罗里达州最高法院的重新计票裁决得以按照它原来所裁定的方式继续进行,而不受联邦最高法院任何形式的干预,那么它是否能够按时完成,以便使佛罗里达州能够在12月12日,或者无论如何在12月18日确认获胜者。如果能——这一点是毋庸置疑的——那么剩下的"出现最糟糕情形"的问题就是不相干的了。这*不仅是波斯纳论点中的一个谬论,而且是以下这个更通俗的,也是得到广泛认可的论点中的谬误:即认为联邦最高法院帮我们避免了一场危机。这些论点忽略了一个事实,即联邦最高法院在避免危机之前极大地加重了危机。如果说最高法院为我们吞下了子弹,那这一枪也是它所开的。

即使我们把这个关键的异议搁置不论,另外再假设,重新计票过程必须根据有待选定的新标准而在12月13日再被启动,联邦最高法院将国家从危机中拯救出来这个论点,也仍然比波斯纳或者流行的观点所假定的要弱得多。即便在这样假设的前提下**,一名实用主义者也不得不假设,不论重新计票在何时结束,它的结果有一半的可能性是布什获胜,在这种情况下争议将会了结。即使结果表明戈尔是获胜者,也没有哪一个

---

[83] 在这一点上,想象中的这个实用主义法官是否打算以此为根据,不是以波斯纳认为是虚妄靠不住的平等保护为根据,而是以他认为多少更值得尊重的[宪法]第二条为根据来作出判决,那是无关紧要的。实用主义法官仍然必须在12月9日比较拒绝任何进一步干预的做法所会产生的结果,和稍后宣告佛罗里达最高法院违反了第二条的做法所会产生的结果,他将没有任何理由在12月9号假定,重新计票人员无论如何将在那时停止工作,并且因为某些说不清道不明的原因在12月13日才会重新进行。

* 指注83以前所说的不恰当的假设。——译者注

** 应指"另外再假设,重新机票过程必须根据有待选定的新标准而在12月13日再被启动"。——译者注

第三章 达尔文的新斗牛犬

可能会引起波斯纳所描述的那种僵局的步骤是不可避免的。佛罗里达州立法机关可能不会推选出一份替代性名单——即使对佛罗里达州的某些共和党人来说,这样做也是有确确实实的风险的。即使它这么做了,国会也不会在两份互相竞争的名单的选择问题上陷入僵局。一些共和党的国会议员可能认为,选择佛罗里达民众所选定的选举人而不是选择政治官员所选定的选举人这个立场太过强势,无法挫败。一些来自布什胜选的州的民主党参议员,可能屈从于政治压力而把票投给支持布什的佛罗里达选举人。其中一位或者另一位候选人可能会退避。布什退出的道德理由将会非常之强:他已然输掉了全国的民众投票,并且知道佛罗里达打算投票给戈尔的投票者比投他的要多得多;此外,如果重新计票表明,佛罗里达的投票者实际上投票给戈尔的确实相对较多,那么公共舆论对于布什在一场通过中间人的交易中(in a brokered deal),或者在一场国会的权力游戏中成为总统,就可能会明确地表示反对,而对该种反对,他本会认为最好还是予以屈从。(许多欧洲人很惊讶,在蝶式选票的部分已经表明,无论根据何种推想,他在道德上都没有资格获胜之后,他竟然没有退出。)或者,这一小小的危机(mini-crisis)继续,在此过程中,公共舆论可能以一种自我刺激的方式,开始变得不利于戈尔,而他可能会决定,立即向之屈服,将会扩展自己的政治前途。或者在国会中会比波斯纳想象的还要迅速地出现某些交易。或者,假如佛州的选票不会被计算在内这一点确定无疑,那联邦最高法院也可能会同意对这个问题作出判决,即,为了赢得总统职位,是否多数选举人进行票选就可以了,还是说必须要全部选举人进行票选:它很可以颇有道理地主张,这完全是一个解释问题,在没有国会的政治解决方案时,它有责任决定之。或者,假设"出现最糟糕情形"中的所有其他步骤都成为了现实,萨默斯在行使代总统职责时也可能治理得很好。当然,在这些可能性中,有一些明显要比其他的可能性的概率要低,而有一些可能性的概率的确非常之低。但如果我们假设,重新计票后戈尔是获胜者的概率只能从50%起算,以此为出发点,把波斯纳其他种种推测的概率综合起来考虑,那他的最糟糕情形就是极不可能的事情。在政治事务里面,哪一种仅仅是空想家的假设方式,对此,你是绝难知道的。

甚至波斯纳的"最糟糕情形"也不会成为全国性的灾难：它不会（回想一下波斯纳的类比）像内战时期假如南方得胜，或者二战中假如日本得胜那样糟糕。照此，则波斯纳的实用主义辩护看来就是个败笔。不过，我们还没有抵达所有问题中最为重大的问题所在。我说过，到12月9日这一天为止，种种实用主义考虑的权衡，显然倾向于反对联邦最高法院的干预。但现在，我必须承认，这个判断忽略了所有实用主义考虑中无比重要的一个。如果一名实用主义的联邦最高法院大法官在12月9日，决定去估量一下（与让佛罗里达州的重新计票继续进行的后果相比）中止重新计票的全部后果，那么，要是忽略了这个事实，他将是不合理的：暂停重新计票，将能保证布什总统至少四年的任期，而让重新计票继续进行的话，则可能意味着相反，戈尔将会有相当大的——让我们假设是50%——的机会成为总统。在对这两种判决的一种名副其实的实用主义比较中，这两位政治家中哪一位最终会成为总统，这个问题将盖过所有其他的因素。

在2001年初，是布什还是戈尔来当总统才对这个国家更好，对此，大法官们当然每个人都有其看法。总统们好歹都拥有巨大的权力，正如布什在任期内已经生动表明的那样；而大法官们知道，是这一位而非另一位就任这四年的总统，这一点在给国家带来的后果方面的差异将是极其重大的。他们知道，在布什诉戈尔案中波斯纳所描绘的任何一种判决方式，其种种成本与收益的重要性，根本不能与之等量齐观。一些欢迎布什出任总统的人会把联邦最高法院的这个判决看作是一次结果主义的胜利：它达到了可欲的结果，又免去了继续这一选后的（post-election）竞争所具有的麻烦与风险。但认为布什对这个国家来说是个危险的某些人，可能会把这个判决看成一个实用主义的灾难：他可能会认为——而这是决定性的要点所在——继续选后的竞争，这对于为了能有最终避免布什当选总统的充分的机会来说，只是一个微不足道的代价。一名实用主义的法官需自己判定，这两种结果主义的判断中哪一个是正确，而这就意味着要判定，是布什还是戈尔更有利于这个国家。当然，这只是那些最严肃的批评者认为五位保守派大法官实际上所做的事情：他们判定布什将是一

第三章 达尔文的新斗牛犬

位更好的总统,并且他们据此相应地作出判决。但事实上,几乎每一个人都认为,要是一件相同的案件被起诉到最高法院,其间的差别只是候选人的位置掉了个个儿——戈尔被确认为获胜者,布什说服了佛罗里达法院裁定重新计票,而戈尔则要求联邦最高法院中止这些重新计票——这五位大法官将会投票决定不加干涉。(甚至波斯纳也怀疑是如此,尽管他提出说,政治以及自身利益对这五位大法官的影响仅仅在于,使他们对那些在没有这种影响的情况下可能会忽略的论据"更为敏感"。[84])不过,几乎每一个人——我想也包括波斯纳在内——都相信这一事实是令人遗憾的。这被认为是对五位大法官的一个毁灭性批评,如果确实如此的话,即:对这五位大法官来说,哪一位候选人将会获胜(如果他们中止重新计票的话),这一点对他们具有决定性的差别。而如果波斯纳是正确的,也就是说,如果大法官们有责任在这一案件中达成一种"实用主义的"结果,那么,如果他们没让这一点*具有决定性的差别的话,他们就是不负责任的。

波斯纳承认这个难题所在:他在对布什诉戈尔案的讨论中,作出了这个令人惊讶的承认,认为它提出了"或许是对实用主义裁判的根本性挑战"。显然,这意思就是说,实用主义建议法官们有时应当如此这般来裁判选举案件,以便为国家推举出最佳候选人,这种理论是不可接受的。[85]不过,他声明:尽管一名优秀的实用主义者在估量后果的时候,会将所有其他的因素都加以考虑——比如会考虑到某些"无赖"国家会利用总统选战久拖不决这一点来伤害我们这一风险——但他不会把哪位候选人的总

---

[84] Posner, *Breaking the Deadlock*, 180.

* 指具体哪一位候选人能当选这一点。——译者注

[85] 假如我们假定,就像波斯纳设想某些大法官所相信的那样,戈尔出任总统将是"国家的一种不幸"。(参见 Posner, "*Bush v. Gore* as Pragmatic Adjudication," 207.)假设我们也像波斯纳一样假定,让这样一种观点影响联邦最高法院的判决,其"体系上的后果"(systemic consequences)将会非常糟糕。如果这些体系方面的后果的严重性,用结果主义来衡量,从长远来看压倒了戈尔出任总统所带来的不幸,那么一位实用主义的法官将不会冒险根据他的政治观点去行事。但如果相反,也是从长远来看,[戈尔出任总统所会带来的]不幸压倒了体系上的后果,那在考虑了所有的事情之后,他还为什么要对做最有利的事情犹豫不决呢?波斯纳在这一点所表现出来的不安,说明他最多只是个半心半意的实用主义者。

体政策在未来四年里对我们更有利这一点考虑在内。他将那一结果*说成是一种"幸运",但他对它的辩护是苍白无力的。[86] 他依靠的是为哲学家们所熟知的"规则结果主义"(rule-consequentialism)的策略。这一策略假设,人们通过遵守这样一条规则,从长远来看,通常都能产生最好的后果:该条规则是以这样的方式精心构建出来的,以便使人在每一个个案中遵守它的时候,不论在该个案的情况下它是否产生了最佳后果,就它本身而言,它终归会随着时间的进展产生出最佳的后果。基于这样的理由,他坚持认为,法官应该遵循一条不得作出党派性政治判决的严格的规则。

不清楚为什么波斯纳会认为,遵循这一规则最终将会产生最佳的后果,而不在那些一个司法判决即能决定总统大选的罕见案件中考虑一下谁会是一位更好的总统。当然,要是人们普遍地认为大法官们作出了一个党派性的判决,那将会损害联邦最高法院的声誉,并且因此损害到它的影响力。但是,在布什诉戈尔案上,人们确实认为——正如波斯纳自己强调的那样——那是联邦最高法院对大选进行干预所要付出的重大且不可避免的代价,至少当以下这一点清楚无疑时是如此,即只有保守派大法官才会判决支持布什。在任何情况下他都不认为,一名实用主义法官应当公开坦率地承认实用主义。他认为,布什诉戈尔案中的多数应该是根据实用主义的理由作出判决的,但他们建构起了表面上的教义说辞,这样他们可以把真相**掩盖起来。但是这样的话,判决的这个实际上的实用主义理由,这个无论如何应当对公众加以隐瞒的实用主义理由,又为什么不能包含这个判决所有具有的、有无与伦比的重要性的后果呢?*** 波斯纳说,那会扰乱美国政府中的权力平衡。如果他的意思是说,从长远看那将会因此而带来糟糕的后果,那么,他就必须解释一些为什么会带来长远的糟

---

* 指"某位候选人当选后其总体政策对国家有利"这个结果。——译者注

[86] Ibid.

** 即他们是根据实用主义的理由而非法律上的理由(教义的理由)作出判决的这个事实。——译者注

*** 指前文所说的、波斯纳认为大法官们不应当加以考虑的这个后果,即两位候选人中的这一个或那一个当选,对他们来说具有决定性的差别。——译者注

第三章 达尔文的新斗牛犬

糕后果。当一次极为偶然而微小的扰乱、一次尽可能掩盖得很好的扰乱,能够把这个国家从一届不幸的总统任期中拯救出来的时候,为什么容许这样一次扰乱发生,从长远来看就不会是更好的呢?波斯纳的论辩,似乎更多是由这样一种需要所推动的,即不惜任何代价地否认,实用主义法官会出于党派性的政治理由而作出判决;而不是由有关该种否认的任何真正的实用主义根据所推动的。

法官应当遵循一条决不依靠这类党派性判断的规则,波斯纳在这一点上当然是对的。但是,当他以为,如果他们已然遵守了那条规则,那么布什诉戈尔案中保守派大法官们的判决便能够作为一个——在他们看来——会带来总体上最佳后果的判决而加以辩护时,他就错了。规则—结果主义并没有为具体问题具体分析式的(case by case)后果判断提供什么论证,相反,它是给根据确定的规则进行裁判的做法提供了论证。但波斯纳现在提出的则是某种非常不同的东西:一种混合的方法,在这种方法中,法官们以具体问题具体分析的方式估量种种后果,并以此作出判决,但又采纳这样一条规则,这条规则要求他们把最重要的后果排除出考虑的范围。这是不对的。下述说法是极合情理的:因为法官们不应当是党派性的,所以他们在判决涉及总统选举的案件时应当根据原则和教义作出判决,而不应当根据对哪一种结果总体上更有利于国家这个问题的任何计算来作出判决。[87] 下述说法也是有意义的——尽管没有吸引力:因为法官们应当以产生最佳的后果为目标,所以,他们应当在案件当中,包括在涉及总统选举的案件中作出党派性的政治判断——在这些案件中,如果没有他们,对后果的一种总体估量就是不可能的。而下述说法则是根本没有意义的:法官们应当通过对这样一种或那样一种判决的种种成本与收益进行估量,以实用主义的方式作出裁判,但是,不要把该竞争的可能获胜者这个在估量成本与收益时绝对是决定性的因素考虑在内。若不考虑一下布什就任总统——这是避免波斯纳的"最糟糕情形"的最可

---

[87] 我们甚至还可以往这个命题再加上一点,如果我们认为它是相关的并且是真实的话,即:如果法官们仅仅根据原则来裁判这类案件的话,从长远来看,它事实上将会具有最佳的后果。

靠方法的必然结果——会有多大好处或者有多大坏处,谁又能合理地判断,冒一下波斯纳的最糟糕情形的风险,其真正的成本是多少?波斯纳确定下来的建议不是一个适合实用主义判决的方案,而是对实用主义的一个拙劣模仿,就像一名为患者在可供选择的药品中间选药的医生,他比较了它们的价格、疗效以及管理的便捷问题,却没有问一问哪种药能治愈患者,而哪种药会害死他。

所以,波斯纳对联邦最高法院的行为所作的利益—后果(good-consequences)辩护,经仔细分析之后,就瓦解失效了。但是,既然波斯纳在他讨论联邦最高法院的这个判决的文章中,为司法实用主义提供了一种更为一般性的辩护,那我们就应该再推敲一下他的更具一般性的论证。现如今"实用主义"在法律家中间可是一句行话了:它出现在每一个地方,出现在最生僻的文本里。[88] 但既然法官们与任何其他人一样,对他们的判决带来的不同可能后果所具有的相关价值意见不一,那告诉他们通过衡量后果来作出判决,这就只不过是——正如波斯纳所承认的,许多人认为它是——一种引向违法行为的诱惑。

在戏剧性的情形里面——当一种传统的法律分析会建议一种判决,但很清楚的是,这个判决在共同体的几乎每一个人看来都是糟糕的,这时——司法实用主义和更正统的裁判理论之间的差别是很容易把握到的。波斯纳所举的林肯无视宪法而搁置人身保护条款的决定这个例子,就是这一类情形。当然,林肯的假设,即为了保护国家的安全必须这么做这个假设,作为一个后果分析的问题,是否充分合理,这一点是容有质疑的余地的。不过,他所服务的目标——确保国家的安全——在他所代表的共同体中间乃是没有争议的。然而,在许多的——或许是绝大多数的——疑难案件中,只简单地说,法官们必须考虑种种后果,那是没有用的,因为其争议的中枢就在于,这种种的后果应该如何得到估量。堕胎案提供了一个戏剧性的例子,我曾用它来说明这一点。禁止或者允许怀孕早期的堕胎,那会为社会带来最佳的后果吗?公民、律师以及法官,他们

---

[88] 参见本书第七章。

第三章　达尔文的新斗牛犬

对堕胎之道德性的问题意见不一,正因为如此,他们对哪些后果会是最佳的这个问题也一样异见纷呈。一方把堕胎看成谋杀,认为任何许可谋杀的社会都是堕落不堪的,并因此相信,允许堕胎所会造成的后果乃是巨大的灾难;另一方则认为,禁止堕胎的做法在没有充分理由的情况下就使成千上万的妇女陷于悲苦不幸的生活,因此,那种判决所带来的结果将是极其恶劣的。

如果一位法官着手判断禁止堕胎的合宪性问题时问问自己,允许堕胎的后果是否在总体上更好,或者是否禁止堕胎的后果在总体上更好,他将不得不在这些显著对立的确信之间作出选择,而他除了依赖自己的确信、根据自己的见解来划分这种种后果之外别无选择。所以,假如他认为堕胎是种谋杀,或者要不然也是极其不道德的,那他将会认可禁止堕胎法的合宪性。他会告诉自己,根据他的最佳判断而无需其他权威,他相信,禁止堕胎的后果比允许堕胎的后果对社会更有利。那将是一个名副其实的实用主义判断,尽管几乎所有的法律家和公民(甚至波斯纳)都会认为那*是错误的,甚至是不负责任的。因此毫不奇怪的是,波斯纳的那种实用主义会向判决布什诉戈尔案的大法官们发出一个类似的并且同样是不负责任的指令:去判定这个问题,即在考虑了所有因素之后,布什就任总统是否比戈尔就任总统要更为有利,并且其有利的程度足以盖过这家法院因为接受这个案件并在脆弱的教义根据上判决支持布什而招致的损失。

我想补充一点——尽管我相信它是理所当然的——法官们并非必须在这两者之间作出选择:[一者是]以那种个人性的方式来衡量种种后果,[另一者是]完全把后果忽略不计。没有谁会设想,法官们可以并且应当这样判决案件,即"用一种想通过逻辑的或者其他形式性的程序将[他们]引导到唯一正确的判决的演算法,这种演算法只利用那些用以作出司法判决的权威材料,诸如制定法或宪法文本,以及先前的司法意见"。对裁判的这样一种解说是并且一直是一个假想出来的靶子。法官们当然必

---

* 指前述的法官根据自己的确信作出实用主义判断这种做法。——译者注

须考虑其判决的种种后果,但他们不能由他们自己的政治性或个人性偏好来引导,而只能在作为整体的法律所包含的原则的指引之下,才能这么做——这些原则决定哪些后果是相关的,以及这些后果应当如何得到衡量。

第四章　道德多元论*

我深信,以赛亚·伯林思想的影响力在不断增强,并且将会一直如此。我所发现的这种不断增强的和持续发挥的影响力主要在于政治哲学,以及他的价值多元主义理念。我将从他的著作中引用一些并不是连在一起的文句,但它们却充分表明了他的论题之不可忽视的原创性和重要性。他开始写道:

> 诸价值会互相冲突,这一点是很清楚的。在某一单个个体的内心,诸价值会很容易产生冲突。从这一点并不能得出结论说,某些价值必定是真的,而其他的是假的。自由与平等,都属于人类历经许多世纪所追求的那些基本的目标。但狼的完全的自由,就是羔羊的死亡。价值的这些冲突乃是它们之所是与我们之所是的本质所在。
>
> 要是我们被告知说,这些矛盾将会在某个完美世界得到解决,在这个完美世界中善的事物在原则上是协调一致的,那么我们必须回答那些这样认为的人说,他们给那些对我们来说是表示相互冲突之价值的诸名称所赋予的含义,并不是我们的含义。如果它们是被

---

* 本文的翻译参考了刘擎、殷莹在《以赛亚·伯林的遗产》一书中准确而流畅的译文,特此致谢。(〔美〕马克·里拉、罗纳德·德沃金、罗伯特·西尔维斯编:《以赛亚·伯林的遗产》,刘擎、殷莹译,新星出版社 2006 年版。)——译者注

改造过的,那也是被改造成了全然不为我们所知的一些观念。完美的整体这个想法,也即所有善的事物在其中得以和谐共存的最终解决方案的想法,在我看来,不但难以获得公认——这一点显而易见,而且在概念上是不融贯的。在主要的诸善之中,有一些是无法共存的。这是一个概念性的真理。我们注定要作出选择,而每一种选择都可能带来无可挽回的损失。

在这篇他最为著名的文章接近结尾处,伯林又一次论及这个主题,不过是以一种更具威胁性的方式。他承认我刚刚引用他的被宣称为是错误的观点,那个完美整体的理念是有吸引力的。他承认它的吸引力是持久的和重大的。但是他说,他们绝不能向这种冲动屈服,因为"让它来决定一个人的实践的做法,乃是同样深刻而且更加危险的道德与政治不成熟的一个征兆"。

这些是很强烈的措辞,它们对我将要表达的意见构成了非难。不过,我将设法为伯林以如此严重的方式加以谴责的那种总体性理念进行辩护。但在此之前,我想谈谈对他的这个见解的看法,即该理念不但是错误的,而且是危险的。刺猬确实很危险,但我们不要忘记,狐狸也是很危险的。*恰如暴君们尝试过以如下观念来使巨大的罪恶正当化,即所有道德的和政治的价值在某种协调一致的视野之内都将和谐共存。这种视野是如此极端重要,以至于谋杀也因在对它的服务中而变成正当的;其他的道德罪恶也曾通过诉诸如下相反的观念来获得辩护,即重要的政治价值必定互相冲突,在它们当中的任何选择都无法被证明是唯一正确的选择,因此,牺牲我们所珍视的某些事情乃是不可避免的。

在这个非常繁荣的国度里,数以百万计的人们没有体面的生计或前景。他们没有医疗保险,没有合适的住所,没有工作。在回应这种控诉的时候,你有多少回听到说,我们必须对此做些什么,但我们不能做得太多,因为平等与自由是冲突的?如果我们将把税收提高到以任何一种严肃的方式来解决贫困问题所必需的水平,那我们是否就会侵犯到自由?或者

---

* 刺猬与狐狸是伯林著述中的一对著名的区分。刺猬只知道一件事,这里代表一元论者;狐狸知道许多事情,它代表的是多元论者。——译者注

当我们抬眼看看国外,看到在这个世界的许多地方,民主无非一个笑话,而我们可能说我们对此所能做的或许并不多,但或许还是可能做些什么的时候;或者当我们注意到塔利班拒绝给予妇女医疗照顾的政策,而我们感到惊愕万分,并且问道,经济制裁是否能够对此做些什么的时候,我们有多少回被告知说,不同的文化有不同的价值,我们坚持认为唯有我们的价值是正确的而不同的价值是错误的,这种看法乃是一种帝国主义的形式?[我们又有多少回被告知说]我们有我们组织社会的方式,塔利班和其他原教旨主义社会有他们自己的方式,最终我们所能说的只是,某一个别的社会无法将所有的价值整合在一起,他们在这些价值中作出了他们的选择,而我们则作出了我们的选择?

刺猬不一定是一个暴君——正如托马斯·内格尔(Thomas Negel) 107 所指出的,因为价值一元论可以用作暴君的旗帜而认为它必定总是如此,这样的想法是一个极大的错误。当然,认为价值多元主义不可避免会导向自私或者冷漠,那也是错误的。不过,两方面都存在危险,而刺猬的危险是否像伯林所认为的那样比狐狸的危险更大些,这似乎在极大的程度上取决于时机和处境。在1950年代中期,当他写下他那著名的讲稿之时,斯大林主义正甚嚣尘上,法西斯主义阴魂未散。当其时,很容易看到的是,文明社会对刺猬的担忧要更多一些。但在当代的美国,以及在其他繁荣的西方民主制度之中,那一点就并不是显而易见的了;狐狸可能已成了更具威胁的野兽。或许有一个钟摆在这些危险之间不停地摆动着。

不过,危险不是我们故事的主体。我们要做的,是考查伯林在多大的程度上是正确的,但不是关于他的价值多元主义的有益效果方面,而是关于该学说的真实性。我说过,他的学说是一种原创性的和强有力的观点,我现在将设法解释一下为什么如此,这不仅是因为我们必须设法准确地辨别伯林的诸种主张,而且是因为唯有将他的观点与诸种更为常见的主张区别开来的时候,他观点当中的疑难之处才会显现出来。伯林并不像如今的许多作者那样仅仅主张这个人类学上的老生常谈,即不同的社会是围绕着极为不同的价值组织起来的,彼此之间要相互理解是有困难的。他也不像许多其他的作者所做的那样,简单地把这个老生常谈和下面这个进一步的怀疑论主张糅合在一起——言说"客观的"价值根本没有意义。在这个所谓的后现代主义的时代,主张说所有的价值——自由主义的,或原教旨主义的,或"亚洲"价值——都不过是主观反应或由社会所造,所以认为这些价值有对有错,此乃哲学上一个极大的错误;这对学者们而言完全是太平常不过了。

伯林的观点要复杂和有趣得多。他认为,诸价值确实是客观的;但他也认为,在真实的诸价值之间,存在不可化解的冲突。就是说,他不只是主张在有关何者为真的方面人们之间是冲突的,而且主张在有关这些事物的真理之中就存在着冲突。这就是为什么他要谈论,如我所引述的,某一单个个体内心之中的冲突的原因,而如果我们以第一人称来表述,我们将能以最大的准确性来把握他的观点。假设我们自己打算设想一种包含了一种理想生活应当具有的任何事物的生活,或者计划去构建一种尊重并强制推行每一种重要的政治价值的政治制度。伯林说,我们在这两个方案上都将注定失败。

他补充说,这种注定是概念性的而不是偶然的,而我必须设法说清楚,他用这个进一步的区分所指的是什么意思,尽管我没有把握能够将它解说得像他思考的那样简洁明快。很明显,由于各种各样偶然的原因,或者是由于非正义或邪恶,存在着这样一些处境,在其中我们无法对每一个人履行我们的所有义务。例如,在天灾当中,我们很可能无法在某些人死去之前就把所有的受害者都营救出来。丘吉尔在战争的紧急关头认为,他不得不牺牲考文垂(Coventry)的公民,不向他们事先告知空袭正在迫近,以便将这个事实予以保密,即盟军已经破译了德军的密码。假如一个国家一直遭受某种不公正的经济阶级体制的伤害,那就可能有必要至少在一代人之内通过废除私立学校来限制自由,以便有助于恢复平等。这是一些我们因为不同种类的偶然原因或历史原因而无法做我们应当做的事情的情形。

伯林坚决主张,我们的诸种价值以一种比这更为深刻的方式互相冲突着,这也就是为什么他说,和谐的理想不但得不到公认,而且是"不融贯的",因为保证或保护一种价值,必然就包含放弃或者损害另一种价值。

也就是说，即便我们具备了所有有利条件(get all the breaks)，我们的诸价值也会互相冲突。他举的例子可以帮助澄清这里的差别所在。你可能觉得，一种随心所欲的——跟着片刻的欲望与冲动随波逐流的——生活会是一种过得很愉快的生活。不过你可能也会感受到对审慎这个极为不同的价值的需要：你可能觉得，一种致力于深谋远虑，尤其是为了其他人的需求和利益而深谋远虑的生活，将会是一种出类拔萃的生活。但是，假如你觉得这两样都有吸引力，那你就会不得不违背其中之一。你不可能组织起这样的一种生活，它奉行随心所欲，同时又为审慎留下足够的空间；反之亦然。你要是试图把这两种价值在一个单一的生活之中结合起来，结果将是一团乱麻；想象一下这样的一个人吧，他把他的手表定好时，提醒他什么时候该放纵一个钟头。那是没有用的，而这不仅仅是一个历史偶然性的问题。这两种价值无法并存，因为它们在性质上就是彼此为敌的。

我们可以很容易地找出其他在你们自己的生活中可能具有重大价值的例子来。我想，这里的许多人既感到潜心于某些工作或事业的需求，也感到了投身于家庭责任和乐趣的需求。这两种需求几乎总是南辕北辙，而根据经验，他们知道有时候这一冲突会如何地叫人痛苦。他认为，在这样一种处境下，任何选择都会将某些对于一种善的生活来说是本质性的东西给剥夺掉，至少对他来说是如此。

最后这个观念——即重大价值之中的一种冲突包含了真实的和重要的损失——对伯林的思想而言具有关键意义。他的意思不只是说，我们无法拥有我们想要的所有东西——我们不可能把所有刺激和愉快的事情统统塞进某一单个的生活之中。像他所说的那样，这一点显而易见。他的用意在于，我们不可能在某一单个的生活中，将每一种我们认为缺少它生活就残缺不全的东西都结合起来。这种不可能性在政治上的类似情况是什么呢？无疑，一个政治共同体不可能达成它的公民所梦想的所有的经济或文化成就，而它的种种政策无疑也必定会在某些时候因为其中对其他公民有利的政策而让一些公民失望。但政治价值指的是一个共同体对它的公民所负有的这样一些不同寻常的责任：忽略它们或侵犯它们的做法,不只令人失望,而且是错误的。

如果我们认可平等为一种价值,而且我们认为,平等意味着每一个公民都必须能够获得像样的医疗保健,那么我们就会认为,一个繁荣的共同体若是听任某些公民因为缺乏这样的保健措施而失去生命,那它就对他们犯下了滔天大罪。如果我们认可自由为一种价值,并且我们认为,当为了穷人而对富人课以更多的税时就违背了自由,那么我们就会认为,这样的赋税不但给富人带来了不便,而且对富人是种不公。如果我们既接受平等,又接受自由,而且认为它们有上述这些推论,那么我们就必定会认识到,不论一个政治共同体做什么,它都会违背它的责任。也就是说,它必定要做的不是去选择是否要对某些群体不公,而是去选择对哪一个群体作不公的对待。这就是伯林所想到的在政治价值中出现的冲突的性质:不是失望的不可避免性,而是无可挽回的道德污点的不可避免性。

他提出的是一个肯定性主张——不同种类的价值确实以那样一种悲剧性的方式互相冲突——而我们必须谨慎地把这个肯定性观点,与这个不同的、不那么让人伤神的看法区别开来,即我们有时候对自身的种种价值对我们提出的是什么样的要求这一点没有确信。思虑细致的人常常对重大的政治问题感到不确定,而且有时在相反的立场间摇摆不定。我们可能在开始考虑比如敌对言论(hate speech)这个棘手的问题的时候相信,政府如果仅仅因为不赞同某人所表达的想法,或者仅因为他所说的话冒犯了共同体的其他人而剥夺其言论自由,那它的行为就是不正当的。然后,我们可能会听到人们实际上说的一些话——我们可能听见某人称呼一名黑人妇女为黑鬼,或者跟某个犹太小男孩宣扬说希特勒是对的,犹太人就应当被送进毒气室。再然后,我们可能就会有另外的想法:我们可能会寻思,言论自由是不是真的像我们所认为的那样重要。当一个国家保护它最易受到侵犯的那些公民,使他们免受这类攻击,此时,它是否就有损于它的正当性?我们可能先是得出某一种决定,然后又得出另一种:我们可能会踌躇、反复以及摇摆不定,如此等等。或者我们可能会在优柔寡断中陷于无望,并且发现,一旦我们理解了这个问题中每一方的要求所在,那我们就根本无法带着自信确定无疑地表达出我们的想法。

然而，伯林的主张与不确定性无关，甚至与那种极端类型的不确定性也都没有干系。他所主张的不是说，我们常常不知道什么是正确的决定，而是说我们通常确实都知道，没有哪个决定是正确的，这是非常不同的一个问题。所以我们必须集中关注下面这个问题。在什么情况下，我们有权主张——不单是我们不知道对我们来说什么行为是正确的这个否定性的观点，而是这个肯定性的观点：即我们知道我们的行为中没有哪个是正确的，因为无论我们做什么，我们都会在某些事情上做错。后者乃是一个极具雄心的主张：它声称要对某个困境的根底查个究竟，并且认识到，在这个困境的根底处，并无摆脱之道。我们到底有没有资格作这样一个具有如此之雄心的主张？

那取决于我们是如何构想我们的种种责任的渊源的。设想一下，你自己正处在亚伯拉罕的位置上：他手握一柄匕首，对着他儿子以撒的胸口。假设你有坚定的信仰，认为自己有这样一项绝对的宗教义务，即无论如何都要遵循你的上帝；你也确信你自己有一项绝对的道德义务，即无论如何都不能伤害你自己的孩子。而且你认为这些义务在它们的渊源上各自独立。你在神学上既坚持认为，上帝的权威绝不是从他的命令的道德性中衍生出来的，也认为道德的权威绝不是从上帝的命令中得来的。只要你持有这些确信，那你就能肯定，你不可避免会做错。你就好像是在服从两个至上的权力——上帝与道德——并且身陷这样一种可悲的困境之中（至少当你理解了你的处境之时是如此），即每一方的命令在另一方看来都毫无价值。你必须选择，而每一种选择都是终极意义上极大的不忠诚。

但是，那真的就是我们在政治中的处境吗？我刚刚说过，我们可能不能确定，当一个政府禁止种族主义言论的时候，它的行为是否是错误的；或者相反，当政府允许此类言论时，它是不是做错了。什么样的进一步论辩或反思，能够以一种肯定性的确信来取代这种犹豫不决，即在两种情形下政府所做的都是错误的？我们的处境与亚伯拉罕的处境有很多的差别：我们并不对两个各自独立的至上权力负有义务，其中一个要求言论自由，而另一个则要求谴责对种族尊严的侵犯。相反，我们是通过种种论据而趋向于这些互相竞争的立场中的每一种的，这些论据，假如我们最终会认可这些论据具有权威性,那么这些论据将会把我们从相反的那个立场中解放出来。如果我们真的相信公民拥有一项放声表达的权利,即使该表达采取的是冒犯其他特定公民的方式,那么,再去相信特定公民拥有不被其他公民言论冒犯的权利就会显得不可思议了。反之亦然。我们是在与此类似的情形下达成某种政治确信的,也就是说,不是通过发现某个神祇或者权威化身发出的命令——这极易造成深刻的冲突;而是通过对我们自己关于相互竞争的需求与价值进行反思和琢磨,来达成某个政治确信的,这个过程怎么会产生伯林所主张的那种冲突,这一点令人费解。看起来颇让人困惑的是,我们如何可能一面被说服去相信公民拥有一项禁止种族侮辱的权利,与此同时又被说服去相信公民有权发表侮辱种族的言论。而除非我们最终能够同时对这两个主张都予以认可,否则我们就不能主张这个肯定性观点,即无论我们对种族主义言论采取什么措施,我们都会侵犯公民的权利。

我认为,伯林会这样进行回应:我关于我们对种族主义言论的看法怎么会变得不确定这一点所作的说明,忽略了一个重要的并且关系密切的事实——即,我们进入特定的政治争论,就像这里提到的这个争论,但受到对两个抽象政治价值——自由与平等——预先已经具有的[不同]忠信(commitments)的阻碍,而[自由与平等]这两个价值能够并且也确实是以各自独立的、相互竞争最高权威的方式发挥作用的,它们的要求是可能冲突的。的确,正如你们所知,他认为自由与平等间的冲突乃是价值冲突的一个范例;正如我在先前所表明的,这一冲突也被认为是当代政治中似乎是最棘手、最危险的一种冲突。

现在,把自由和平等作为抽象价值来考虑,那么它们真的以某种方式产生冲突;而这种冲突的方式能够解释,为什么一个政治共同体可能发现它自己不仅仅是不能确定要做什么,而且确定无论它做什么都必定会做错?这取决于我们用自由和平等这两个词表示的是什么意思;它取决于我们如何构想这两个抽象的价值。伯林在他论自由的著名文章以及在其他若干文章中,澄清了他是如何理解自由的。他说,自由(liberty)就是不受他人干涉地做你可能想去做的任何事情的自主空间(freedom)。倘若

第四章 道德多元论

我们就是这样来理解自由的,那么这一点就立刻变得显而易见了——也就是像他说的那样,狼的自由意味着羔羊的死亡,不是吗?如果那就是我们用自由一词所表示的意思,并且我们信奉如此理解的自由,那么,这一信奉就似乎很可能会经常与其他的信奉,包括最低限度的平等主义信念,发生冲突。

但是,我们信奉的是以那样的方式来理解的自由吗?这里有一种与之相竞争的自由观,我现在把它引入进来,只是为了表明,我们对自由的信奉并非当然地就是像伯林所理解的那样一种对自由的信奉。我们可能说:自由不是做你可能想做的不论什么事情的自主空间;它是这样一种自主空间,即你可以做你喜欢的任何事,只要你尊重其他人的、得到正确理解的道德权利。它是以对你看来是最佳的无论何种方式花费你的正当的资源,或处置你的正当财产的自主空间。但如是理解的你的自由,就不包括以你无权采取的方式来获取他人的资源,或者侵犯他人的自主空间。

羔羊会更加喜欢这样一种关于自由的说明,尽管狼可能不会如此。以这种不同的方式来理解的自由,不可避免地将会与平等发生冲突,这一点无论如何都不是显而易见的。相反,它似乎不会引起这种冲突:如果为了给较穷困的公民提供那些平等使其有权获得的东西,因而必须采取更高的赋税的话,那么为此目的而课的赋税就不能算作是对富人自由的侵犯,因为通过税收从他们那里取走的财产并非正当地(rightfully)属于他们。你们可能会抗议——我想,你们当中的许多人都会抗议说,我以一种从一开始就排除了冲突的方式来界定自由,由此我与伯林相反,回避了问题的实质。但是,你们是否在假定,有关自由的唯一合格的说明,就是那种使自由独立于其他价值的说明,也就是一种无需考虑其他人拥有何种权利——平等或任何其他的权利,即可判定自由要求什么以及自由在何种情况下遭到牺牲的说明?这是在以另外一种方式回避问题的实质——它假定了一幅将诸价值视为互相对抗、互相独立的至高权威的图景,这种图景使冲突不可避免。实际上,我们可能说,伯林所提出的价值多元主义和政治中的冲突这个大问题,恰恰是这样一个问题:即我们的政治价值是否以他对自由的定义所坚持认为的那种方式彼此独立,或者它们是否是以我粗略勾画的、与之相对的自由观念所建议的方式互相独立。而我现在要证明的是，这个问题不是一个字典式定义或经验发现方面的问题，而是一个实质道德与政治哲学方面的问题。

伯林在我开头所引用的段落中，提醒我们防备这类与其竞争的自由观念。他说，如果人们响应的是那种不会产生冲突的自由观，那我们就必须告诉他们，他们所提出的诸价值，并不是我们的价值。可那是什么意思？我们如何判定，伯林那种导致冲突的自由定义，就是我们的自由观念，而那种与之竞争的有关自由的说明则是不适合我们的？他当然不是在提出一个语义学的观点：他的意思不是说，字典对于他的解说是决定性的。事实上他承认，人们在许多不同的意义上运用那些指示政治概念的语词。我们无法进行与实验室的实验相类似的程序来确认自由到底是什么，也无法采取类似调查的程序来确认它，这些是我们可以运用检测方法来判定狮子究竟由什么构成的方式。我们不可能对自由作一次 DNA 分析。所以，我们如何来检验伯林关于我们的自由观念是什么，以及关于其他哪些[自由]观念是不适合我们的这个主张？我们可以指望历史吗？

我猜，有些读者已经开始在想，我没有给予历史应有的位置。我同意，观念史常常很重要，我当然也同意，对伯林来说，它具有第一位的重要性。但我们必须不只是声称历史至关重要，而且要设法了解，它为什么至关重要，以及它是如何至关重要的。我不太理解，在我们论辩的这个问题点上，历史何以具有决定性的意义。历史当然可以教我们认识到，许多社会中占统治地位的意识形态在诸重要的价值中否认有任何的冲突，而这些社会都以某种形式的灾难告终；这无疑应当使我们对之小心提防。但在我看来，历史无法助我们更进一步。我们设法要解决的是，如何对自由这一价值——一种我们认为自己信奉于它的价值——作出更好的理解，以便能确认，当我们，比如，对富人征税以重新分配给穷人时，我们是否做错了。对此，除了把它——至少在主要方面——作为一个道德问题而非历史问题外，我看不出还有什么其他可替代的做法。

我们该如何处理？你们回想一下，我说过，对于伯林而言，基本价值——无论是个人的还是政治的——间的冲突不仅仅是一种不便或失

第四章 道德多元论

望,而是一种悲剧。在他看来,当我们面对这样一种冲突的时候,我们不可避免地遭受或者制造某种伤害:我们剥夺了我们生活中的某些东西,生活若是缺乏这些东西,我们就会感到创伤;或者我们因为拒绝给予某人理当拥有的东西而使其承受不公。我们可以从这里开始。我们需要关乎自身的政治价值的一种解说,这种解说可向我们表明,对于我们的每一种重要价值来说,为什么会如此。我们的主要政治价值——自由、平等、民主、正义以及其他的价值——是我们在抽象的层次上都一致承认的一般性理念。这一抽象的一致具有重要意义:我们都同意,公民不受政府以侵犯性的方式所进行的强制,一种经济结构以平等的关怀对待人民,人民自我统治等,这些都具有本质性的意义。当我们判定何种强制具有侵犯性,何种资源分配方式以平等的关怀对待人民,何种自我统治的形式是可能的等,以此,我们设法将这些非常抽象的价值变得更为具体,此时,我们必须尊重并维护最初的那个协定。我们必须系统地阐释关于我们种种价值的更为精确的观念,以便更精确地表明,我们在抽象层次上一致认同的价值究竟是什么。我们需要这样一种解说,它能向我们说明关于自由或平等或民主的善处,以便使得我们能够认识到,为什么任何损及这些价值的做法不单是种不便,而且是有害的。当然,我们会在这一点上产生分歧:我们每一个都可能会为关于自由、平等以及其他价值的或多或少是不同的,甚至是极为不同的观念而辩护。但关键之处在于,我们每一个都在为这样一些观念辩护,对我们来说,它们把抽象的价值推展到有争议的观念之中,以便弄明白下面这一点,即为什么我们认为是有损于基本价值的做法,本身就是某种大恶(grave),或至少是有害的。

由此,我们可以以下述方式来检验某种被提议的自由观念——或者任何其他价值的观念。我们可以问,这个被提议的观念所界定的各种侵害自由的行动,是否真是有害的或错误的——是否真的违背了某些特殊的责任,而对于这些责任,一个国家即使是在为了不侵犯某些被认为是与之相竞争的价值而不得不违背它们的情况下,也应当感到自责。如果不是——即如果根据这个被提议的定义,国家在侵犯任一公民的自由时,并没有错误地对待他——那这个被提议的自由观就是不充分的。它宣示了某种侵犯,而这侵犯却并非错误,因此,它就没有向我们表明自由之特别的重要性是什么。

伯林对自由的解说是否通得过这种检验?假设我意图谋杀我的批评者们。法律将会阻止我这么做——因此,根据伯林的解说,法律将损害我的自由。无疑,每个人都会同意我必须被阻止:那些替伯林的定义作辩护的人会说,尽管我的自由遭到了侵犯,但在这个例子里,这一侵犯是有正当根据的——为了防止其他人遭受更大的错误对待,让我遭受的这种委屈乃是必要的。在这个例子里面,他们认为,自由与其他价值发生冲突,而这些其他的价值必须占据上风。但是,我这里问的是,导致那个所谓的冲突的对自由的解说是否是一个合格的解说:如果当我被阻止去杀害我的批评者时,并没有发生任何的错误对待,那我们就没有理由要采纳这样一种自由观念,它把这个事情描述成是自由在其中被牺牲掉的一个事件。再重申一下:我们并无必要非得根据"自由"一词所表示的意思,或者根据有关自由之构成成分的任何科学发现,以那样的方式来描绘这个事情。一种自由观念乃是一种解释性的理论,其目标是要向我们表明,为什么自由遭到否定是有害的。因此,如果一种自由观念迫使我们在没有发生任何有害之事的情况下也要把某个事件描述成是对自由的一种侵犯的话,那它就是不合格的。

所以,我要再次请问:禁止我杀害我的批评者的做法,是否有达到某种程度(pro tanto)的错误之处?要是没有谁想要去侵害任何其他的人或任何其他人的财产,要是刑法成了没有必要存在的东西,那当然再好不过。但这不是问题所在。假定,在某些情况下,有些人的确想要杀人。那么,阻止他们这样做的做法,是否就在任何意义上错误地对待了他们呢?我们是否有什么理由,要在拒绝给狼羊腿的时候,去向狼道歉呢?有一些哲学家会针对该问题回答说:是的。他们会说,无论在什么时候,只要具有非凡精神与抱负的人被道德侏儒的法律所羁绊,某些重要的东西就丧失掉了。我要问的并不是是否有人会这样认为。我问的是,你们是怎么认为的。而如果你们像我一样认为,这样的法律并没有做错什么,那你们就会有理由拒绝伯林对自由的解说。如果他的这个观点,即自由与平等之间的冲突无可避免,依赖于这个对自由的解说,那你就会有理由对这个观点同样地加以拒绝。

当然,我尚未证明,自由与平等之间的冲突并非不可避免。或许,存在这样一种比伯林对自由的解说更为精妙的解说,它不会招致我的异议,但它仍然能够确证自由与平等之间的冲突。我的论点是有限制的。首先,我设法澄清伯林关于价值多元论的重要论题,表明它的原创性、旨趣以及雄心,其次表明,要维持这个雄心勃勃的论题是多么困难。伯林说,他所描绘的价值冲突都与我们有关,而且除了未成年人外,它们对所有人来说都是不言而喻的。我不认为,他证明了这个相当宽泛的主张;实际上,如我刚刚论证的那样,我认为,即使在他当作范例的情形中,也就是在自由与平等之间被假定的冲突的问题上,他也没有证明这个主张。

那并不意味着价值多元论归于无效。不过我相信,那的确表示,为多元主义作辩护所必需的论证,必定会是一个很长也很复杂的论证。这个论证必须证明,对于它认为与另一种价值处在某种概念层面之冲突中的每一种价值来说,为什么对该价值所作的、会导致该冲突的那种理解,是最最恰当的一种理解。没有比拼凑一些有关自由、平等、民主、共同体,以及正义的、互相冲突的定义更容易的事情了。但在哲学当中,也没有多少事情比证明为什么这些就是我们应当接受的定义更困难的事情了。没有通往这一证明的捷径可走。或许,有关主导性的自由主义诸价值之最具吸引力的种种观念,归根结底,确实能够以一种恰当的方式结合在一起。至今,我们也还没有任何理由抛弃这个希望。

第五章 原旨主义与忠诚

117　　乔治·W. 布什总统在其第二任期的第一次国情咨文演说中许诺，他将任命那些忠实于宪法制定者意图而非其个人信念的人充任联邦法院和联邦最高法院法官，他引用了联邦最高法院1857年作出的支持奴隶制的德雷德·斯科特（*Dred Scott*）裁决，作为他将任命的法官应该避免的裁决的例子。布什不是宪法学家，他的错误是明显的：德雷德·斯科特案是大法官执行了而非忽略了宪法制定者意图的例子，因为原初的宪法仔细地考虑了奴隶制。但是，他的意思再清楚不过了：他的意思是，他不会任命罗伊诉韦德案（*Roe v. Wade*）的多数派中的那类法官，在这个1973年的裁决中，联邦最高法院认为，州不能将怀孕早期的堕胎定性为一种犯罪。事实上，许多评论者认为，布什释放出来的意图是任命那些将会推翻此判决的法官，就像最高法院在内战后推翻了德雷德·斯科特案一样。他要他的听众明白，这才是保持对宪法的忠诚的真正含义。然而，诉诸忠诚观念是更为麻烦的错误。总统念兹在兹的那些好法官实际上是那些根本不忠诚于宪法的法官。在我看来，那些他视作坏法官的法官才是真正的忠诚卫士。无论怎么说，这正是本章的论题所在。

　　然而，我必须从一个区分开始：对宪法文本的忠诚，和对包括过去解释与适用宪法的司法裁决在内的既往宪法实践的忠诚。恰当的宪法解释同时将文本和既往的实践看作是它的对象:面临当代宪法问题的律师和法官,必须尝试着建构一个有关特殊条款的文本、作为一个整体的宪法框架以及我们在宪法之下的历史的、内在一致的、原则性的和有说服力的解释——这个解释既能统一这些不同的渊源,并且只要有可能,就又能指引将来的司法裁决。也就是说,他们必须寻求宪法的整体性。对宪法文本的忠诚并没有穷尽宪法解释,在某些情况下,如果撇开宪法文本的执行历史,那么完整的宪法整体性所要求的结果或许就不能被宪法文本的最好解释所证成,甚至与之相冲突。但是无论如何,文义解释是任何广义的宪法解释程序的基本组成部分,因为那些制定宪法的人实际上说了什么,这至少在任何诚实的解释性的宪法论断中都是重要的组成部分。

因此,我此处将专注于文义解释。这样看起来比较恰当,因为宪法学者经常认为,忠诚于宪法意味着忠诚于宪法文本。这显然是布什总统所念兹在兹的那种忠诚。这是诸如联邦最高法院大法官安东尼·斯卡利亚(Antonin Scalia)这些自封为宪法"原旨主义者"所要求的那种忠诚,也就是像劳伦斯·却伯教授这样的原旨主义批评者所反对的那种忠诚。我将要论证的是,即便我们绝对专注于文本忠诚,我们也会得出与布什、斯卡利亚和其他原旨主义者所期待的截然不同的结果。[1]

事实上,文本忠诚强烈地支持将立法置于直接的道德标准之下的一种广泛的司法责任,以至于许多宪法学者,包括那些为"原旨主义"大声疾呼的人,实际上却是在反对将文本忠诚看作是一种宪法标准。他们依赖于其他的标准和价值,以作为忠诚的替代品。他们几乎从不以此种方式论说。但如果你仔细聆听,你会发现取代忠诚的是隐藏着的潜台词。一些学者会认为,我们应当努力去发现的,并不是那些写下或批准宪法及其各种各样修正案的人想要表达什么(mean to say),而是他们期待或希望他们有关他们所做之事的说法会有什么样的后果,这是极其不同的一个

---

[1] 联邦最高法院首席大法官约翰·罗伯特(John Roberts)在他的参议院确认听证会上明确地表达了这种观点。参见我的文章 "Judge Roberts on Trial" in the *New York Review of Books*, October 20, 2005.

问题。其他人则会认为,我们应该忽略文本本身,支持大多数人在我们大部分历史中对文本含义的理解:例如,他们认为,许多州已经将同性的鸡奸定性为犯罪这个事实表明,宪法并没有禁止这种不正义。这是两种忽略宪法文本的方式。为什么杰出的学者如此竭尽全力地避开宪法文本呢?在这章的后面,我将尝试通过识别人们可能据以忽略宪法忠诚的不同理由来回答这个问题。

但是,我现在要说的是,我的意思并不是没有这样的理由。确实,大多数公民希望联邦最高法院援引宪法来证成它的宪法判决。但是我们政府的不同部门也在作出非常重要的、有重大后果的裁决,对此却没有任何要求忠诚于文本或传统的论辩。我们将男人和女人送上战场,通过外交政策或金融策略,往火星上发射探测器,我们据以证成这些决定的理由是,将来它们会带来好处——我们将在我们这个世界上更安全、更繁荣、更自在。我们不应该在一开始就否认,在宪法裁决中这种向前看的论证比向后看的文本忠诚的论证更加恰当,尤其是在杰出的理查德·波斯纳法官以极大的热情认为它们更加恰当之后,就更不应当如此。我们也不应该假定,我所提到的一些学者所认可的向后看的论证,一种诉诸宪法文本以外的历史的论证,不可能是更为恰当的。或许,至少在某些场合下,忽略忠诚的做法是可以得到辩护的。

然而,在考虑那个问题之前,我必须首先论证我最初有关忠诚于宪法文本意味着什么的主张。我必须仔细地区分我的主张所回答的问题,和经常与之混淆的另一个不同的问题:一个制度性问题,即哪个机构——是法院、立法机关,还是通过公投而行动的人民——应该被赋予决定特殊案件中忠诚所要求的是什么这一终局职责(final responsibility)。对于一个有成文宪法限制其立法机关的国家来说,完全有可能的是,它把解释宪法的终局职责分配给其他机关而非法院;而这其他机关则可能包括立法机关自身。我的问题关注的是一个先于这种制度设计的问题。无论什么机构或什么人被赋予了最终的解释责任,我们的宪法真正意味着什么呢?

我们有一个宪法文本。对于这个文本由哪些名文组成,我们并没有异议;没有人争论哪一系列字母和空格构成宪法文本。当然,识别公认的一系列字母或空格,这仅仅是解释的开始。因为还存在着这个系列的任何特殊部分意味着什么这个问题。哈姆雷特对他的老朋友说,"我知道hawk和手锯(handsaw)之间的区别。"问题出现了——例如,对那些扮演角色的人来说——哈姆雷特用"hawk"一词是指称一种鸟呢,还是指称一种文艺复兴时期的工具呢?弥尔顿(Milton)在《失乐园》(Paradise Lost)中提到撒旦的"gay hordes"。弥尔顿的意思是撒旦门徒的穿着光彩照人呢,还是说他们是同性恋呢?宪法规定总统必须至少年满35岁。这意味着实际年龄呢,还是意味着心理成熟的年龄呢(这对于若干当代的政客来说是会令他们不安的)?

宪法第八修正案禁止"残酷"和不同寻常的刑罚。这意味着是被宪法制定者认作残酷的刑罚呢,还是他们那个年代大众观念认为是残酷的刑罚呢(两者可能是相同的刑罚)?又或者,它意指的是根据裁决这类问题的正确标准判断而事实上是残酷的刑罚?第十四修正案规定任何州都不能否定任何人的"法律上的平等保护"。这意味着任何州都不可以否定我们历史上大多数州都已经赋予任何人的平等对待,还是意味着任何州都不能继续维持与真正的平等公民权相冲突的任何区别对待,无论美国人之前是否理解这种冲突呢?

在我看来,我们必须从询问以下问题开始我们的讨论:即根据可获得的最佳证据,待议文本的作者意图说的是什么。这是一种在我所称的建构性解释中进行的操作。[2] 这并不是说要窥视已经死了几个世纪的人的头颅,而是说要尽力对一个历史事件——一些人在一个特殊的场合以一种特殊的方式演说或书写——作出我们所能作的最佳理解。如果我们将这个标准适用于哈姆雷特,很显然,我们不会将他的主张看作是在指称一只鸟,而是在指称一种文艺复兴时期的工具,否则就会使其主张成为一个绝对愚蠢的主张。哈姆雷特使他不可靠的伙伴深信,他知道不同种类的工具之间的区别,知道他正在使用哪种工具。就撒旦的 gay hordes 而言,有决定性的理由认为,弥尔顿意图将它们描绘为过分华丽的而非同性

---

〔2〕参见 Dworkin, *Law's Empire* (Cambridge, Mass.: Harvard University Press, 1986), Chapter 9.

恋的,这个理由就是在弥尔顿之后的几个世纪,"gay"这个词才被用来指称同性恋。在我看来,我们很容易回答那些写下总统必须至少年满35岁的人想要表达的是什么意思这个问题。对他们来说,将总统职位的适格性限定在一种像心理成熟年龄这样本质上模糊不清且充满争议的属性上是愚蠢的,没有任何此类意图的证据。我们可以将他们的话理解为,他们所说的话证明他们意图表达的是实际年龄。

当我们处理第八修正案的"残酷的"这个词,第十四修正案的平等保护措辞,第一修正案的言论自由措辞以及第五修正案和第十四修正案的正当程序措辞时,我们将面对更加困难的转译问题。我们必须在抽象的、原则性的、道德性的解读,和具体的、限定于某时的(dated)解读之间作出选择,前者如制宪者意图禁止那些事实上残酷的且不同寻常的刑罚,或意图禁止任何事实上与平等公民权不相一致的区别对待;后者如他们所说的是,禁止他们那个年代被广泛认作是残酷的且不同寻常的刑罚,或禁止一般来说反映了不公正的区别对待的歧视。[3] 如果正确的解释是抽象的解释,那么今天试图忠诚于宪法文本的法官必须不时地问问自己,制宪者们不认为是残酷的刑罚(例如死刑)是否真的残酷;制宪者们认为与平等公民权相一致的歧视(例如,学校隔离)是不是对法律上平等保护的一种否定。如果正确的解释是一个限定于过去某时的解释,那么这些问题就是不恰当的问题,至少作为文本忠诚中的一种实践的一部分,是不恰当的问题,限定于过去某时的解释提出的唯一问题是,制宪者和他们的听众想的是什么。

如果我们试图最好地理解制宪者在他们的言说语境中所作的言说,我们的结论应该是,他们意图制定抽象的而非限定于过去某时的命令和禁止。制宪者是严谨的政治家,他们知道如何使用他们的语词。他们想

---

〔3〕 欧立·希姆辰(Ori Simchen)为我指出了另外一种可能性:我们应该将第八修正案中提到的残酷解读为主观的而非限定于过去某时的,因此,它禁止的刑罚是那些在执行时被普遍认为是残酷的刑罚。像我们将会看到的,斯卡利亚大法官认为,任何反对限定于过去某时之主观解释的人,必定会采用一种不限定于过去某时的主观解释:这就是为什么他坚持认为,他的对手认为宪法的力量依赖于变换着的大众观念。但是,限定于过去某时的主观解释的一个合情合理的替代选择,并不是不限定于过去某时的主观解释,而是原则性解释:一种将前面提到的第八修正案转译为真正残酷的(really cruel)刑罚的解释。

说的或许是那些使用他们所使用的语词的人们通常想要的东西——他们使用抽象的语言,因为他们想要陈述抽象的原则。他们用抽象的道德原则而非他们自己(或他们同时代的人)关于适用这些原则之最佳途径的观念来建构一部宪法。

但是,对明显抽象的、用以承载权利的宪法条款应该如何被理解这个问题的这样一种回答,使得对当代宪法争议进行裁决的任务,比起在以具体的、限定于过去某时的理解为正确的理解这种情况下,更加困难。如果我们——公民、立法者和法官——必须努力忠诚于抽象条款的文本的标准在于抽象的道德标准,那么我们必须问的问题和我们必须作出的裁决必然是道德的。我们必须问:什么是真正残酷的?什么是为平等公民权所真正要求的?假定法律的整体性是法律程序的本质,并且整体性要求我们的文化在重大原则中所承认的自由——例如,良心自由——在有关选择死亡的自由这样的个别立法决断中必须被尊重[4],那么什么样的立法是与法律的正当程序相一致的呢?

这些都是困难的问题。公民、律师和法官不应该试图在空白的基础上回答这些问题,而忽略其他人尤其是法官过去对这个问题所作的回答。如我所说,任何以完整的宪法整体性为目标的宪法论辩策略,必须寻求能够完美地契合我们的实践和传统的答案——既在我们的宪法文本也在我们连续的历史中找到充足的立脚点——以便使这些答案能够合情合理地用来描述我们作为一个国家的种种承诺(our commitments as a nation)。例如,作为一种哲学上的练习(philosophical exercise),假如我正试图回答平等的公民权意味着什么这个问题,那么我将坚持认为,除非共同体至少确保他们体面的住房、营养和医疗保健的最低标准,否则就不能认为公民被他们的政治共同体平等对待。但是,如果联邦最高法院突然采取该种观点,宣布各州有宪法上的责任提供普遍的卫生保健,那么联邦最高法院将犯下一个法律上的错误,因为它试图将一些(在我看来)根本

---

[4] 那些认为,由于实质和程序是相对立的,所以"实质正当程序"是一个修辞上自相矛盾的短语的人,忽略了这个关键的事实,即对原则上一致性的要求——该要求具有明显的实质后果——是构成法律程序的裁决程序的一部分。参见我在《法律帝国》中将整体性看作一种特殊的法律理念的论断。

不能契合的东西塞进我们的宪法体系。

然而，那些看起来新奇的有争议的裁决，确实经常能满足这种契合性检验（test of fit）。当联邦最高法院在1954年裁决，尽管官方的种族隔离政策已经有了几代人的实践，但依然是非法的，此时，它并非仅仅宣布了一个学院派的政治真理。它提醒注意平等的一般标准，尽管在我们的实践中这些标准有选择性地被忽略了，但它们却牢牢地凝固在我们的历史中，这些标准谴责那些为缺乏正当的政府目标服务的武断歧视。联邦最高法院能够令人信服地论证，种族隔离的实践与对原则的一种视野开阔的解读不相契合。我认为，对罗伊诉韦德这个堕胎案的法院判决也可以这么说。在这个案件中，法院不得不自问，由先例嵌入第十四修正案的这个观念，即特定基本自由在原则上免于政府规制这个观念，是否保证一项更加具体的在怀孕早期堕胎的权利。

我提出这些例子想要说明的是，尽管我认为根据法律整体性的要求，要求适用抽象的宪法道德原则的道德判断被历史和先例所限制，但显然这一历史并不优先于道德判断。新的道德原则问题——例如，堕胎权是否有足够基础以至于能够属于界定法律正当程序的基本自由范畴——不可避免地存在着。为什么将这类问题指派给那些起草并批准了宪法这部文件的那些人——至少在我们能发现或推测出他们将会给出的答案的范围内——而不是指派给当代的法官，就不是对宪法更加忠诚的做法呢？我已经强调过，我们必须查看制定者的语义学意图，来发现宪法的条款究竟意味着什么。为什么不能由此推论说，我们也应该遵从他们的政治意图——遵从他们关于他们所写的这些条款应该如何被适用的假设和期待呢？如果平等保护条款的作者认为，种族隔离的学校并没有否认公民身份的平等性，那么，对平等保护条款的忠诚要求的是什么，这个问题为什么未能因此而终结呢？

然而实际上，作出该种进一步的推论，乃是一种严重的知识混淆和宪法错误。从历史上政治家的语义学意图不可避免地确定了他们所制订的这份文件所要表达的内容这个事实，推论出，忠诚于他们所表达的内容即意味着以他们希望或期待或假定的方式来执行这份文件，那将是一个谬误。设想你是一家大公司的老板,该公司的一个部门有一个空缺。你把经理叫来,对她说:"找一个最胜任的人填补这个空缺。"接下来你不带任何暗示地说:"顺便说一下,我儿子是该职位的候选人之一。"假设你真的确信,你儿子是最胜任的人选。再者,假设除非你确信对于包括经理在内的每一个人来说,你儿子都是最胜任的人选,否则你不会给经理这些指示。最后,假设你的经理知道所有这些:她知道,如果由你来选择,你真心诚意地认为你儿子是最胜任的人选。

然而,你并没有让她雇用你的儿子。你让她雇用最胜任的人选。依据她的判断,如果你的儿子不是最胜任的人选,另外一个人是,那么她雇用另一个候选人将是对你的指示的遵从,而她若雇用你意图或期待其取得该工作的候选人,则将是对你的指示的违背。如果她以此种方式遵从你的指示,你或许会——我期望你不会——解雇她。但是,你不能否认,她忠实于你的指示,如果她遵从了你关于最胜任人选的看法而非她自己的看法,那么她未能忠诚于你的指示。除非一个代理人意图做一个指示命令所规定的内容(恰当地解释的规定内容),否则就不是对该指示的忠诚。如果指示设定了一个抽象的标准,她必须决定什么符合这个抽象的标准,当然,这与某人(任何人)认为什么符合该标准这个问题是完全不同的问题。当代的立法者和法官受制于同样严格的要求。

几年前普林斯顿的一次会议上,忠诚问题成为了主导议题。在这次会议上,斯卡利亚大法官(Justice Scalia)发表了两篇泰纳演讲,四位评论者回应了这些演讲,斯卡利亚又答复了这些回应。(经过几位参与者的编辑和对原始评议的扩充)会议记录以《解释问题》为名出版。[5] 两位参与者斯卡利亚和却伯(Tribe)的评论展示了我刚才所强调的区别——即语义学意图(制定者意图说些什么)和政治的或期待的意图(他们期待他们所说的这些话的结果是什么)之间的区别——的困难和重要性。

我自己在会议上的评论中,用这个区分对斯卡利亚所谓的"原旨主义"的两种形式作了比较:语义学的原旨主义,将立法者意图集体地表达

---

〔5〕 Antonin Scalia, *A Matter of Interpretation* (Princeton, N. J.: Princeton University Press, 1997).

的东西看作是宪法包含的决定性内容;期待的原旨主义(expectation originalism),将立法者表达他们所说的内容时所期待实现的东西看作是决定性的。我说,在斯卡利亚第一次泰纳演讲中,他赞同前一个版本的原旨主义,但在他第二次演讲中,在他有关宪法解释的评议中,他依赖于期待的意图——我说,事实上正像他在联邦最高法院的职业生涯中所做的那样。

  在他公开出版的对我的评议的回应中,斯卡利亚接受了这个区分,并宣称自己是语义学的而非期待的原旨主义者。他否认我所表达的不连贯性,但在某种意义上确证了我的怀疑,即他的宪法实践抛弃了他所宣称的忠诚。我用了此处我使用的一个例子——对第八修正案中"残酷的"解释——来阐明语义学的原旨主义和期待的原旨主义之间的不同。斯卡利亚在他的演讲中认为,该条修正案的制定者在《权利法案》的其他地方仔细考虑了死刑的可能性。例如在第五修正案中规定,未经正当法律程序,"生命"不可被剥夺,这一事实是他们并不意图在第八修正案中禁止死刑的明显证据。我说,如果斯卡利亚是真正的语义学原旨主义者,那他在这个论断中就会是在假定一些看起来非常古怪的东西:即制宪者通过使用"残酷的和不同寻常的"这样的词汇所意图说明的是,他们那个年代一般被认为是残酷的刑罚将被禁止——也就是说,如果他们用"该法颁行年代被广泛认为是残酷的和不同寻常的刑罚"这个语句取代他们实际使用的具有误导性的语言,那么他们将能更加清楚地表达他们自己。

  斯卡利亚回应说,他有关死刑的论断并没有预先假定这样的东西,他认为我的意见是对他观点的"歪曲"(caricature)。然而,仅仅几行之后,他陈述了他自己的观点:第八修正案所规定的是"现存的社会对什么是残酷的评估。这意味着……我们[也就是说是制宪者和他们同时代的人]现在所认为是残酷的东西"。他接着得出与之相应的结论:"根据这个分析,完全清楚的是,1791年广泛使用的死刑并不违反第八修正案中的抽象的道德原则。"[6]除非后面这些段落具有一种我没弄明白的深层含义,否则

---

〔6〕 Ibid., 145.

它们确实承认了斯卡利亚在前几行作为歪曲而加以拒绝的观点。

面对着有关他如果是语义学原旨主义者,则他的宪法立场预先假定了什么这个问题的一种解说,斯卡利亚拒绝了这种解说,认为这种解说是荒谬可笑的。但是,当他随后试图陈述一种既忠实于宪法文本又与他自己的宪法态度相一致的观点时,他被迫陈述自己刚刚才拒绝了的观点。因此,他的理论立场是相互冲突的。它不能约束他的宪法裁决,事实上,他的裁决与保持对宪法的忠诚几乎没有关系。对于在斯卡利亚模式下劳神费力的宪法学者的这个困难,还有比这更戏剧性的例证吗?他们必须公开表明忠诚,但在实践中又必须与之断绝关系。

虽然众所周知,却伯在宪法从业者中是最杰出的、最无所畏惧的、最不妥协的自由主义者,但他自己的评论表明,他面临着一个困境,这个困境与斯卡利亚的困境惊人的相似,我将花费更长的篇幅来识别这个困境。却伯在他大大扩充了的公开出版的评论中开篇就宣称,他既不赞同斯卡利亚也不赞同我本人。他说,"在下面这个问题上,我既不赞同德沃金教授,也不赞同斯卡利亚大法官,即人们可以'发现'……有关我们历史中特殊时刻有限的一组行为者意图说些什么的经验证据。"他特别对我作出批评,因为我认为宪法解释依赖于重新发现的经验事实,也因为新的宪法解释"实际上根本没有表达任何新的东西,……而仅仅是通过推理原则问题之正解的简单明了的过程所得出的推论,而这些原则则是我们可以确信是由宪法的作者或批准者在若干世代之前事实上就施加给我们的"。(我从来没有支持和辩护过任何诸如此类的观点。)

我引述这些评论是想说明,当对宪法文本的不同解释均有可能时,却伯拒绝任何忠实于宪法文本的要求。当然,他的评论可以以一种不会招致更大争论的方式来解读,但是如果这样的话,那么他所宣称的他本人同斯卡利亚和我之间的异议就消失了。例如,我们可以将其解读为仅仅反对我们在有关语义学意图的特殊判断中表现出来的自信。他把他归诸于斯卡利亚和我的观点放大了。例如,他说,虽然他本人支持诸多有关宪法解释的观点,但"我并不认为这些观点是可以严格论证的结论,或将它们与普遍接受的观点混淆"。他在其他地方描述说,像对第一修正案的"德沃金式的解读"一样,它"不证自明地意图制定广泛的道德原则",但他否认这个不证自明的主张是"可以论证的"。他拒绝了被他视为是斯卡利亚的和我的"无疑是真诚的(但仍然是误导的)确信(certitudes)"。[7]

当然,斯卡利亚和我都不会接受这些有关我们的观点的叙述。以这样的语句来装饰对手的观点,从论辩的角度看或许是有所帮助的,但这样就贬低了论辩,因为没人会为如此装饰的观点辩护。宪法解释不是数学,只有傻瓜才会认为他自己对宪法的判断超越了任何可以想象的挑战。我们通过提供我们能够提供的最好的且最诚实的案例,来论辩我们的宪法解释,为的是它们能超越对手的解释;我们知道其他人的解释不可避免地拒绝我们的论断,我们不能诉诸共享的政治道德原则或宪法方法来表明我们是正确的。[8]

我们也可以通过假设却伯想要拒斥的所有东西——无论是斯卡利亚观点中的还是我的观点中的——仅仅是糟糕的解释形而上学,从而将他的评论看作是不会招致争议的。当他否认可能发现过去的人们想要表达的意思的"经验"事实时,他的意思可能仅仅是,不可能建立与某个或某些去世的人的现象学的直接精神连接。当然,这不是斯卡利亚和我所思考的事业。诚如我早前所言,人们通过建构性解释程序来转译其他人已经说过的话——既包括饭桌上面对面说的话,也包括几个世纪前说的话。建构性解释的目的不是窥探头颅,而是对他们的言语和其他行为作最佳理解。[9] 这是一个规范性的而非"经验的"过程。当解释的对象是一项政治行为时,那将是一个极为复杂的过程,除非将政治的原则或目标归诸于一个群体——这个群体可能已经在政治上分化了,否则我们将无法解决转译的问题。但是,建构性解释的本质在这个复杂案件中与在个别案件中是相同的:我们必须找寻这样一种转译,它比其他任何对立的转译都更好地说明了——在政治案件中,更好地论证了——言语事件。这就是我作如下论断时的抱负所在,即通过假设非常抽象的宪法条款陈述了非

---

[7] Tribe, in Scalia, *Interpretation*, 75, 78, 70. (强调为笔者所加)。

[8] 这是我的《法律帝国》和《自由的法》(*Freedom's Law*, Cambridge, Mass.: Harvard University Press, 1996)中无处不在的论题。

[9] 参见 *Law's Empire*, Chapter 9.

常抽象的原则,我们可以更好地理解这些非常抽象的宪法条款。就斯卡利亚为他的相反观点论证而言,这同样也是他在如此论证之时所具有的抱负,诚如他所支持的每一点所标明的那样。

因此,相关的问题不是我们能否"展示"或建立有关制宪者意图说什么的"确信"或"不证自明"的主张;或我们能否从历史中找寻到精神陈述,并将它们置于仅仅"经验的"检验之下。相关的问题乃是:且不论这些事情我们都做不到这个事实,我们是否仍必须决定,相比较而言,有关制宪者说了什么的哪种观点是更好的观点,即便这种观点是有争议的。如果却伯确实与斯卡利亚和我有分歧,他必然认为,既然制宪者意图说些什么是不确定的,那么我们根本不应该且不需要得出有关这个问题的结论,至少对于非常抽象的条款是如此,我们应该和需要做的是以某种不包含这些结论的方式从事宪法解释——通过直接诉诸我们自己的政治道德,或直接诉诸我们认为我们这个时代占主导的政治道德。

诚如我所言,根据诸多评论者的意见,虽然这是内在一致的立场,但看起来明显与却伯以同样的热情作出的其他主张相冲突。例如,在他对斯卡利亚泰纳演讲所作的评论的其他地方,却伯承认文本忠诚的一种非常强的形式。"尽管如此,我和斯卡利亚大法官分享共同的信念,即宪法的成文文本具有首要性,必须被看作最终的出发点,与文本不能协调一致的东西不能被恰当地看作宪法的一部分;宪法的一些部分并不对极为不同的各种解释开放。"[10]这是文本忠诚的一种非常强的陈述,强过我本人可能认可的文本忠诚,因为,如我所说,当在一种全面的建构性解释中无法找出一种能够调和文本和实践的方式时,过去的先例和实践原则上可以取代像宪法文本这样基础性的解释材料。然而,我赞同却伯的如下看法,即文本必须具有十分重要的作用:我们的目标必须是一组与我们对文本本身说了什么的最合情合理的解释相一致的宪法原则,只有在实在没有办法的情况下,我们才能满足于任何其他的东西。

但是,文本不只是罗列的一些字母和空格:它包含着主张,不借助语

---

[10] Scalia, *Interpretation*, 77.

义学,即一种详细阐述字母和空格意味着什么(如果有可能的话)的解释,我们就不能给予文本首要位置,或者说,事实上不能给予任何位置。直到我们以此种方式解释了字母和空格,我们才知道什么与文本不相一致或相一致;或者,文本是否含糊或模棱两可,或者,文本是否能够"合情合理地向极为不同的解释开放"。因此,却伯对文本的首要位置的评论预先假定了一个语义学策略。什么是语义学策略呢?

自然的策略是我刚才描述的那种:我们通过将语义学意图指派给那些制订文本的人,来决定文本包含了什么主张,我们是通过尝试对他们做这些事情时他们实际做了什么的最好理解来作出决定的。但是,如果却伯真的不赞同斯卡利亚和我,那么他必然拒绝这个策略。什么是替代的选择呢?有人可能会说,我们不应该通过尝试理解那些制订文本的人说了什么来解释像宪法这样的旧文本,而应该通过假定文本意味着过去它被认为意味的东西来进行解释。这个策略存在消退问题(regression problems),但是,我们不需要探究它们,因为这个策略在任何情况下,都不是赋予文本以却伯所意图的独立的首要位置的方式。相反,它否认文本在当代解释中具有任何独立的地位。

因此,考虑一下这种不同的可能性(或许是却伯对"合情合理的"替代性选择的评论所建议的)。有人可能会说,文本的首要性仅仅要求,除非构成宪法文本的一连串字母和空格,在某种情况或其他情况下,可以被用来表达某宪法解释所采取的主张,否则宪法解释就不能被认为是可接受的。这个极端微弱的限制将允许法官宣布一项宽泛的言论自由的"道德性的"宪法权利,而无论制宪者是否意图在第一修正案中制定一条抽象的道德原则,因为他们所使用的一连串字母和空格能够被用来宣布一条宽泛的原则。(根据诗歌中有关文本首要性的类似的观点,我们可以将《失乐园》解释为敌视同性恋的[homophobic],因为组成 gay 一词的那些字母现在被用来组成一个表示同性恋的单词。)但是,这种古怪的解释策略在法律或政治原则中是武断的和没有根据的。除非我们认为一个特殊的主张就是宪法中发现的铭文过去被用来陈述的主张,否则为什么该铭文能否被用来陈述一个特殊的主张这个问题是有意义的呢?相反,认为在颠倒字母顺序的意义上文本具有首要性,这不同样合情合理吗?——文本可以被认为禁止任何这样的事情,这些事情是可以通过重新安排文本中的字母来禁止的。

因此,除了自然策略,很难将却伯有关文本忠诚的言论与任何解释策略调和起来。但是,自然策略是他如果不赞同斯卡利亚和我就必须拒绝的策略。还有更麻烦的事情。在其他诸多段落里,却伯明显认为,自然策略是正确的策略,当制宪者所使用的词语可以被用来说两种事情时,认为他们意图说一种事情而非另一种事情确实是有意义的。例如,他在他扩充了的版本中补充了我在会议上作出的又在此处重复了的论断:斯卡利亚依赖于《权利法案》的其他部分作为第八修正案并不禁止死刑的证据,这与他公开表明的语义学原旨主义不相一致。[11] 但是,我对不一致的指责绝对依赖于一个有关制宪者在第八修正案中意图说什么的主张。如果他们意图表达我所总结的斯卡利亚认为他们要表达的主张——根据那时候的一般观点,不同寻常的和残酷的刑罚是被禁止的——那么,斯卡利亚的文本论断就不会是不一致的;反之就是有说服力的。只有当我们像却伯在这个语境下所表现的那样,确信制宪者并不想制定限于过去某时的(dated)条款,相反却想制定抽象条款时,我们才能宣称斯卡利亚的论断是不一致的。在采取这个论断时,他确实依赖于他所批评的斯卡利亚和我认为我们能够作出的那种判断。

即便这些段落也未能解释清楚这个谜局。却伯是技术娴熟的诉讼者,他不会轻易地将支持他的立场的论断抛在一边。他说他赞同第一修正案陈述了一项政治道德原则。那么,为什么他拒绝这样的论断,即根据最好的解释,第一修正案的意图是要表达这样一个原则?为什么他要声明与斯卡利亚和我之间的这种分歧,即他必须竭尽全力使这个分歧成为真实的分歧,而如果他成功了,这个分歧会使他说的其他大部分话内在不一致,这个分歧明显会毁坏掉支持他的诸多宪法信念的强有力的论断?另一节的开头十分清楚地给出了答案:他说他力图防止宪法解释"在宪法

---

[11] Ibid., 64.

注释的伪装之下坠落到一个人自己的偏好或价值的强迫接受中……"[12]诚如我所言,虽然解释抽象的道德的宪法的法官并不会简单地将道德问题放到他们自己的良心中,但是这理所当然地是他们必须做的事情中的一部分。却伯希望他能够拒绝对制宪者们意图制定什么的任何依赖,因为他相信,像我相信的一样,根据最有说服力的观点,他们意图制定这样一部宪法,以使忠诚的法官和律师没有其他选择,而只能做他担心是不具合法性的事情。

但是,他没办法走出这个谜题。注意他是如何结束这个句子的,其开头部分我刚才已经引述过了:"……人们必须承认这个任务是多么的艰巨;必须避免所有这样的不实主张,即它可以被降低为发现而非建构一种解释的被动程序;而代之以一种坦率的说明,一种根据作为一个整体的宪法以及对它所作解释的历史作出的、关于为什么一个人认为他或她提议的文本解释是值得接受的解释的说明,虽然这样的说明可能是不完整的或非终局性的。"[13]换句话说,这句话的结尾绝未减轻开头的担心,但是却证实了这个担心。即使是参照"宪法作为一个整体以及对它的解释历史"的法官,像整体性要求他们做的那样,在论断为什么他们的解释比其他人同样也能够通过检验的解释更加值得接受时,也必须展示他们自己的政治道德信念,"直截了当"的坦白当然是一种美德,但它却不能改变一个人所坦言的内容。

虽然与斯卡利亚的困难类似,但却伯的困难却走向了相反的方向。斯卡利亚希望被看作拥抱忠诚,但他却以拒绝忠诚收场;却伯想要拒绝忠诚,但却以拥抱忠诚结束。谁的结局是正确的呢? 这是我推延回答但现在必须要回答的问题。恰当地理解的宪法忠诚是一种政治德性还是一种政治恶习呢?

即便是被整体性所规训了的对抽象宪法的忠诚,也要求法官、律师、立法者和其他解释宪法的人对那些深度分化了公民的问题作出新的道德判断,如堕胎、安乐死和种族正义。在这些问题上,任何官方的观点都必

---

[12] Ibid., 69.
[13] Ibid.

然是有争议的而且被其他诸多观点所不齿。或许,我们的法官最好将忠诚搁到一边。如果他们的目标不是执行我们所拥有的宪法而是创制一部更好的宪法——或者说是一部不同的宪法,那么他们或许能更好地服务于我们。如果布什所意图的果真是他所说的话的反面,那么他或许倒是正确的。

但是,我们能提供什么样的理由来将忠诚搁到一边呢?什么能够超越忠诚呢?我可以想出三个德性,在宪法语境中,它们或许被认为更加重要。第一,在一些情况下,忠诚必须被正义所超越。一个政治社会可能发现它本身被一种宪法安排所束缚,且多数社会成员现在认为该安排非常不公正,在一些情况下,这个共同体的法官可以恰当地决定忽略该宪法。如果他们公开声称他们的决定是忠诚所指示的,那他们可能在说谎,虽然他们知道,或许私下里承认,相反的情况是正确的。或他们可能只是宣称(如果他们的情况允许),他们认为旧的宪法或至少部分旧宪法不再约束他们。例如,许多人现在认为,内战前被要求宣告《逃亡奴隶法案》(Fugitive Slave Act)违宪的法官就应该这么做,尽管事实是(在那些批评者的观念里)忠诚要求相反的结果。我们可以轻易地设想这样一个法官,他告诉自己,虽然宪法并不谴责要求公民归还逃亡奴隶的法律,但这些法律太过邪恶,以至于不能被执行。

然而,我将正义作为对忠诚要求的一种可能超越,目的只是为了将正义搁置一边。因为我们已经识别出来的被提议的问题,并不是忠诚要求法官支持他们认为不道德的法律。问题接近于反面:由于宪法包含抽象的道德原则,忠诚给予法官极大的空间来宣告他们认为不公正的法律无效,虽然这些法律已经被正当地选举产生的立法机关所肯认。

第二个对忠诚的可能超越现在更为切题,那就是民主本身。对道德化的宪法的忠诚并不保证在具体的争议中,法官应该成为宪法要求什么的最终裁决者。在我们的政治安排中,联邦法官是解释宪法的最终权威,许多学者、法官和公民认为,让法官去作真正的忠诚所要求的那种类型的道德判断,那是不民主的,因为在真正的民主中,应该由人民自己来决定政治道德的基本问题。依据这种反对意见,如果我们在意我们的民主,我们就应该忽略忠诚(至少就非常抽象的宪法条款而言是如此),并坚持让我们的法院扮演一种更加谦恭的角色。

这个论断合理吗?这完全依赖于你怎么理解民主。因为我们可以区分两种民主概念,其中一个当然会证成这个抱怨,但另一个不会。第一个是多数主义。根据这种观点,民主的本质是所有的原则问题必须通过多数主义的投票来决定:换句话说,民主完全是多数人统治。如果这就是民主的内涵,那么赋予法官推翻多数人批准的政治道德判断的权力的司法审查方案当然是反民主的。但是假设我们以不同的方式来界定民主:民主意味着作为合作进行的事业的、具有平等身份的成员而共同行动的所有人的自我统治。在我们看来,比起多数主义主张,这是对民主的精神内核的一种更具吸引力的理解。只有当特定的前提条件——平等成员身份的民主条件——被满足和支持时,多数人的统治才是民主的。

这是些什么条件呢?我在拙作《自由的法:美国宪法的道德解读》[14]中试图详尽地界定它们。首先,如果民主被认为是自我统治的合作事业,那么,除非所有的公民被赋予在政治生活中扮演平等角色的机会——这不仅意味着平等的参政权(franchise),同时意味着在正式的公共商谈和非正式的道德交流中平等的声音——否则就不存在民主。这正是第一修正案在原则上确保的权利。其次,除非人民作为个体在政府中具有平等的利害关系(stake),否则就不存在如此构想的民主。它必须被理解为,在决定集体利益何在时,每一个人的利益必须以同样的方式被考虑。我认为,这个要求支持恰当地理解的平等保护条款。再次,除非个人被赋予一个私人领域,在其中他们可以自由地作出大多数宗教的和族群的决定,对他们自己的良心和判断负责,而不是对大多数人的良心和判断负责,否则就不存在民主的合作事业。如果一个组织化的事业宣称,它有权决定一个人认为自我尊重要求他自己做主的东西的话,那么没有人会认为自己是这个组织化事业的完全的和平等的成员。这是第一修正案对宗教自由的保障的基础,也是现今为止只能不完美地认识的正当程序条款对基

---

[14] Cambridge, Mass.: Harvard University Press, 1996.

本的族群选择中的独立性的保障的基础,这种基本的族群选择界定了每一个个体对为什么他的生活是有价值的理解,以及对生活意味着什么样成就的理解。

根据民主的这样一种可供选择的观点——你可以称其为合作民主(partnership democracy)——除非这些条件至少被实质性地满足,否则的话,多数统治甚至是不合法的,更谈不上是民主的了。因此,如果你采取民主的合作观点,司法审查在本质上与民主不相融这种观点就不攻自破了。诚如我已经说过的,我的意思并不是,立宪民主绝对地要求一个像我们这样的结构,一个以成文的、基本的文件记录民主的条件并将这些条件是否已经被满足的最终解释权赋予法院的结构。你可能会认为,将责任赋予某个特殊的选举产生的团体或许会更好,我们在19世纪制定或批准的将解释责任赋予非选举产生的法官的决定是不明智的。但是,这是不同的问题。你不能想当然地认为,多数人就具有自动的、默认的作出这些解释性决定的权利。原因在于,除非这些条件被满足,否则多数人当然是没有权力统治的。它*想当然地认为,民主的概念可以决定哪个机构应该或不应该被赋予最终的解释权威。像我在《自由的法》中论断的那样,这个决定必须在其他基础上作出。

我们现在已经考虑了两个假定的对忠诚的超越。我们把第一个当作是与现在的论辩不相关的而放到一边——宪法可能如此地不公正,以至于它不能再要求对它的忠诚。我们研究了第二个——在我们的将最终的解释权威赋予法官的政府结构下,对抽象的宪法道德条款的忠诚将非民主的权力赋予了这些官员。现在我打算简短地讨论超越忠诚的第三个理由,我们可以称之为法律实用主义。[15] 实用主义对美国法律理论的影响已经有几十年的历史了,现在正在享受着某种复兴,特别是在宪法理论中。

法律实用主义——或至少它的一个主流——认为,司法裁决应该是

---

* 指想当然地认为多数具有最终决定权的看法。——译者注

[15] 在现在这个场合下,我选择这个名称只是为了方便。我并不是想去认可任何有关法律实用主义与哲学中作为更具一般性的运动或学派的实用主义之间的关联的看法。

谨小的、审慎的、试验性的裁决。它作出这样的主张并非出于对民主的考虑，而是出于一种信念，即通过尝试发现在实践当中什么是真正奏效的，而不是试图从宏大的、宽泛的、抽象的原则陈述中推导出具体结论——这是对宪法文本的忠诚将会要求他们做的那类事情，律师和法官将会为社会做得更好。实用主义者认为，法官应该关注具体的案件的实际的和有限的环境，仅仅尝试发现对问题和利益在有限的框架内可成功进行的调适（accommodation）。首先，任何时候，法官不仅仅是必须作出裁决，而且还应该谨慎地裁决。包括宪法在内的法律最好通过类推而非通过宏大原则慢慢地、日积月累地成长，摸着石头过河，一点一点地努力使法律运转得更好。对我们抽象的宪法的忠诚，要求的恰恰与之相反。它要求法官对宏大的道德原则建构出宏大的解释。它给我们指了——在此处的观点*看来——一条完完全全的错路。

　　法律实用主义听起来相当明智，不是吗？它听起来非常的美国化、非常的经验主义，甚至非常的头脑冷静——尤其当你考虑到该观点的主要倡导者时，它听起来非常的芝加哥。犹如膀宽腰粗的杀猪匠横空出世，以及诸如此类的所有东西。但是，经过适当地改变措辞和色彩，它的声音也是该方法的守护神——奥利弗·温德尔·霍姆斯——的声音，他认为法律的生命不是逻辑而是经验。这也是美国法律现实主义者的声音，像他们被称呼的那样，他们通过坚持学院的法律应该变得更加实践化，更加事实化，少些理论和抽象，从而在1930年代转变了美国的法律教育。

　　从某种意义上讲，实用主义者的声音提供了合理的（虽说不是令人惊奇的）建议。它提醒我们，当做或者决定任何事情时，要尽可能地获取信息，留意结果。但是，它真的提供了一个超越宪法忠诚的论断，并且可以不再理会处在忠诚精神中的宪法裁决所要求的宏大的抽象的政治原则问题吗？

　　我们必须区分两种政治共同体身处其中的情况。在第一种情况中，政治共同体对于通过它的宪法和其他法律追求什么目标有一个非常好的

---

* 即根据法律实用主义的观点。——译者注

第五章 原旨主义与忠诚

观念,我们可以说,它非常清楚自己应该在哪里结束。例如,它希望在维持低通货膨胀率的同时仍能维持增长。它希望有一个生机勃勃的政治商谈,较低的犯罪率,较低的族群紧张关系。它知道自己什么时候能获得这些目标,但现在并不确定的是如何获取这些目标。在这样一些例子中,事实上有益的做法是,告诉这样一个共同体不要试图首先通过建构宏观的经济或道德原则,然后依据它们的指引行进;相反,应该经验性地——尝试着做完一件事情后再做另一件,以便看看什么是奏效的。

然而,在第二种情况中,共同体的问题并不是不知道哪种方式是最好地计算过的实现被认可的目标的方式。问题毋宁是,它不知道它应该追求什么目标,它应该尊重什么原则。它希求一个公平的社会,一个正义的社会,但是它不知道这是否意味着人们具有更多的作出婚外性行为的决定的自由,或者,是否意味着在劳工和教育方面给少数族群更多的优惠。它的困难并非它不具有事实的基础来预测赋予更多的性自由的后果或采取纠正歧视行动的后果——至少这不是它的唯一问题。它的更深层次的问题在于,不知道在它的组织结构的正义和公平中,这些结果是全面的进步还是进一步的失败。在这种情况下,实用主义者的真诚的建议——他的实践的、经验的警告和理论化的节制——是有价值的吗?

当我们处在第二种情形下,我们无法通过询问我们自己任何特殊的步骤是否"奏效"来回避一般性的原则。我们不能这么做,原因是除非一个人认可了——即便是尚不明确地认可了——一个界定了什么是前进的而非后退的步伐的一般性原则,否则没人知道"奏效"是什么意思。如果不决定对自由或区别对待的什么样的否定是不公正的以及为什么是不公正的,那么就无法决定急速增长的性自由或纠正歧视行动是否使一个社会更加公正。

我们可以为我们自己提供一个代用的检验。我们可以说,如果一个社会的或法律的程序减少了社会紧张,如果它们看起来能够帮助我们没有明显压力地生活在一起,那么它们就是奏效的。但是,这个策略假定,紧张的减少是社会正义中进步的表现,而相反的情况也可能是真

身披法袍的正义

实的。或许,如果我们更严厉地压制少数民族的社会的和职业的期许,像我们过去几十年做的那样,现在或将来就不会有怒火。可能有人会说,二战结束后,当吉姆·克劳法(Jim Crow)*不再奏效时,国家根据实用主义的精神将其废除。但是,几十年来的默许就是几十年的不公正,如果我们不能建构一种对平等公民身份的解释——根据事物的本性,平等公民身份必然是宪法维度中的一般性原则——我们就不能解释这是为什么。

建议宪法案件应该经由类推而非原则来裁决,这也是徒劳无益的;因为(套用康德的话)没有原则的类推是盲目的。当联邦最高法院被问及妇女是否拥有在怀孕早期堕胎的权利时,它应该采用哪种类推呢?堕胎在某种意义上类似于杀婴,在某种意义上也类似于阑尾切除手术,在某种意义上还类似于摧毁了一件艺术品。如果真有可能,这些类似中哪一种类似事实上更恰当,取决于一个大规模的系统论证:没有"一目了然"的东西摆在那里。我们可以在陈述通过原则得出的结论时运用类推,但不能将之作为得出那些结论的不同路线。

那种旧有的惯习性法律智慧——即法官决不应该尝试提出超出手头案件所要求的宪法原则,也就是说,他们不应该"伸手"去裁决并非迫在眉睫的原则问题——又怎么样呢?如果以我所建议的方式来解读宪法,即将其看作是原则的宪章,并且如果我们坚持认为,法官的责任是命名这些原则,界定它们的尺度和范围,那么我们必须建议法官拒斥这个古老的忠告吗?

并不必然如此。因为,法官经由他们深思熟虑的、从对宪法性道德的某一抽象原则的最好解释得出的意见来裁决他们面前的案件,从而履行他们忠实于宪法的责任。忠诚本身并不要求法官超出那个有限的目标来宽泛地陈述原则。但是,我们应该注意到,为了表明为什么一个原则确实适用于手头的问题而极为宽泛地陈述这个原则,通常意味着极为宽泛地

---

* 吉姆·克劳法(Jim Crow)指美国1876至1965年间制定的实施"隔离但平等"政策的州法和地方法,详细情况可参见:http://en.wikipedia.org/wiki/Jim_Crow_laws。——译者注

陈述它以便论证其他案件的裁决,而至少有的时候,法官拒绝叫人关注这个事实,这样做并没有明显的收益和明显的成本付出。例如,考虑一下罗默诉埃文斯案(Romer v. Evans),在这个 1996 年的案件中,联邦最高法院宣布科罗拉多州的宪法规定违宪,该规定禁止该州的城市及其下属部门赋予同性恋反对区别对待的公民权利。

最高法院的这个裁决甚至没有提到巴沃斯诉哈德威克案(Bowers v. Hardwick),十多年前它作出令自己蒙羞的裁决,在这个裁决中,它宣布佐治亚州规定成年人之间的同性鸡奸为一种犯罪的法律是合宪的。对于联邦最高法院拒绝明确地推翻早先的判决,许多人欢欣鼓舞,尽管事实是埃文斯案所依赖的原则明显与早先的判决不相一致。[16] 他们认为,即便同样的原则适用于这两个案件,佐治亚州的案件中的问题在技术上仍具有其独立性。

在 2003 年的劳伦斯诉得克萨斯案(Lawrence v. Texas)中,联邦最高法院推翻了巴沃斯案。或许,对法院这七年的等待已经有了一个说法。但是,当宪法权利发挥效力之时,对于那些用来为法院推迟承认他们的判决所蕴含的全部结论的做法作辩护的理由来说,存在着与之对立的一种持久的、巨大的危险。这一危险是,除非成熟的日子到来,否则大多数人都面临着不公正。宪法时间不但影响原则问题,而且影响人们如何生如何死。为之等待七年,这意味着同性恋公民被迫过一段另外的、作为二等公民的不可挽回的生活。当被动的、实用主义的德性将他们自己覆盖在法律期刊中的文章的警句和修辞上时,生活并未因此暂停。

我们作为一个民族的伟大的经验,我们国家对政治的道德性最基本的贡献,是下面三个主张所构成的一个伟大的观念。第一,民主并非仅仅是多数人的统治,而是自我统治中的一种合作。第二,合作经由一种道德的宪法而可能被建构并使之成为可能,该宪法为每个个体担保了完整的成员身份的前提条件。第三,我们的历史将我们托付给一种制度性策略,即要求法官——这些接受过法律训练的男人和女人们——执行这些对平

---

〔16〕参见我的文章《法庭上的性与死》("Sex and Death in the Courts", *New York Review of Books*, August 8, 1996, 44)。

等公民身份的担保。当然，在这项伟大的政治事业中存在诸多的风险，亦如在任何伟大的政治抱负中存在诸多风险。然而，尽管它有风险，我们还是因为我们的事业而为人羡慕，我们现在急剧地被全世界所复制，从斯特拉斯堡到开普敦，从布达佩斯到德里。当以我们为师的全世界其他民族正在获取他们的勇气时，让我们不要丧失我们的勇气。

第六章 哈特的后记与政治哲学的要义

阿基米德们

哈特的方案

哈特教授过世时,他的著作中有一份长篇评论的初稿,所针对的是我本人在法律理论方面所做的工作;显然,他有意于定稿后将其发表,作为他最著名的《法律的概念》(The Concept of Law)一书新版的后记。我不知道他对这份草稿的满意度如何;对其中的很多内容,他或许并不十分满意。但是,草稿确实作为新版《法律的概念》的后记发表了。在这章中,我要讨论这份后记中核心的且最重要的诘难(charge)。在《法律的概念》中,哈特以法律是什么和如何识别有效的法律开篇。对于此一方案,他提出两个重要的特征。首先,他认为,这一方案是一个描述性的而非道德或伦理评价性的方案:其目标是理解而非评价法律的普遍而复杂的社会实践。其次,这一方案是一个哲学的而非法律的方案。针对特殊问题,努力发现法律是什么——例如,在皮卡迪利大街(Piccadilly)列队游行是否违反了英国的法律——这是法律家的职事。但是,对一般意义上法律是什么的识别,不是一项特殊的雄心勃勃的法律作业,而是一项哲学作业,需要与那些法律家日复一日使用的方法完全不同的方法。

我对这两个主张都提出了挑战。我认为,关于如何识别有效的法律的一般理论,如哈特本人的理论,并非某种对法律实践的中立描述,而是对它的一种解释;其目的不单单是要描述它,而且是要证成(justify)它——以表明为什么实践是有价值的,以及应当如何导控实践以保护和提升该价值。[1] 如此一来,法律理论自身便立基于道德和伦理的判断及信念之上。我还认为,日常的法律争论也具有相同的特征:在处理某个复杂问题时,某一法官或者公民必须确定法律是什么,他必须解释过去的法律,以便发现什么原则能最好地为之辩护,然后在新的案件中,决定那些原则要求什么。因此,法律哲学家的法律理论,在特征上与法律家从个案中提出的日常的法律主张并无差别,当然,前者较之后者更为抽象。

在后记中,哈特坚持认为我的两个解说都是错误的:他认为,我无权否认他为他的方案所主张的独特的哲学性和描述性的特征。他认为,我自己关于法官在法律上应当如何裁决疑难案件的思考是道德性的和参与性的(engaged),因为我正在批评和评价他们的活动。但与之相反,他只是以一般性的、哲学的方式描述这些活动,从外部描述它们,不是作为法律争论的积极参与者,而是作为非参与性的(disengaged)的研究者。他说,在法理学中,两种方案有其各自的空间,它们是不同的方案。

哈特对其方法论的看法是当代许多哲学中具有代表性的看法。诸如元伦理学和法哲学这样的专业哲学领域枝繁叶茂,每一种学说都声称它只是关于社会实践的某一特殊类型或部门的哲学,但并不亲身参与其中。哲学家从外部和高处俯视道德、政治、法律、科学和艺术。他们将他们所研究的实践的初级话语(first-order discourse)——非哲学家关于什么是对或错、合法或非法、真或假、美或俗的反思和争论的话语——与他们自己关于"元"(meta)话语的二级平台(second-order platform)区分开来;在二级平台中,初级概念被界定和探讨,初级主张被澄清和安放到哲学范畴中。我称这种哲学见解为"阿基米德式的",这是一个阿基米德主义的

---

[1] 参见拙作 *Law's Empire* (Cambridge, Mass.: Harvard University Press, 1986).

黄金时代。

在这些专家哲学中,人们最熟悉的莫过于所谓的"元伦理学"(meta-ethics)。它探讨普通人在说,例如,堕胎在道德上是错误的,或者种族歧视是邪恶的,或者宁可背叛国家也不要背叛朋友的时候,所作出的"价值判断"具有的逻辑状态。一些元伦理学哲学家认为,这些价值判断要么真要么假,如果它们为真,那么它们正确地反映了某种独立于心智的道德事实(some mind-independent moral fact)。其他人反对这种看法:他们认为,价值判断不是关于独立实在(independent reality)的反映,毋宁说是对情绪和个人体验的表达,或者是对行为的劝诫,或者是与这些类似的某种主观性的东西。但两个阵营的哲学家都坚决认为,他们自己的理论——价值判断是客观真实,以及与之相对的,价值判断仅仅表达了情绪——不是他们自己的价值判断。这些哲学家坚决认为,关于价值判断的二级哲学理论是中立的、哲学的和局外的(uncommitted)。他们对堕胎、或者歧视、或者友谊、或者爱国的道德性不持任何立场。他们是概念性的或描述性的,而非实质性的和参与性的(engaged)。

在以前的作品中,我就反对元伦理学的这种见解:我认为,关于道德观念的客观性或主观性的哲学理论,只有它们自身作为非常一般或抽象的价值判断,才是可理解的。[2] 哈特对于他自己的方法的辩护阐明了一种虽有关联但又略显不同的阿基米德主义形式,这种形式的阿基米德主义在政治哲学包括法律哲学中,比在道德哲学中更为突出。关键的差别同样在话语的不同层次,在此,这个差别即是普通人对于自由、平等、民主、正义、合法和其他政治理念的实质"价值判断"这个初级层次,和政治哲学家对这些理念的中立的、哲学的分析这个二级层次间的差别。普通人——政治家与记者、市民与总统——主张这些理念的相对重要性。他们争论,合法性有时是否应当被妥协以确保公平,或者自由有时是否应当被限制以获取平等或维护共同体。与之相反,哲学家试图为合法、自由、平等、民主、正义或共同体实际是什么提出说明,也就是说,试图为普通人

---

[2] 参见我的文章"Objective and Truth: You'd Better Believe It", 25 *Phi. & Pub. Aff.*,(1996)(以下简称"Objectivity and Truth")。

正在对什么进行辩论和争吵提出说明。再一次地,依照他们的看法,哲学家的工作在争论的漩涡中处于中立状态。自由和平等是什么,它们之间为什么不可避免是冲突的,这是一个描述性的或概念性的问题;任何回答这些二级问题的哲学理论,对以下问题都是中立的:这些价值中哪些更重要、哪些应该被优先选择,在哪种环境下哪些应该被牺牲掉。

这种版本的阿基米德主义也是错误的。我在这里将论证,对平等、自由、法律等概念的界定或分析,与任何牵涉这些理念的政治斗争中相互竞争的观点一样,是实质性的、规范性的和参与性的。哈特试图就法律哲学中的核心问题提出一种纯粹描述性的解决方案,这一抱负实乃一种错误的想法,许多重要的政治哲学家的类似抱负也是如此。

索伦森案

我必须更为详尽地描述阿基米德主义的哈特版本,找一个我们眼前的复杂的法律问题作为例证对实现这个意图大有裨益。[3] 索伦森女士患有风湿性关节炎,多年来一直服用一种常规药品——inventum——来缓解疼痛。那段时期,inventum 被 11 个不同的制药公司以不同的商标生产和销售。事实上,这种药有着严重的、未被披露的副作用,而厂家对此应该心知肚明。索伦森女士因服用此药而遭受永久的心脏损伤。她不能证明自己实际服用了哪个厂家的药丸,或何时服用了哪个厂家的药丸,当然,她也不能证明哪个厂家的药丸实际损害了她。她将所有生产 inventum 的医药公司一起告上法庭,她的律师认为,每个厂家要按照索伦森治疗期间该厂此种药品的市场占有率对她承担责任。医药公司答辩认为,原告的请求太过新奇,与长久以来确立的侵权法的前提相抵牾,此前提即:未被证明伤害是其所为,任何人不对之承担责任。他们认为,既然索伦森女士不能证明任何一个具体的被告损害了她,甚或生产了她所服用的 inventum,那么她便不能从任何被告处获得赔偿。

---

〔3〕 我的例子是虚构的。真实的案件涉及按市场份额分担的责任(market-share liability),例如参见 Sindell v. Abbott Labs. , 607 P. 2d 924, 935-938(1980),以及其中引证的案件。

第六章 哈特的后记与政治哲学的要义

律师和法官应当如何决定哪一方——索伦森女士或医药公司——对"法律实际上规定了什么"所作的陈述是正确的？如我早先所言，我认为他们应该努力识别支撑和证成既定的（settled）产品责任法的一般性原则，然后将那些原则适用到这个案件中。他们可能发现，如医药公司所言，这个原则——即如果无法证明损害是由某人，以及他要代为承担责任的任何其他人所造成的，则此人不承担责任——牢固地蕴涵在先例中，因此，索伦森的起诉必须被驳回，不能获得赔偿。或者与之相反，他们可能发现，对相反的原则——例如，从企业获益的人必须同时承担企业的成本（cost）——深思熟虑的证明，可能证成全新的按照市场份额赔偿的方法（market-share remedy）。[4] 因此，就我赞成的观点而言，索伦森女士可能，但并不必然，获得法律上最好的结果。一切都依赖于对这个疑难问题的最佳回答，即哪组原则总体上为这个领域的法律提供了最佳辩护。

哈特对类似索伦森案的案件的反应全然不同。他在我提到的后记中将其反应总结成这样一些话：

> 根据我的理论，法律的存在和内容可以通过参考法律的社会渊源（例如立法、司法裁决和社会习俗）来识别，而无需参考道德，除非被识别的法律自身包容了（incorporated）识别法律的道德标准。[5]

（我将把这种观点——关于在像索伦森案这样的疑难案件中如何识别法律的这种观点——称作哈特的"渊源命题"[sources thesis]。）因此，对于下述问题，哈特和我意见相左：为了识别特殊案件中的法律，律师和法官在多大程度上以及以何种方式必须作出他们自己的"价值判断"。在我看来，法律争论是典型的、全然的道德争论。律师必须决定哪一组竞争的原则在总体上为法律实践提供了最佳的，道德上最有说服力的辩护。另一方面，根据哈特的渊源命题，只有当社会渊源使道德标准成为法律的一部分时，实质性的法律争论才是规范性的。立法和过去的司法裁决没

---

[4] 参见 Ira S Bushey & Sons Inc. v United States 398 F 2nd 167 (1968).

[5] H. L. A. Hart, *The Concept of Law* (Oxford: Oxford University Press, 1994), 269. (这段话在哈特后期思想中颇为关键，不少人认为这表明哈特最后选择了以科尔曼为代表的包容性实证主义，而 incorporation 恰恰是此一实证主义之关键词。——译者注)

有使索伦森女士的案件与道德相关,因此,根据哈特的看法,对于她在法律上是否有权利提出他的主张这个问题,根本无涉道德判断或商议。他可能会说,从法律上讲,她必败无疑。

既然哈特和我对相同问题——如何决定索伦森女士在法律上是否有正当的主张——持相反的意见,那么他如下的主张便很难信服,即我们实际上并无分歧,或者我们并未试图回答相同的问题。但问题仍然存在,那就是我们共享的方案又该如何来加以刻画。* 哈特在后记中宣称,他的解释"是描述性的,因为它并不寻求在道德或其他基础上证明或评价在我对法律的一般性解释中出现的形式和结构"〔6〕他说,关于法律如何被识别,我可能令人信服地是正确的,而他是错误的。在所有疑难案件中,律师和法官必须作出价值判断以发现法律,在这一点上,我或许是正确的。但他坚持认为,假设我在这点上是正确的,那也仅仅是因为我对初级法律实践的说明——作为对该实践的一种二级描述——比他的要更好。这样看来,我们的分歧不仅关乎法律如何被识别,而且关乎对这个问题的一般性回答是一种什么性质的理论。他深信,这样一种理论只能是并且纯粹是对法律实践的描述(a description of legal practice)。但我深信,这样一种理论是对法律实践的解释(an interpretation of legal practice),此种实践提出道德和伦理主张,同时也以道德和伦理主张为基础。

然而,我们在一个方面意见是一致的。我们都认为,如果我们着手研究法律的概念,而非某种特殊呈现的法律,如苏格兰的产品责任法,我们将更好地理解法律实践和现象。然而,虽然是出于不同的原因,但我们各自对这一概念研究的本质和恰当方法的不同主张却可能都被认为是不易理解的。概念性的研究通常与经验性的研究相对,哈特是如何认为他的概念性研究是"描述性的"?他头脑中的描述性是什么意义上的"描述性"?概念性研究通常也与评价性研究相对,我是如何认为一项研究既是概念性的又是评价性的?在何种方式上可以说,法律应当是什么有助于

---

* 此处所谓"共享的方案",似乎是德沃金接哈特所谓的他们实际上没有分歧这个说法而说的。而实际上,德沃金接下来要说明的是两人之间的分歧所在。——译者注

〔6〕 Ibid., 240.

第六章 哈特的后记与政治哲学的要义

我们在法律的真实本质上理解法律实际上是什么？这些非常重要的问题为转向下面几页篇幅的主题提供了理由。

政治性概念

政治哲学家建构核心政治性概念*，如正义、自由、平等、民主等的定义或分析。例如，约翰·斯图亚特·密尔（John Stuart Mill）和以赛亚·伯林（Isaiah Berlin）都将自由（粗略地）定义为免于他人约束或强制而做你想做之事的能力，这个定义在其他政治哲学家中广为流传。依据这种解释，限制暴力犯罪的法律是对每个人自由的侵犯。几乎所有接受此种主张的哲学家迅速补充说，虽然这些法律侵犯了自由，但它们是可以得到充分合理论证的——他们坚信，自由有时必须屈尊于其他价值。这个进一步的判断是一个价值判断：它偏袒自由和安全的相对重要性，而一些绝对的自由论者可能实际上反对这个判断。以赛亚·伯林坚信，依照反对暴力的法律确实危及自由这种看法，定义本身不是一个价值判断：它不是对自由的重要性的认可、或批判、或限制，它仅仅是对恰当地理解的自由实际上是什么的政治上中立的陈述。一些非常重要的结论是从那个假定中立的陈述中得出的，尤其是：自由和平等这两种政治美德在实践中不可避免地发生冲突。以赛亚·伯林认为，当他们冲突时，在其中作出选择是一个人们见仁见智的价值问题。但是，对他来说，它们必然会冲突，因此这样的选择是必须的，这一点本身不是一个道德或政治判断问题，而是某种类型的概念性事实。

以赛亚·伯林因此是一个关于政治哲学的阿基米德主义者：他认为，对自由实际上意味着什么的分析方案，必须以一种概念性分析的方式来从事，这种概念性分析不涉及规范性判断、假定或推理。其他哲学家坚信，在其他方面的因素之外，自由还是金钱的函数，因此，对财富征税减损了他们的自由。他们认为，尽管征税对自由有影响，但对于征税在原则上

---

* 下文中会交替出现 concept 和 conception，我把 concept 译为"概念"，把 conception 译为"观念"，conception 是围绕 concept 形成的一组学说和理论。——译者注

是否得到合理论证这个问题,这个定义对其保持完全开放的态度。它既会认可征税是邪恶的这个价值判断,但也会认可相反的价值判断,即如同对犯罪实施暴力一样,征税是合理论证的对自由的折损。其他的政治哲学家以类似的方式处理其他的政治价值。例如,一个颇为流行的观点认为,民主意味着多数人的统治。对于这样的问题,如民主是好还是坏,是否应该通过对多数人统治的限制——例如,司法审查所保证的反抗多数人统治的宪法上的个人权利体系——来弥合民主,那个定义未置可否,没有作出实质性的裁决和论断。根据阿基米德们的观点,后面这些问题是实质性的和规范性的,而开始的问题,即民主是什么,则是概念性的和描述性的。这些关于自由和民主的各种解释之所以是阿基米德式的,是因为,虽然它们是关于规范性社会实践——关于自由和民主之争论的日常政治实践的理论,它们却声称自己不是规范性理论。他们宁愿声称自己是哲学性的或概念性的理论,仅仅是对社会实践的描述,在构成此种实践的争论中保持中立。

然而,两个相互关联的难题使得该主张陷入尴尬境地。首先,日常政治争论通常包含着对哲学家研究的概念性问题——它不仅仅作为通往实质性争论的一个中立的引子(threshold),而且作为那些冲突中的一个核心因素——的争论。其次,"描述性"这个词是模糊不清的——社会实践可以以太多的方式和维度进行"描述"。因此,为了使他们的观点站得住脚,阿基米德们必须选择"描述"得更加精确的意义。但是,他们对此无能为力:翻来覆去地掂量,"描述"的每一种意义显然都不可适用。我们必须依次审视这些独立的致命伤。

关于概念的争论

哲学家的争论往往也是政治性的争论。现在正好有一个活生生的争论,不仅发生在美国,而且遍及全球,即司法审查是否与民主相冲突。参与此争论的法律家和政治家并不简单地认定民主就意味着多数人统治,因而司法审查严格地讲是不民主的,有待决定的唯一问题是司法审查是否仍然公正。相反,法律家和政治家争论的是,民主事实上是什么;一些人认为,司法审查与民主并不冲突,因为民主并不意味着多数人的统治,恰恰相反,多数人统治屈从于使多数人的统治是公平的那些条件。[7] 大多数反对司法审查的人拒绝这个较为复杂的民主定义,而是坚持认为,民主就意味着多数人的统治,或者有限的多数人统治——仅仅被一些有限的程序性权利,包括言论自由权利所限制,而不是被如今在国内宪法和国际宪章中得到典型保护的一整套权利所限制。为税收辩护的政治家并不承认税收侵犯了自由。相反,他们坚持认为税收在本质上对自由毫无影响。一些政治家和言论家确实声称,我也认为,税收是可能背离自由的(cheat on liberty),但至少在美国,有此看法的这些人都是那些憎恨税收而希望取消税收的人。如果民主或自由的定义果真是一个中立的引子问题(neutral-threshold-issue),对实质性的争论和决定毫无暗示,那么为什么政治家和公民还浪费时间争论它呢?为什么常识未能使民众对这个概念的标准定义达成共识——例如,民主意味着多数人的统治,由此他们可以节约精力来应对真正的实质问题,例如民主有时是否应该为其他价值而妥协?可能有人会说,民众被那些看上去自然而然地支持他们自己的实质性见解的定义所吸引。但是,这样的回答无法回应这样的反驳:如果定义果真是中性的,为什么某一特定的定义被认为在论辩中处于更有利的地位呢?

阿基米德们的那套说法,忽略了政治性概念在政治争论中实际发挥作用的方式。它们是共识的抽象平台(abstract plateaus of agreement)。几乎每一个人都承认,争论中的价值至少具有一些重要性,也可能具有非常大的重要性;但是,这个共识却使关于这些价值更精确而言是什么或意味着什么这个至关重要的实质性问题悬而未决。在所有政治概念中最抽象的概念,即"正义"这个概念中,我们可以鲜明地看到这一点。关于正义的重要性,人们并没有多大的分歧;通常,对于一个不公正的政治决定,它是决定性的反对理由。关于正义的争辩(disputes),几乎总是采取关于

---

[7] 参见我的《自由的法:对美国宪法的道德解读》(Freedom' Law: The Moral Reading of the American Constitution, Cambridge, Mass.: Harvard University Press, 1996),特别是导论部分。

正义是什么,而不是关于它有多重要或在何种情况下必须为了其他价值而作出牺牲的论证(argument)的形式。我们可以说,这个问题才是问题的核心所在。因此,将一个关于这一概念的哲学理论处理成阿基米德式的,是非常令人难以置信的:就是说,认为一个关于正义本质的有教益(informative)的理论,可以在实质性政治争论中的许多观点之间保持中立,这是令人难以置信的。的确,对正义持怀疑论态度的哲学家——他们认为,正义仅在认其为正义之人(beholder)的眼中看来才是正义,或者正义主张仅仅是感情的喷发——经常假定,他们自己的理论是中立性的。但是,若发现有下面这样一位哲学家,那肯定是极其令人不可思议的:他为某种积极的(positive)正义观念——例如,政治正义存在于使共同体财富最大化的种种安排之中——进行辩护,但却认为他的理论本身并不是一种规范性的理论。正义哲学家们明白,他们是有所偏袒的:他们的理论与政治家、社评家和公民关于正义与不正义的主张同样是规范性的。自由、平等和民主的更强的政治性概念(thicker political concepts)在政治论辩中扮演相同的角色,关于这些概念的本质的理论也是规范性的。我们承认民主很重要,但在民主的哪一个概念最好地表达和解释了其重要性这个问题上却无法取得一致。对司法审查是否与民主相冲突这一点有所争议的人是不会接受下面这种观点的,即恰当地理解的民主事实上是什么这个问题,是一个通过研究大多数人如何使用"民主"这个词而解决的描述性问题。他们明白,他们的争论是深层次的,本质上是一种实质性争论。[8]

我要重点强调我现在为之辩护的立场与几个哲学家的那个更为常见的观点之间的差别,该种观点是:主要的政治概念是描述性与规范性相"混合"的概念。根据这个常见的观点,民主、自由及其他政治概念既有情感性的成分也有描述性的成分,哲学家可以将它们彼此分开。情感的含义(emotive meaning)是一个社会实践和预期问题:在我们的政治文化

---

〔8〕某人可能指着他认为的明显的例子,比如中国,说:"你不能称其为民主,是吧?"但这是一个策略性的举动,回答说"不,我能,大多数人都能〔将之称为民主〕",那将是令人失望的。但这本身,即便答案是真实的,也不构成一个反驳。

第六章 哈特的后记与政治哲学的要义

中,宣称某种实践是不民主的,这总是不可避免地意味着并且被看作是一种批评,不理解这一点的外来陌生人会察觉不到关于这个概念的至关重要的东西。但是,根据这种观点,民主仍然具有完全可加以分离的描述性和中立性的意义:它意味着(根据一种解说)根据多数人的意志进行的统治。而且,尽管会引起一些诧异之情,但在某人的如下说法中,却并没有什么矛盾之处:美国是一个民主的国家,而这实在是糟糕得很。根据这种观点,那些坚持认为他们关于核心政治价值的理论在政治上是中立的阿基米德式政治哲学家们没有错。他们当然意识到了这些概念承载的政治力量或训诫(charge),但是他们在呈现这些概念中潜在的、自身中立的、描述性的含义时,对这些训诫则不予置评。

我认为,真相有别于此。在通常的思考和言说中,自由、民主等概念是作为价值的解释性概念而发挥作用的:它们的描述性意义是有竞争的,而该种竞争取决于对描述性意义的哪种说明最好地捕获或领悟了那个价值。描述性的含义不能从评价性力量中剥离,因为在上述方式中,前者依赖于后者。当然,哲学家或公民可能会坚持认为,民主或自由或平等或合法性中根本不存在任何价值。但是,他不能仅仅从众多相互竞争的关于自由的解说中选择一个,然后认为按照这个解说,自由没有价值。他必须主张,自由并不是简单地根据某种观念而无价值的,它是根据某一得到最佳辩护的观念而没有价值的,这是一项更为雄心勃勃的事业(undertaking)——它并不将描述性的和评价性的含义分开,而是利用两者之间的相互联系。

何种方式上的描述性

如果我们问,在"描述性"的何种意义上,所假定的识别政治价值的第二层次的哲学方案是一个描述性的而非规范性的方案,那么我提到的第二个困难就变得瞩目了。该种假定的方案,是否是这样一种语义学的分析,即它旨在揭示普通人在把某些事情描述为对自由的侵犯,或是不平等的,或不民主的或不合法的时候所实际使用的,尽管可能是全然无意识地使用的标准? 或者,它是一个旨在揭示人们以如此方式所描述的东西的

身披法袍的正义

真正本质的结构性方案,某种类似于根据老虎的遗传结构,或者在金子的原子结构中识别其真实性质的科学方案的东西？或者,它是要追求某种令人印象深刻的统计学概括——或许是这样一个雄心勃勃的概括,它依赖于对有关人类本性或行为的某种规律的发现,而这一规律使得人们都将同一行为斥为非自由的;或许是一个并非雄心勃勃的概括,它仅仅宣称,作为一个事实问题,大多数人将一种特殊类型的政治决定看作是非自由的——吗？

我们应当从这个各种可能性的简单目录开始我们的探讨。语义学建议假设了一种事实背景(factual background)。它假定,在我们的语言中,"自由"、"民主"以及其他政治概念的名称的用法被共享的标准所支配,这个标准决定着一个用法正确与否,或者是否处于对错之间的地带中。这些标准是什么,起初可能并不是显然易见的——事实上,如果说哲学事业是值得从事的,那它*也不会是显而易见的。但是,细心的关注,加上关于"特殊环境下说些什么看上去是正确的"思想经验,将使这些隐藏的标准浮出水面。在一些情况下,这些语义学假设看似有些道理:例如,当我们在研究人造物品的概念时,如果我把一页印有字迹的纸视为一本书,我将大错特错,因为有针对书的概念运用的共享标准,它们将单独一页纸排除在外。我对"书"这个词的使用,其正确与否,取决于这个词通常如何被使用,如果我说单独一页纸的文本是一本出色的书,那么我就说错了。

我想,一些哲学家犯了这样的错误,即假定所有的概念在这种方式上都被共享的标准所支配,或者至少毫无批判地假定他们所研究的概念是如此被支配的。[9] 但是,许多概念,包括绝大多数对政治哲学家非常重要的概念,显然不是这样的。共享标准这一背景——回到我们最简单的例子中——对正义的概念就没有什么效用。我们固然可以设想,一些关于正义或非正义的主张似乎是被语义学的基础所排除的。要是我认为并

---

* 指"这些标准是什么"。——译者注

[9] 参见我在《法律帝国》中关于"语义学之刺"讨论。

第六章 哈特的后记与政治哲学的要义

且真的想表示,七是素数中最不公正的,那么我将犯概念上的错误。[10]但是我们不能想象有关正义的,即使是具有最轻微的重要性的或有争议的正义主张,能够以这样的方式被排除在外。

如我们已经看到的,对于平等、自由、民主、爱国主义、社群等相对更具体的(thicker)*概念,情况同样如此。再一次,我们可以构想涉及这些概念的语言学的错误可笑的例子:例如这种主张,即当一个国家年降雨量增加时,它自动地变得缺少民主。但是,不管怎样,不存在权威的用法标准,据其可以确定司法审查是否危及民主,或所有的刑事法是否侵犯人们的自由,或税收是否折损自由。也没有人认为标准的用法能够解决这些争论。司法审查是否与民主相冲突并不依赖于大多数人想什么,或大多数人如何言说;人们对民主、自由和平等有着真正的分歧,且不说每个人所使用的这些政治价值的观念多少是不同的。事实上,当人们对民主、自由或平等事实上是什么意见不一时,他们的政治分歧是特别深的。

因此,我们应该转向我们目录中的第二种可能性。我们的一些概念不是被我刚才描述的关于共享标准的背景假设所支配,而是被一组完全不同的背景假设所支配:概念的真正属性是由有关所讨论的对象的某种特定的事实类型所确定的,这些事实有可能是某些流传甚广的错误思想的对象。哲学家所谓的"自然类型"(natural kinds)提供了一个清晰的例子。人们用"老虎"这个词来描述一种动物。但是,动物学家可能会发现,通过恰当的遗传分析,人们所谓的老虎中,只有一部分真正是老虎;其中的一些可能是不同的动物,有着颇为不同的遗传基因结构,但它们看上去确实像老虎。这样,通过鉴别老虎的特殊的DNA,科学家可以提高我们对老虎的性质和本质的理解。对其他的自然类型,例如金子,我们同样可以作如是说。就人们——可能是众口一词——所称谓的金子而言,他们可能完全是错误的。一个复杂的化学分析可能表明,多数人现在所谓的金子中的一部分甚至全部,事实上根本不是金子,而只是傻瓜的金子(the

---

[10] 我并不想沿着这条路线而排除诗意的主张:如果四月是最残酷的月份,那么在一个恰当的语境下可以说七是最不公正的数字。

* 与上文认为"正义"乃是最抽象的概念相对。也可以说,最抽象的即最稀薄的,与之相对,更具体的即更厚实的。——译者注

gold of fools）。

　　民主、自由、平等以及其他政治概念也如上所述吗？这些概念描述了即使不是自然类型但至少也是政治类型——像自然类型一样，它们可以被认为具有基本的牢固的物理结构或本质，或至少具有可以被某种完全科学的、描述性的、非规范性的程序所发现的一些结构？哲学家能否寄希望于通过类似DNA或化学分析的方法，来发现平等或合法性（legality）事实上是什么？根本不能。那是胡说八道。我们可以假设如下观点，即我们可以将所有过去和现在的对政治权力的安排——我们认为是民主的安排——汇辑成一个清单，然后问，所有这些例子共有的哪些特征是它们作为民主所需的基本考量，哪些只是偶然的或可有可无的。但是，这种对我们问题的伪科学重构（pseudo-scientific recasting）对我们毫无帮助，因为，我们仍需说明，是什么使得社会或政治安排的某一个特征成为它作为民主社会之品性的根本要素；而其他特征仅仅是偶然的，一旦我们拒绝这样的观点，即对"民主"这个词的含义的反思将提供这样的区分，那么就没有其他任何东西可以提供这样的区分了。

　　不只对于政治概念，而且对于所有不同种类的社会安排或制度的概念，这都是千真万确的。假设一个工作小组被集合起来汇辑一个跨越几个世纪的不同种类的某一法律和社会安排的长长的清单，假设无论是何种情形，现在我们都将它们称作婚姻，尽管它们在制度上和其他方面有很大的不同。假设我们发现，在每种情况下，在我们大而长的清单中包含某些可以确定其年代的仪式，无论何种情况下，这些仪式都不会用来使两个同性别的人结合在一起。现在，问题出现了：首先设想一下，普通法上的结婚是否是真的结婚；或者，作为一个概念性问题，同性恋能否结婚。假定这些关于结婚的真正本质的问题，可以通过盯住我们汇辑的无论多长的清单来解决，那难道不愚蠢吗？

　　因此，政治概念的哲学分析，不能被呈现为科学对自然类型进行研究的那种方式的描述性。自由没有DNA。现在转向我们清单中的第三种可能。我们现在假定，在一个更加非正式的意义上，阿基米德们的政治哲学是科学的。它仅仅盯着历史的概括，因此，正像我们可以说，作为事实问题,同性结婚在过去的任何地方都没有被承认过一样,如果我们的证据支持这种看法,我们也可以说,人们过去已经认为司法审查与民主相矛盾了。但是,这看起来不仅比政治哲学家所作的概念主张(conceptual claim)弱,而且可以说,它太弱了,以至于它都不足以将政治哲学从社会历史或政治人类学中区分出来。以赛亚·伯林认为,自由和平等不仅经常被认为是冲突的,而且它们在本质上确实是冲突的。但是他的这一雄心勃勃的主张要想得到支持,仅仅指出(即便这是正确的)几乎没有人曾经对此提出过质疑是远远不够的。我们的确可以通过尝试在生物的、文化的、经济的规律或理论中解释它们,来强化这些社会学概括的影响,但这毫无裨益。它没有为"结婚在其性质或本质上仅限于异性的夫妇"这个命题提供有效的论据,使其足以认为,存在很好的达尔文主义的或经济学上的解释,来说明为什么同性结婚在任何地方都遭受了拒绝。

概念性的和规范性的

正如在律师关于索伦森女士是否应该赢得她的案件的论述,和哲学家关于法律是什么的论述之间明显存在某些差别一样,政治家对自由、民主或平等的诉求和哲学家对这些观念的概念研究之间,同样也明显地存在着某些不同。如果我们不可以通过假定哲学家的事业是描述性的、中立性的和非参与性的,而将两者区分开来的话,那么我们如何识别两者之间的差别呢?我们能说哲学家的参与(engagement)在某种方式上是概念性的而政治家的则不是吗?一个规范性的论题如何也是概念性的呢?如果它可以是,为什么政治家的争论不是概念性的呢?

让我们暂且回到关于自然类型所作的论述;实际上,在自然类型和政治概念之间有着颇具启发的相似性,这点我在上面的论述中未作置评。自然类型有以下重要特性。它们是实在的(real):它们的存在和特征不依赖于任何人的发明、信仰和决定。它们有深层结构——它们的遗传谱系或分子特征——这种结构解释了它们的其他特征,包括表面特征。我们通过表面特征识别它们,无论我们是否意识到那个深层结构。例如,我们认识水,部分原因是它在室温下是透明、液态的,水的深层结构——它的分子组成——解释了为什么它具有这样的特征。政治和其他价值在所有这些方面类似于自然类型。首先,政治价值也是实在的(real):作为一种价值的自由,其存在和特征不依赖于任何人的发现、信仰和决定。我知道,这是一个有争议的主张,许多哲学家对此持有异议。但是我将假定它是真实的。[11] 其次,政治价值有深层的结构,它解释了它们的具体特征。如果说累进税是不公正的,那么它的不公正是由于它缺少公正制度所具有的某种更一般、更基础的属性。这也是一个有争议的主张:它将被"直觉主义者"否认,他们认为,具体的道德事实仅仅在它们自身以及是它们自身便是真实的,在他们看来,这就如同它们之被领会为是真实的一样。但是,我们将再一次假定它是真实的。

当然,在我们已经注意到的这些相似性之后,就是我重点强调的自然类型和政治价值之间的不同。自然类型的深层结构是物理的,政治价值的深层结构不是物理的,而是规范的。但是,正如科学家能够试图——作为一种独特的方案——通过展示这些实体的基本物理结构来揭示老虎或金子的真正本质,政治哲学家也可以试图通过展露自由的规范内核来揭示自由的真正本质。在每种情况下,如果我们愿意,我们都能将这项事业描述为概念性的。物理学家帮助我们察看水的本质,哲学家帮助我们察看自由的本质。这些如此宏大叙事的方案和那些颇为普通的具体方案之间的不同——例如,在发现水的本质和发现水结冰的温度之间,或者在识别自由的本质和决定税收是否折损自由之间——最终仅仅是一个程度的问题。但抱负更大的研究所具有的全面性和基础性特征——它自我设定的目标是通过解析说明的方式发现基础性的东西——为给它保留概念性这个名称提供了正当理由。我们不能合理地宣称,对价值的哲学分析是概念性的、中立性的和非参与性的。但我们能合理地主张,它是规范性的、参与性的和概念性的。

什么是关于它的善?(一)

如我所说,关于某一政治价值的概念性主张,其目标在于展示蕴涵于

---

〔11〕 参见"Objectivity and Truth".

其中的价值:它试图通过解说,为它的价值——与金属的分子结构具有同等的基础性——提供某种说明。因此,关于正义的一般理论试图在一个适当的基础性层面上把握到正义的价值:按照我们的说法,它会以其最佳的理解来呈现正义。但是,我们如何在不陷入循环论证的情况下从事这项工作呢?它不会像我们试图解释红(red)的颜色却不参照红色(redness)那样吗?我们可以说正义是不可缺少的,因为只有正义可以避免不正义,或者民主是有价值的;因为它使人们自我管理,或者自由(liberty)是有价值的;因为它使人们自由(free),或者平等是善的;因为它同等重要地对待人们。但是,这些看法毫无助益,因为它们使用了它们意图对之加以说明的观念。我们怎么才能希望做得比这更好?我们可以尝试一种工具性的论证(instrumental justification)——例如,正义是善的,因为不正义使人们痛苦;或者民主是善的,因为它一般而言促进繁荣。但是,这些工具性的主张没有回答:我们想知道,什么是关于正义和民主所独有的善,而不是它们提供的其他什么种类的善。我此前曾提到的关于政治价值的一种"混合"(mixed)的说明想要避免这个困难:它允许哲学家承认民主的含义的"价值"部分,将其作为一种原始的(brute)事实,然后全神贯注于揭开纯粹"描述性"的部分。但是,如我所说的,它在那两个方面均会无功而返:如果我们想理解自由或民主或法律或正义事实上是什么,我们必须面对如何识别一项价值的价值这个难题。我们只能希望通过在一个更大的信念之网(web of conviction)中确定价值的位置来处理这个问题——我将会论述这一点。然而,在没有引入其他重要差别之前我还不能开始我的论述。

分离的价值和一体的价值

我们希望更好地理解正义、民主和自由是什么,因为我们认为,如果我们理解和赞同它们,我们都能生活得更好。关于理解一种价值(understanding a value)和因此生活得更好(living better in consequence)之间的联系,我们可以采取两种观点。首先,我们可以把价值看作是与我们对生活得好(live well)的关注相分离的、独立存在的:我们必须尊重它,仅仅因为它自身是某种价值,如果我们不承认它,我们便做错了或做得不好。或者其次,我们可以将价值看作是与我们对生活得好的兴趣结成一体的:我们可能假定它是一种价值,有它所具有的那些特征,因为接受它作为一种具有那些特征的价值,能以某种其他的方式提升我们的生活。

传统的宗教对他们信仰的核心价值采取第一种看法:他们将这些价值看作是分离的。他们坚持认为,生活得好要求信仰一个或更多的神,但他们否认这些神的本质或它们作为神的身份,是以某种方式从如下事实得来的:即好的生活存在于对它们的尊敬中,或者说我们可以通过更加明确地追问下述问题而提高我们对它们本质的理解——为了使得对它们的尊重能够成为对我们是好的或更好的,它们应当如何存在?我们对科学知识的重要性也持相同的看法。我们认为,理解宇宙的基本结构将使我们的生活变得更好,但我们并不认为——除非我们是拙劣的实用主义者或我们发疯了——宇宙的结构依赖于它以任何方式给我带来的好处。我们可能说,我们对物理世界而言,不过是附加物(add-ons),当我们来到这个世界时,它已经独立地具有了它现在所具有的基本物理结构。因此,虽然在我们的科学活动中,我们的实践兴趣是推动者(prods)和导火索(signals)——它们帮助我们决定该研究什么,以及何时在某种主张和论证的基础上得出结论——但它们对结论的真实性和论证的准确性毫无贡献。

许多人对艺术的价值也采取相同的看法。他们说,我们是艺术价值世界的附加物,我们负责发现艺术中什么是奇妙美好的,并且尊重其奇妙美好之处;但我们必须小心翼翼不要犯这样的错误,即认为某物之所以是美的,是因为欣赏它将使我们的生活更好,或者认为如果我们以欣赏艺术的方式来鉴别和分析它的美,它将会给我们带来额外的好处。G. E. 摩尔(G. E. Moore)坚定地认为,艺术的价值是分离的。他说,即使所有欣赏艺术的人都死亡且不再重生,艺术仍将保留它的全部价值。然而,我们不需扯那么远来假设艺术的价值是分离的,也无需假定艺术的价值依赖于它实际具有的影响;或者这种影响对任何人而言所具有的独立价值,我们可以说,如果一幅绘画对任何感受力来说都没有意义或影响,那么它就没

第六章 哈特的后记与政治哲学的要义

有价值。

另一方面,将构成值得称道之人生的个人美德和成就,看作仅仅具有分离的价值是完全不可思议的。保持幽默或兴趣仅仅因为它们对享受我们自己的和他人的生活的贡献,才是值得培养和欣赏的美德。较为复杂的美德,例如感受力和想象力,其贡献较难识别,不过下面这种看法也一样是不可思议的,即我们能够在认为它们根本没有做出任何独立贡献的情况下,还能承认它们是美德。大多数人珍爱友谊:他们认为与其他人没有紧密联系的生命是枯竭无意义的。但是,我并不认为友谊就像行星一样是什么就是什么,它与惬意的生活的唯一联系是,惬意的生活是一种承认它的生活,无论它表现为什么。当然,我的意思并不是说,像实现目标过程中的合作一样,诸如友谊这样的关系仅仅因为它们带给朋友的有限的利益而具有价值。但是,它们的价值并不是独立于它们在其他方面提升生活的方式的;我们对这些方式究竟是哪些方式可能持有不同意见——友谊是一个解释性的概念〔12〕——但是,没有人认为,如果友谊被证明它除了使他们成为朋友外,对朋友的生活没有任何助益的话,友谊还能够继续是某种具有重要性的东西。

虽然认为个人的品质或成就仅仅具有分离的价值是不可思议的,但是,如上述这些例子所表现出的,要找出一种将美德或成就的价值置于一种关于好生活的更加综合的观念中的方式是困难的。例如,我们将正直、风度、独立、负责、谦虚、谦逊和感受力看作是美德,将友谊、理论知识和自尊看作是重要的成就。一些有魄力的社会达尔文主义者某天可能向人展示,在古老的南美大草原上,这些特征和抱负具有生存上的价值(survival value)。但是,那并不是它们出现在我们面前的方式:我们认为感受力或个人的正直或达到对当前科学的某种理解很重要,并非因为如果一个共同体的公民不将它们作为一种美德或目标,那么这个共同体将更加衰败或因此面临更危险的遭受敌人入侵的局面。我们将这些美德看作是有吸引力的、完全成功的生活的诸个面相或组成部分,而非通向此种生活的工

158

---

〔12〕 参见 *Law's Empire*.

具性手段。

　　将我们已经讨论过的政治价值,如正义、自由、合法性和民主,看作是分离的价值几乎没有任何意义。正义不是上帝或偶像:如果我们珍视它,那是出于它对我们作为个体或整体所过的生活所具有的重要性。事实上,阿基米德传统有时似乎假定:例如像伟大的艺术一样,自由就是其所是(liberty just is what it is),虽然我们在决定自由有多么重要时或许必须参考我们自己的需求和兴趣,但这些需求和兴趣在决定自由是什么时并不相关。或者,民主、平等或合法性事实上意味着什么,也与此类似。只有这个假定能够对以赛亚·伯林颇为自信地宣称的东西,例如,自由和平等,恰恰在它们的本质上,是相互冲突的价值,或对其他哲学家的主张,即恰当地理解的自由被公平的税收所折损,作出说明。然而,重要的政治价值——有时几乎每一个人必须作出牺牲而加以保护的价值——仅仅具有分离的价值,这看起来完全违反直觉;而且就我所知,还没有哪个政治上的阿基米德主义者实际上作出这样的主张。

什么是关于它的善?(二)

　　那个明显不可反驳的事实——政治价值是结成整体的而非分离的——使我们径直返回到我们早先遇到的困难。在不陷入循环论证的情况下,我们如何对这些价值的善作出说明?这个要求在分离的价值的情况下没有在结成整体的价值的情况下那么紧迫(threatening)。我们很可能认为,即便是设想一下为什么,比如说,伟大的艺术是有价值的这个问题能够不陷入循环论证而得到回答,那也是种精神错乱。如果艺术的价值存在于它自身的分离的价值中,那么要求从其他方面对该种价值作出说明,就会像要求用其他术语来对红这种颜色作出描述一样离奇古怪。当然,我们可以质疑艺术是否真的具有价值。但是,我们并不能合理地主张——没有证据证明——在某种非循环的方式上详细说明此价值是不可能的。然而,在结成整体的价值的情况下,我们不能如此简单地处理这个困难,因为我们不但假定,一种结成整体的价值的存在依赖于它对其他种类的、可以独立列举的价值——如人们可以追求的生活之幸福——所做的某些贡献;而且假定,对一种结成整体的价值的更加精确的描述——例如,对自由实际上是什么的更加精确的说明——依赖于对此种贡献的识别。设想一个关于美德的讨论:例如,谦虚。我们问谦虚究竟是不是一种美德,如果是,那么这种美德和自暴自弃(self-abnegation)这一缺点之间的界限是什么? 在那个反思的过程中,我们完全可以合理地预期某种关于谦虚的益处的解说,而如果除了"谦虚即是它自身的报偿"这一点之外,没有其他的解说可以提供的话,那么这个事实将成为美德主张的致命一击。

因此,我们不可避免的问题是,包括政治价值在内的整体的价值如何被识别;现在我们必须正视这个问题。一些结成整体的价值,如魅力,可能被认为完全是工具性的。但是,更加令人注目的价值,如友谊、谦虚和政治价值,在任何明显的方式上都不是工具性的。我们不会仅仅因为友谊可能带来的有限的好处而珍视它,或因为民主对商业的好处而珍视它。如果我们能在一个分等级的结构中安排这些各式各样的价值,我们或许能够通过展示等级序列中较低者如何促成或提高较高者来说明较低者的贡献。例如,我们或许能够显示谦虚是一种美德,因为它在某些方面促成了爱或友谊的能力。但是,这个方案看起来毫无帮助,因为,虽然在某些方面可能看到一些支持其他价值的伦理价值,但这种支持看起来是相互的而非有等级的。一个谦虚的人可能因为那个原因具有更强的爱或友谊的能力,但是深厚的爱和友谊也可能促使人们谦虚。我们认为,有吸引力和成功的生活所具有的东西中,没有哪个方面看起来有足够的优势使下面这一点看似合理,即我们认可的所有其他美德和目标仅仅是它的仆人。我想,我们可以仔细考虑一下好生活的一般品性。例如,我在其他地方认为,我们应该为伦理采取一种挑战的模式(challenge model)——生活得好,意味着在面对可能遇到的挑战时应对自如而不会额外影响人类历史——而不是这样的模式,即它通过问一种生活在多大程度上改善人类历史来衡量生活的成功。[13] 但是,不存在能够作为检验从属的美德或目

---

[13] 参见我的著作 *Sovereign Virtue* (Cambridge, Mass.: Harvard University Press, 2001), Chapter 6.

标的最后或最终标准。我们可以承认生活得好意味着对某种独特种类的挑战应对裕如,而无需因此去判定,有才能地生活是应对自如还是装点门面(preening),或者某种情况下谦卑是否真的是奴态,或者高贵是否被商业中的利益玷污,或者民主是否仅仅是多数人的统治。

如果我们要更好地理解非工具性的结成整体的伦理价值,我们必须设法整体地、解释性地理解它们,在其他价值的关照下理解每一种价值,不是分等级地组织它们而是以立体网络的形式组织它们。我们必须设法通过以下方式来决定友谊或正直或风度是什么,以及这些价值有多重要:看看上述任何一种美德的何种观念,以及其从整体美德中分得的何种重要性,能够最好地契合我们对美好生活的其他维度的感知,以及对成功地应对生活挑战的感知。伦理是由不同目标、成就和德性组成的复杂结构,要理解其中任何一个成分在此复杂结构中所扮演的角色,就必须详细阐述其在整体图景中所扮演的角色,而此一整体图景之确定恰恰取决于其他诸多成分。除非我们能看到我们的伦理价值是如何以此种方式结合在一起,以至于每一种价值可以依照我们对其他价值的暂时性的说明而得到检验,否则我们就无法理解它们中的任何一个。在此,最为人广泛运用的两个哲学形象仍是针锋相对的:在价值中,就像在科学中,我们每次一块甲板一块甲板地在海上重建我们的航船;或者,如果你更喜欢的话,黎明曙光在整个大地上缓缓破晓。

意图更好地理解政治价值的政治哲学家,必须将他的工作融入那个大的结构中。首先,必须为每一种强化其他价值的价值建构观念或解释——例如,服务于平等和自由的民主的观念,服务于如此理解的民主的任何其他价值的观念。其次,他必须试图将这些政治观念构想为更为包容的价值结构的一部分,这个价值结构不但将政治结构与伦理(ethics)相联系,而且更一般地将其与道德性(morality)相连接,而且在伦理上与政治结构相联系。无疑,所有这些听起来是种不可能的甚或令人厌恶的整体主义。但是我没有发现其他的方式,哲学家可据以处理如下任务,也就是使得这个范围广大的人本结构(humanist structure)的任何部分,更不用说使得其整体尽可能地具有批判意义。如果我们理解,这是哲学家

第六章 哈特的后记与政治哲学的要义

集体的责任,那么随着时间的流逝,我们会更好地理解我们各自独立的边际性的和渐进性的角色。

我必须承认,这一政治哲学观念与该领域内的当代作品中两个最著名的范例是相反的:约翰·罗尔斯的"政治"自由主义和与以赛亚·伯林联系在一起的政治多元论。我的建议类似罗尔斯的反思平衡方法,它试图使我们关于正义的各种直觉和理论彼此协调一致。然而,与罗尔斯的方法论的不同之处远比相似之处显著,因为,我认为哲学家必须寻求的平衡并不像他认为的那样受限于政治的宪法要素,而是包含了他所谓的包括个人道德和伦理在内的"整全性"(comprehensive)理论。如果政治哲学的目标不是整体性的,它就不能实践那个至关紧要的洞见,即政治价值是整体的而非分离的。

此处,我不能更详细地描述如此构想的政治哲学。但我把我的近著《至上的美德》(Sovereign Virtue)作为至少有意识地在这个意义上工作的例子。[14] 我应该着重强调,这个整全性方案不是基于这个荒谬的前提,即在政治哲学或在更广泛的价值理论中,真理是一个融贯性的问题。政治道德的完美的和精妙的融贯性理论可能是假的甚至是令人反感的。我们并不因融贯性自身的原因而追求它,我们追求的既是确信和我们可以把握的融贯性。这两个孪生的目标可以互相强化,事实上,我认为它们常常必须如此。在一组统一的、结成整体的价值中,比在一个购物单式地列举的价值中更容易发现公正的深层意义。我们也必须记住,这两个目标可能会彼此制造麻烦。例如,当我们对两种价值——例如在福斯特(E. M. Forster)的著名例子中的爱国主义和友谊,或者以赛亚·伯林所解说的自由和平等——的特征的原初理解显示出这些价值是冲突的,它们可能就会彼此制造麻烦。我们或许可以建构能够消除这种冲突的爱国主义与友谊的观念或自由和平等的观念。但这些观念或许不能抓住我们的心灵:它们可能感觉上是虚假的、陌生的或不公正的。我们应该进一步反思,如果我们有足够的空间和时间,足够的想象和能力,我们应该尽力

---

[14] 我在《至上的美德》的导论中提到的未发表的哥伦比亚大学杜威讲座《刺猬的正义》(Justice for Hedgehogs),是具体阐发这种哲学的更加明确的尝试。

发现友谊和爱国主义的某种令人信服的观念,这种观念显示它们并不冲突。然而,我们或许不能做到。[15] 于是我们必须相信,无论它是什么,我们都必须相信:爱国主义和友谊两者都是基本的,但或许我们不能在完全的甚或足够的程度上拥有它们两者。但是,我们不能因此认为我们的反思已经成功了,我们已经有权利停下来了。我们仅仅是被卡住了,这是不同的一回事。

法　　律

哈特的辩护

　　法律是一个政治性概念:人们利用它形成法律的种种主张,也就是这样的主张,即某地或其他地方的法律禁止或允许或要求特定的行为,或者提供特定授权,或者具有其他的结果。围绕着形成、争辩、论证和规制这样的主张,建立起一项巨大的社会实践。但是,它们的特征是难以捕捉的。"法律"要求如何如何,这一主张的真实意思是什么?当这一主张确实正确时,究竟是什么确认它是正确的;当这一主张错误时,又究竟是什么确认它是错误的呢?英格兰的法律要求人们定期交税,除特殊情况外,如果违反协议,他们就要赔偿损失。英国律师会告诉你,这些主张是正确的,因为这是国会所制定的和英国法官过去所决定的。但是,为什么这些特殊的制度(而不是多数大学中的校长会议)有权确认法律主张为正确呢?再者,当没有立法或过去的判决如此宣告或规定时,律师经常声称某法律主张是正确的——例如,索伦森女士在法律上有权从每一家制药公司获得一份额的赔偿。除了这些制度性渊源,还有其他什么能够确认一项法律主张正确吗?关于某一法律主张(包括前面所说的那个)是否正确,法律家们经常众说纷纭,甚至当他们知道关于制度过去决定了什么的所有事实时,依然如此。那么,他们争论不休的究竟是什么呢?再者,我们想回答这些问题,不仅仅是为了特定的法律体制,如英国法,而且是为

---

[15] 参见本书第四章。

第六章 哈特的后记与政治哲学的要义

了一般意义上的法律,无论是阿拉巴马州的、阿富汗的或其他任何地方的。在某一法律主张是正确的情况下——不论它是哪里的法律主张,我们能否一般地对究竟是什么使得这一法律主张成为正确的这个问题说点什么呢?在其政治制度与我们的政治制度非常不同的地方,或者根本没有值得承认的政治制度的地方,会有正确的法律主张吗?在英国或其他任何地方,在法律要求某人履行他所签订的合同这样的主张,和如果他不履行则官员将惩罚他这个预测之间,是否会有不同?或者在上述主张和他在道德上有义务遵守他的合同这个明显不同的主张之间,是否会有不同?如果一个法律主张不同于关于结果的预测和关于道德义务的陈述,那么确切地说,到底是如何不同呢?

哈特在《法律的概念》中开始回答这些古老的问题。我引述他自己早先对他的答案的总结——渊源命题。那个命题的详细内容广为法律哲学家熟知。哈特认为,在每一个提出法律主张的共同体内,作为一种惯习(convention),共同体的大批官员都接受某一主要的承认规则——它识别哪些历史的或其他的事实或事件使得法律主张正确。这些惯习在不同的法律体制中颇为不同:在一个地方,主要的惯习可能将立法和过去的司法判决当作正确法律主张的渊源;而在另一个地方,惯习可能将习惯甚或道德公正当作渊源。在每一个特殊的共同体内,惯习采取什么形式是一个社会事实问题:一切皆有赖于该共同体内大批官员碰巧将其当作主要检验标准的那个东西。但是,在每个共同体内,存在某一主要的惯习,并且它挑选出那个共同体看作是法律的东西,这是法律概念的题中之义。

哈特的渊源命题是有争议的:如我所言,当法律主张确实正确时,由什么来确认它是正确的,我对此有着颇为不同的看法。然而,现在重要的不是哈特理论是否有足够的说服力,而是它的特征。一般而言,初级法律实践可能存在于竞争的价值判断中:哈特在他的后记中说,如果共同体的主要承认规则使用道德标准作为正当的法律主张的验证标准的一部分,情况就会如此。但是他坚持认为,他自己描述日常法律争论的理论不是一个规范性或评价性的理论——它不是任何种类的价值判断。它毋宁是一个经验性的或描述性的理论,它阐明日常法律论辩所使用的概念。哈特的立场是标准的阿基米德观念——即在政治概念的日常使用和对这些概念的哲学阐述之间,存在一个逻辑划分这种观念——的一个特殊个案。

因此,我对阿基米德主义所发表的异议同样适用于哈特的立场。首先,不可能有效地将这两种类型的主张,即法律家在法律实践中提出的初级主张,和关于初级主张如何被识别和验证的哲学家的二级主张区分开来,并将它们归入不同的逻辑范畴。例如,哈特的渊源命题在索伦森案的两造之间远非中立的。哈特所想到的那类"渊源"中,没有哪个"渊源"已经为处在索伦森女士位置上的人们规定了依据市场份额获得赔偿的权利,或者规定了一个可以产生此种结果或结局的道德标准。因此,如果哈特是正确的,那么索伦森女士就不能主张法律支持她。事实上,制药公司的律师在法庭上确实作了与哈特在他的书中所作的相同的争辩。他们认为她的主张不成立,因为该州没有明确的法律——通过既有的法律惯习识别出来的法律——支持这样的主张。索伦森女士的律师作了相反的辩护。他们否认渊源命题:他们说,内在于法律中的一般原则使他们的委托人有权赢得诉讼。因此,哈特的观点在争论中不是中立的:它偏袒一方。事实上,在每一个棘手的法律辩论中,它都偏袒那些认为各方的法律权利完全通过参考传统的法律渊源来确定的人。

因此,政治阿基米德主义的第一个困难也适用于哈特的法律版本,第二个困难也同样适用。哈特的社会渊源命题在何种方式上被假定为"描述性的"?当然,如他和他的拥护者所承认的,在某种意义上,描述本身总是规范性的事业:任何描述性的理论都把对某现象的一种解说,看作更富启迪性的或更卓越的或更有用的或诸如此类的其他什么。哈特同意,他的法律分析在这种意义(任何事情的任何解说都是规范性的)上是规范性的:他的意思是,他的理论在与道德的或伦理的评价相对应的意义上是描述性的。但是,如我们在自由、平等以及其他例子中注意到的,描述有几种模式。我们必须要问,他在这些模式中的哪一种模式中说他的理论是描述性的。虽然他和他的追随者不遗余力地抗议,认为我对他们著作的批评是基于对他们的方法和抱负的误解,但对这些方法和抱负究竟是些什么样的方法和抱负,却很难找到有助益的正面的陈述,更不用说能对他

第六章 哈特的后记与政治哲学的要义

们有关描述性状态的主张作出说明的陈述了。在《法律的概念》初版的一个令人不解的著名说法中,他说那本书应该被看作是"一项描述社会学的实践"。但是,他没有详细阐述这个空泛的主张,而我们将看到,他用它可能要表达什么,这一点远非清晰明了。

我们必须再一次动用我们自己的想象力。我在前面区分出人们可能认为一个政治性概念的概念性分析是描述性事业的三种方式,在这部分内容中,我必须再次重新考虑每一种方式。渊源命题是一种语义学主张吗?它是要揭示出这样一种语言学的标准吗——当法律家作出以及判断法律主张时,他们所有人或至少大多数实际遵守着该种标准?哈特当然不是想提供简单的字典式的定义,或为任何特殊单词或短语提供一组同义词。但在我看来可能的是,他意图提出一个更加雄心勃勃的哲学主张,将这样一些适用的标准作为法律家和其他的人们在谈论法律要求什么或允许什么时所实际遵守的规则,即,一旦他指出了这些适用标准之后,法律家和其他的人们就可能认出它们。在《法律帝国》中,我提出了这个对哈特的方案的理解:我说,如果我的理解是正确的,则哈特的方案是注定失败的,因为没有共享的标准甚至隐含的标准来认可或拒绝法律命题,甚至在特定法律区域内的法律家中间也没有,更不用说所有的地方了。在他的后记中,哈特极力否认他曾想做任何这样的事情——他说我深深地误解了他的方案。对此我绝对不敢苟同,我仍然认为,我对《法律的概念》中的方案的理解是最可取的。[16] 既然哈特在他的后记中对我对他的方案的这种理解不屑一顾,那我们就必须看看其他的可能性。

他是否已经认为法律命题构成了一种如老虎和金子一样的自然类型,因此可能得出与大多数人关于它们之真实或虚假的思考相抵触的发现? 正像我们可能发现动物园中许多贴着"老虎"标签的动物事实上不是老虎,因此,根据这种观点,我们有可能发现,无论人们想什么,不符合渊源命题的东西就不是法律。对自然类型的深层发现,乍看起来确实像是概念性的(老虎的 DNA 似乎可以被称作老虎家族的本质)和描述性的。

---

[16] 其他人也有这么看的。参见,例如,N. Stavropoulos: "Hart's Semantics," in J. Coleman, ed., *Hart's Postscript* (Oxford: Oxford University Press, 2001), 59.

因此，如果我们能够接受这个假设的话，那它将会对哈特的这个明确的信念作出说明：对法律的概念研究是描述性的，但却不是语义学的。然而，我们不需纠缠于此，因为，哈特不可能认为真实的法律主张构成一个自然种属。如果自由没有 DNA，法律同样也没有。

我们只剩下我区分出的第三种可能了：哈特的渊源命题意图以某种经验总结的方式而成为描述性的。某一群法律人类学家或许能够收集历史所提供的、有关各种各样的偶然情况——人们作出、接受或拒绝我们看作是法律主张的东西的偶然情况——的所有数据。一些拥有房间那么大的计算机和巨额预算的社会学家，通过分析像珠穆朗玛峰那么庞大的数据，可能不是希望去发现法律的本质或性质，而仅仅是希望在一大堆故事中发现模式或反复出现的东西。他可能非常雄心勃勃地想要识别人类本性的规律：例如，如果他发现仅仅当渊源命题认可法律命题时，人们才接受它们，那么他就可能希望通过达尔文原则或经济方程式或诸如此类的东西来说明这个显著的事实。或者，他可能没太大的雄心——他或许仅仅指出了规律性，这些规律性自身当然十分有趣，但他并不试图对它加以解说。

我们能在这种或大或小的雄心的意义上，将哈特的阿基米德主义理解为经验性的吗？一个不可反驳的先决性异议（threshold objection）是：哈特和他的徒子徒孙们，甚至都没有开始那种需要耗尽终生的经验研究。他们没有提出任何哪怕像蚂蚁堆那么大的数据，更不用说像珠穆朗玛峰那么庞大的数据。至少对于哈特自己的情况，还有一个更进一步的先决性异议。把任何这样的经验研究或总结，当作是旨在发现法律的概念或性质或真正的理念来谈，那是非常奇怪的；而同样奇怪的是，把一本自认为报告了那些发现的书命名为《法律的概念》。例如，设想一下这样一名经济学家：他认为，李嘉图的法则揭示了工资或利润的真实的概念。

在这些先决性的困难之后，是第三个——也是更大的——尴尬。如果我们认为哈特的种种理论或他的徒子徒孙们的理论是经验性的总结，那我们必须立刻承认它们也是显著的败笔。我认为，需要一座山的数据来支持作为一种经验性总结的渊源命题，但只需几个相反的例子便能驳倒它,且这样的例子随处可见。在美国,现在就有一个关于死刑是否合宪的激烈的争论。争论围绕着这个问题,即宪法第八修正案——它禁止残忍的、不同寻常的刑罚——是否包含某种关于适当惩罚的道德标准,根据这个道德标准,死刑被认为是禁止的;或者相反,它并没有包含道德标准,而只是禁止制定修正案的政客和政治家或接受演说的一般公众认为残忍的惩罚。如果我们认为死刑事实上是无法接受的残忍,但是在18世纪几乎没有人这样认为,那么接受第一种解释的法律家将认为,宪法禁止死刑;接受第二种解释的法律家则会认为,宪法允许死刑。支持第一种或道德解读的人明显地与社会渊源命题相抵触,因为没有社会渊源指示第八修正案应该被解读为包含道德。但是,既然没有社会渊源规定道德是不相关的,那么那些反对道德解读的人也与社会渊源命题相抵触。

哈特认为,当某种"渊源"规定道德应该具有识别法律的作用时,道德才变得与识别法律相关。他以美国宪法的抽象条款作为例子。但是他误解了美国宪法的情况。并没有一致的意见支持或反对美国宪法的道德解读;相反,那是一个激烈争论的问题。我和其他一些人认可道德解读,这显然也是哈特所认可的。[17] 但是其他一些人,包括合众国联邦最高法院的大法官安东尼·斯卡利亚(Antonin Scalia),声名狼藉的前大法官罗伯特·博克(Robert Bork),则公开指责道德解读为严重的误读。[18] 不存在支持或反对它的惯习,不存在每一方都可以希望据以支持他认为正确的宪法主张的基本承认规则。

合法性价值

合法性

一个新的开始? 我早先就说,政治性概念是价值概念,对于每一个政

---

[17] 参见 *Freedom's Law*。

[18] 参见斯卡利亚法官和我本人间的争论: Antonin Scalia, *A Matter of Interpretation* (Princeton, N.J.: Princeton University Press, 1997), 117。也请参见拙文《艰辛美德:原初主义、斯卡利亚、却伯和勇气》("The Arduous Virtue of Fidelity: Originalism, Scalia, Tribe, and Nerve", 65 *Fordham L Rev* 1249 [1997])。

治性概念,政治哲学家应该试图更为精准地展示它的价值所在。我认为,因为政治价值是结成整体的价值而非分离的价值,这个方案必须在一个更大的、互相支撑的信念网络中发现每一个价值的位置,这个信念网络显示了道德和政治价值间的支撑性联系,并将这些联系置于一个更大的伦理关系之中。政治哲学的这一图景不但十分雄心勃勃——它甚至只能以一种合作的方式来设想——而且,正如我承认的,也在极大程度上有违当前的流行趋势。它不处在谦逊的价值多元主义精神中。相反,它瞄向了一个乌托邦,一个根本无法实现的目标——柏拉图的价值统一。

我们应该努力以此种方式接近法律的古老难题。然而,我们需要发现一种政治价值,它以正确的方式与那些难题相连接。它必须像自由、民主及其他价值一样,是种真正的(real)价值,而且它必须被广泛地接受为真正的价值——至少在我们的方案有机会产生影响的情况应当如此。在我们的共同体内,该价值还必须作为解释性的价值而发挥作用——那些接受它为一项价值的人必然对这一价值的确切含义意见不一。因此至少在某种程度上,对哪些政治安排满足它,或哪些安排更好地满足它而哪些安排不太能满足它,意见不一。它必须是独特的法律价值,它对法律实践如此地具有基础性,以至于更好地理解此价值将帮助我们更好地理解各种法律主张意味着什么,以及是什么使得这些主张正确或错误。例如,我们必须能够了解,该价值的一个特殊观念如何产生渊源命题,其他的观念如何产生非常不同的法律理论——它们也是法理学文献(literature of jurisprudence)的一部分。我们必须能够看到,在索伦森案件中,接受该价值的一种观念而非另一种观念,将如何意味着达成某一种判决而非另一种判决。

现在应该清楚那是什么价值了:它是合法性这个价值——或者,如它有时更宏大的被称之为法治。合法性是真正的价值,它是一项独特的法律价值。例如,许多人认为,二战后审讯和判决纳粹头子的纽伦堡审判违反了合法性,即便这些审判可以通过其他价值——例如,正义或权宜(expediency)——得到辩护。再者,合法性是一项非常普遍的价值。它比我前面谈到的其他价值更广泛地获得了接受,并且它已经得到认可许多许

第六章 哈特的后记与政治哲学的要义

多个世纪了;它被普遍认为比它们具有更为根本的重要性。早在其他哲学家阐述自由——更不用说平等了——之前,古典的和中世纪的哲学家就开始分析和阐述合法性了。

再者,合法性从一开始就是一个解释性理念,它现在对我们来说依然如此。有各种各样的方式来抽象地陈述该价值。我们可以说,当政府官员对特殊的个人或团体或群体直接动用政府的强制性权力时——例如,逮捕或惩罚他们,或强迫他们缴纳罚款或赔偿金——合法性就派上用场了。合法性认为,这样的权力只能在符合执行前通过正当的方式建立起来的标准的情况下才能行使。但是,这个抽象的公式本身几乎完全没有提出什么指示:它仍然需要详细地说明,什么种类的标准满足合法性的要求,什么东西可以算作是一项事先已经通过正确的方式建立起来的标准。人们显然对这些问题众说纷纭。像我刚才谈到的,一些人认为纽伦堡审判违反合法性,无论它们最终是否被其他价值论证为正当的。但其他一些人认为审判保护并提升了真正的合法性理念。类似的,现在人们对以其行为过于残忍为由而审判已经被废黜的独裁者的做法意见分歧——他们如此行为时,当地的法律并没有规定要对此加以处罚。人们也对在国际刑事法院审判巴尔干的恶棍这一做法莫衷一是。这些不同的观点表现出对合法性价值的共同坚守,但他们却对合法性是什么持有不同的观念。

合法性这一价值与识别真实或有效的法律主张,这两个问题之间的关联是毫无疑问的。如我所说的,种种关于合法性的观念,在何种标准充分满足合法性以及这些标准事前必须以何种方式建立起来的问题上,意见分歧;法律主张,即是关于哪些正确种类的标准事实上已经以正确的方式被确立了起来的主张。因此,合法性观念是对如何判定哪些特别的法律主张是正确的主张的一般性说明:哈特的渊源命题是一种合法性观念。如果我们否认合法性观念与对正确法律主张的识别之间的关联,那么我们就几乎搞不清楚合法性或法律的意思。我们可以合理地认为,虽然法律拒绝索伦森女士依据市场份额提出的损害赔偿主张,但正义支持该主张。或者反过来说(看上去不是很合理的),虽然法律赋予她这样的权利主张,但正义却予以反对。但是,作出如下设想却是毫无疑义的,即虽然恰当地理解的法律赋予她获得赔偿的权利,但合法性价值却反对;或者虽然恰当地理解的法律否认她获得赔偿的权利,然而合法性却可以被用来使药品公司作出赔偿。

我们可以通过这种不同方式处理法律哲学的重要问题,从而将它们从阿基米德们的蒙昧主义中营救出来。通过追求一项明显是规范性的和政治性的方案,我们可以更好地理解法律实践,更清晰地理解种种法律命题:即提炼和捍卫合法性观念,并从那些的得到证实的(favored)观念中为具体的法律主张抽取检验标准。不存在把以这种方式建构的法律理论当作纯粹是"描述性的"问题。它们仅仅在规范性的、解释性的意义上是概念性的——在这种意义上,正义、民主、自由、平等的理论也是概念性的。它们像此类理论一样,可能多多少少都有其雄心抱负。较大的抱负试图在其他政治价值中,为他们的合法性观念寻找支持;或者,更正确地说,因为这个过程不是单向的(one-way),他们试图在一组其他相关的政治价值中为一种合法性观念寻找支持,反过来,这些其他价值中的每一种价值都在某种程度上反映了合法性观念,并被合法性观念所支持。

我将我自己的《法律帝国》一书,作为对我的所思所想阐述得更加详细的、至少在努力阐述得更加详细的一个例子。我在那里没有强调"合法性"这个词,但我确实诉诸了这个价值:我说,关于法律的哲学理论必须从对作为整体之法律实践的品性所具有的一定理解出发。当时我没有花太多的精力去析解(isolating)和提炼其他的种种价值——对法律品性的任何有说服力的说明,都会牵涉到这些其他的价值。但是,我现在描绘的更加雄心勃勃的法理学描述,有助于我更好地理解那本书中未完全提出的或忽略的问题,我更希望继续探求这些问题。例如,在那本书中我认为,识别正确的法律命题是一个建构性地解释法律资料的问题,建构性解释的目标是既要契合(fit)那些资料又要为那些资料辩护。我提醒道,"契合"与"辩护"只是两个粗糙的解释维度的名称而已。进一步的精致化(refinement)要求对其他个别的政治价值作更细致的分析,通过这些分析来更加透彻地理解这些维度,我们便可以认识到,当它们在向相反的方向使劲时,如何在一种解释优势(interpretive superiority)的全面判断中将它们整合起来。目前,对我来说,必须以此种方式加以探讨的核心政治概念是那些程序公正的概念——它们是"契合"这个维度的神经,和实质正义概念——它们是"政治辩护"这一维度的神经。这就是说,更好地理解合法性概念意味着扩大对裁判的讨论,以便把对这些更进一步的价值的研究也包括进来。虽然,如果进一步的研究没有以某种方式改变我们对法律的理解,那会令人感到诧异;但是,如果我们对法律的理解没有产生哪怕些许不同的有关公平或正义的观点的话,那同样会令人感到诧异。对诸政治价值一种范围广泛重新解释,不会让任何东西完全停留在如其所是的状态。

法理学重述

我们能否将法理学主要的传统或流派,解释为是对不同合法性观念的反应(并因此各不相同)呢?合法性价值认为,政治共同体的强制权力只有在符合实施前已经确立的标准时才能对其公民实施。什么种类的标准?以什么方式确立的?我们通过提出对合法性价值的某种解读——通过以如上方式约束政治权力的使用而作出的一种假定的观念——来处理这些问题,这个解读必须牵涉我们承认的其他价值,对此我已经重申过多次了。如果它有足够的抱负,它将在我前面所说的信念之网中牵涉许多其他的价值。然而,在那个交织之网中,不同的合法性观念将会选择不同的相关价值作为更为重要的价值:我们可以说,每一种观念在创造安放合法性的本地磁场时会给不同的价值指定不同的重要性。

这些选择在特性上的巨大差异,形成了不同的法学流派或传统。事实上,通过对正确性(accuracy)、效率(efficiency)、整体性(integrity)这三种政治价值,作为本地有影响力的价值而作的竞争性选择,形成了三种重要的传统。我将分别探讨这三种传统。但是我事先要特别强调,我并不认为我描述的任何传统已经选择了这三种价值中的一种作为合法性的绝对核心,从而贬损或忽略所有其他种类的价值。例如,我认为法律实证主义传统强调合法性与效率之间的关系,但我并没有认为实证主义者对善的或公平的治理毫无感觉。实证主义者们在他们自身中间分化开来,不仅因为他们对政治效率意味着什么,以及为什么它是有价值的持有相当不同的观点,而且因为他们对许多其他的政治理念的特性和力量持也不同的观点——这反映在他们的立场的细节之中,我将会提到不同的实证主义者诉诸的某些其他价值,它们形塑并强化了他们对效率的主导性的依赖。我的三分法区分了不同的理论群体和流派的重力核心;这并不意味着穷尽了复杂性或解释了任何理论的细节。

正确性 我用正确性意指政治官员们以实质上公正且明智的方式行使其权力。如果官员的行为受已制定的标准支配,比起如果他们仅仅代表某些官员当下关于什么是公正的或明智的判断时,更有可能是明智的或公正的,则合法性促进正确性。但并没有直接的证据表明情况总是或经常是如此的。柏拉图认为,如果其权力受到限制的官员是具有伟大知识、洞见和品性的人,合法性将妨碍正确性。因为他们比那些过去制定法律的人对眼前的事情更明了,他们对事情的具体的方面——它们要求或论证了某种不同的处理——保有其敏感性。但是,至少有两个可能的原因可以认为合法性增进正确性。第一个诉诸制度的、历史的或其他可能的原因,认为过去立法者的判断很可能比当前官员的直觉或决定更好,虽然他们与眼前的困难或问题有距离。尽管有我刚才说的保留态度,柏拉图还是因为这种理由认可了合法性。他说,哲学王几乎很少掌权,尤其是在民主社会中;而实际掌权的人却消息不灵、没有能力、贪污腐化、自私自利或有所有诸如此类的其他种种不足。他说,在那些不合时宜的环境下,最好限制官员以使其遵循过去所制定的东西,因为无法信任他们自己可以作出好的当下的决定。政治保守派,如柏克和布莱克斯通,经常以相同的方式为合法性辩护。他们认为,已经制定的法律是累积的智慧和清晰的思想的储藏库,因此比那些决定、尤其是只有有限的品性、知识和能力的个人在盛怒之下作出的决定,更值得信任。

支持合法性增进正确性的第二个原因非常不同:它并不依赖于任何假定已经制定的标准比新的就事论事的个案裁决更明智或更公正这类偶然的原因,而是依赖这样一种合法性观念,该种合法性观念使得对已经制定的标准进行的检验,能够促进并确保对正确性的增进。中世纪的自然法学家认为,好的统治意指遵照神的意志的统治,神的意志表达在自然的道德法则中,得到神圣授权的牧师和管理者是该法值得信赖的向导。因此,他们很自然地被如下合法性观念所吸引,它强调合法性与政治德性之间幸运的关联,因此他们也被对法律的这样一些检验所吸引;这些检验包括了道德价值的必要性或可接受性的必要性。在这个抽象的合法性概念中,没有任何东西排斥此种关联;而如果合法性的真正价值只能通过一种使该种关联获得定型的观念来加以识别的话,那么对于同意该观念所契合的一系列理解的人来说,该种观念是无可反驳的。以各种各样的形式和表现方式出现的自然法传统,即是以理解为什么合法性有其价值这个问题的这样一种方式作为其前提。

效率 然而,至少作为英国版法律实证主义的奠基人,杰里米·边沁没有被吸引到上述两组假定中的任何一组。他没有假定旧的标准是好的标准;相反,他是一个不安定的、甚至激进的改革者。他不相信在神的本质中必然具有道德法,相反,他认为自然权利的观念简直就是夸张做作的胡说八道。他的合法性之德性的观念,不在正确性之中而在效率之中。他认为,政治道德在于最大多数人的最大幸福,它不是通过不同的官员依据他们自己即刻的、多变的判断而作出的不同的强制或政策决定而被最好地保证的;相反,它是通过其复杂结果事先被仔细考虑过的详尽的政治安排——它可以被详细地制定,最好规定在详尽阐述的制定法典中,然后严格按照文字执行——被最好地保证的。只有通过这种方式,一个复杂社会的政府所面临的巨大的合作问题才能解决。法律实证主义是如此理解合法性的真实含义和价值的一个自然结果。他认为,当法律的检验标准中包含道德标准时,效率即被折损或被完全破坏,因为道德检验标准允许对"什么是道德所要求的"这一问题意见相左的公民和官员,替换进他们自己对这个问题的判断,即什么标准已经被事先建立了;由此产生组织解体之后果,其带来的不是效用而是混乱。因此,边沁和他的追随者们认为,法律是且仅仅是主权者或议会所颁布的:法律止于政令结束的地方。只有这种理解才能保护法律的效率。

后来的实证主义者都忠实于这个信念:他们都强调法律用明确的指

175 示,取代习惯或道德祈求的不确定性这种作用。在早期实证主义者托马斯·霍布斯思想精神的烛照下,哈特认为,合法性治愈了一个虚构的前法律的自然状态或习惯状态的无效率。约瑟夫·拉兹认为,合法性的神经是权威,除非权威的指令能够在无需诉诸公民在权威作出规定之前已经持有的种种行动理由,便可以被识别确认,否则权威就被损害或毁坏了。他认为,除非权威的指示取代了人们已经具有的理由而非仅仅作为其补充,否则权威就不能服务于它自己的目的。

如我所言,效率不是实证主义者在形成他们的合法性观念时考虑的唯一价值,其他价值也值得注意。例如,边沁认为公众保持一种对其法律的道德价值的健康的猜疑甚至怀疑意识是重要的:他们应该明白法律是什么和法律应该是什么之间的不同。他担心,如果法官在决定法律是什么时完全诉诸道德,那么这条至关重要的界限将模糊不清:人们可能认为,无论法官宣布为法律的是什么,都不会太坏,因为它已经通过了道德检验。在当代的法律实证主义者中,拉埃姆·穆菲(Liam Murphy)在为自己对合法性价值的实证主义理解辩护时已经开始诉诸公共警惕(public vigilance)的重要性。[19] 哈特不仅关心效率,而且关心政治公平的一个独立方面。如果仅仅通过发现相关的社会渊源——例如立法——宣告了什么就可以发现一个共同体的法律的话,那么民众就获取了关于如下问题的公平的警告,即政府什么时候将干预他们的事务以帮助或阻碍或惩罚他们。另一方面,如果那些渊源的决定服从于道德考虑和原则的补充或限制,则民众就不能轻易地或带有相同信心地知道他们处境如何。在美国,一些宪法学者由于完全不同的原因而被吸引到实证主义的一个版本中。如果承认道德可以作为法律的检验标准之一部分,那么比起道德被理解成与法官的事务无关的情形,其道德观念在宪法案件中具有决定性的地位的法官,将会拥有更大的针对普通民众的权力。尤其当法官是被任命的而非选举出来的,并且不能被公共意志罢免时,他们权力的这

---

[19] 参见 L. Murphy, "The Political Question of the Concept of Law", in Coleman, ed., *Hart's Postscript*.

种强化是不民主的。[20]

因此，法律实证主义者可以通过表明合法性如何很好地为效率和其他价值效力，来为他们认为道德与法律识别无关的合法性观念辩护。当然，这一辩护采取了这些其他价值的特殊观念，这些观念可以并且已经被挑战了。例如，有可能认为：政治效率意味着协调通向好的目标而非任何目标的公众行为；至少在一些情况下，公平的警告可以通过这样的许诺或者威胁而充分地作出，即道德标准将被适用于裁判特殊行为；通过对法律的"新教的"(protestant)理解——它允许部分地基于道德理由对官方的"什么是法律所要求的"宣告持有异议——人们的批判性判断变得更尖锐而非减少了；民主并不仅仅意味着多数人的统治，而是多数人的统治必须服从某些先决条件，而这些条件是道德条件，它使多数人的统治更加公平。实证主义拒绝这些以及其他可选择的理解——也就是说，它在建构对合法性的说明时不但有选择地强调一些政治价值，而且还依据它自己的合法性观念颇有争议地对那些其他的价值作了解释。在这个复杂的概念交互作用中，并不存在不良的循环论证；相反，确切地说，这是在更大的价值网中确定诸如合法性这样的政治价值之位置的哲学方案所要求的。

整体性 根据任何关于政府效率含义为何的合理观念，政府的效率显然都是合法性所带来的重要结果，关于合法性价值的任何合理的解释必须强调这个事实。任何一个统治者，甚至一个暴君，如果他因为突发奇想或因恐惧而完全放弃合法性，都不能够统治长久或实现他的目标、甚至是非常坏的目标。但是，合法性看起来还可能服务于另外一个重要的价值，这个价值不与效率竞争，而是充分独立的，它为那些认为它具有巨大重要性的人提供了一个关于合法性的目的是什么的独特的观念。这就是政治的整体性，它意味着法律面前的平等，不仅仅在法律须按照明文规定来执行这个意义上，而且在一个更重要的意义上，即政府必须根据一套原则上适用于所有人的原则进行统治。专断的强制或惩罚破坏了政治平等的这个至关重要的维度，即便它有时确实使政府更有效率。

---

[20] 在《自由的法》中我阐述和批评了这个从民主到实证主义的观点。

177　　几个世纪以来，整体性在政治哲学家中已经成为一个流行的观念，它与合法性的联系经常被人提及。这个联系有时表达在如下这个成规之中，即在法治状况下，没有人高于法律；但是，正如关于这一主张的种种讨论所澄清的那样，它的力量并没有被如下含义所穷尽，即一部法律均应依照它的条款对每一个人执行。有些法律，根据它们的条款含义，仅仅适用于穷人或仅仅适用于享有豁免权的特权人物，但它们也可能满足那个规定。以这种方式描述合法性的哲学家所想到是法律面前实质的平等而非仅仅是形式的平等。例如，戴雪（A. V. Dicey）在他对英国宪法的经典研究中作了如下区分：

> 当我们谈论法治时，我的第二层意思是……对于我们来说不但是没有人在法律之上，而且（一个不同的问题）这里的每一个人，无论他的头衔或地位如何，都服从王国的普通的法律……

他后来将其称为"法律平等理念"。[21] 哈耶克提出了大致相同的主张，虽然他不出意料地将其与自由而非平等相连接。他在一本经典的著作中写道：

> 本书主要关注的在法律之下的自由概念存在于如下的观点中，即当我们遵守如下意义的法律时——作为一般抽象规则的法律，它们的制定与它们的具体适用无关——我们不是屈从于另一个人的意志，并且因此我们是自由的……然而，这仅仅当我们用"法律"来意指平等适用于每一个人的一般规则时才是正确的。这个一般性可能是我们称之为"抽象性"的法律品性的最重要的方面。正当的法律不应规定任何特例，因此它尤其不应该挑选出任何特殊的个人或群体。[22]

如果我们以此种方式将合法性与整体性联系起来，那么我们将促成一个能反映并提升这一联系的合法性观念。我们更喜欢对法律是什么以

---

[21] A. V. Dicey, *Introduction to the Study of the Law of the Constitution*, 8th ed. (London: Macmillan, 1915), 114.

[22] F. A. Hayek, *The Constitution of Liberty*, (London: Routledge, 1960), 153.

第六章 哈特的后记与政治哲学的要义

及对如何识别法律所作的这样一种解说,它能把我们承认其相关性和重要性的这个价值——整体性——包含在内。如果索伦森案中一种裁决方式在整体性所假定的那个意义上将她看作是法律面前平等的,而另一种裁决方式不是这样的,那么我们支持鼓励第一种裁决而不鼓励第二种裁决的合法性观念。在《法律帝国》中我试图构造这样一种法律观念;在这本早期的著作中我简要地描述了它,现在我不打算扩充那个描述。相反,我想强调《法律帝国》仅仅描述了整体性与合法性可以彼此根据对方得到理解的一种方式,对我的建构工作不满的读者不应该因此而拒绝这个一般性的方案。

然而,我假定我应该预见到,在这个问题上会有人提出某种不同的异议。他可能反驳说,在索伦森案中,正确的裁决依赖法律实际上是什么,而非依赖我们由于被某种理念(如整体性)所吸引而希望法律是什么。但是,像我花费很多篇幅努力论述的那样,如果不展示和论证一种合法性观念,我们就不能识别判定法律实际上是什么的正确标准;而如果不判定什么是合法性的善——如果有的话——我们就不能展示和论证一种合法性观念。法理学是实质性政治道德领域中的一种演练(exercise)。我们当然不可能成功地提出一个与法律实践毫无关联的合法性分析:对任何一种价值的成功说明,都必须能够被认为是一种把该价值如其在我们共享的价值结构中存在和运行的那个样子来作出的说明。正如关于索伦森的法律权利的主张必须契合发生该案的司法管辖区内的法律实践,因此更一般性地说,任何关于合法性是什么的主张必须契合法律实践。但是,不只一种的合法性观念能够契合得足够好;这就是为什么甚至同一家法院也会表现出不同的司法哲学。法理学争论中的前沿阵地在它的道德领地上。

解释性实证主义

我所描述的哈特自我声称的方法论——认为法律理论是描述性和中立性的——其中的困难,通过在我所建议的解释性模式中重述他的论题可以全部消除。我们通过对合法性中什么是特别重要的这一点的理解来努力地理解合法性,最初,我们被这样的观念吸引:即合法性是重要的,因为在需要权威时合法性提供权威。但是,这个陈述带来一个更进一步的概念性问题。权威也是一个有争议的概念:我们需要一种对权威的说明,以便能够显示出权威之中的价值何在。这个更进一步的问题的核心存在于法律实证主义者过去所颂扬的其他价值的混合中,特别是权威所带来的效率中。如从霍布斯到哈特的实证主义者已经指出的,如历史已经充分证实的,政治权威使政策和合作成为可能,虽然政策和合作有可能并非对每一个人的利益起作用,但它们通常甚或经常是对每一个人的利益起作用的。在确定这个更大的观念矩阵所蕴含的具体概念——合法性的概念、效率的概念和权威的概念的——种种观念时,我们是受到这个观念矩阵的指引的。我们必须确定每一个具体概念的观念,以使每一个具体概念能够在更大的故事中扮演它的角色。

这样,我们便采用了合法性的"排他性"(exclusive)实证主义观念——它认为在识别正确的法律主张时道德不发挥作用;我们也采用了约瑟夫·拉兹所谓的权威的"服务"(service)观念——它认为,除非法律所命令的内容可以不诉诸这些理由——即该法律指示恰恰要加以化解和取代的那些理由——就可以识别出来,否则就不存在对权威的运用。[23] 我们不再假定,这些概念性主张是对这样一些规则所作的中立的、阿基米德式的发掘:这些规则埋藏在概念中,每一个完全理解这个概念或者对该种语言拥有充分知识的人,都能认可它们。像实证主义者已经说过的那样,我们可能仍然会说,我们已经识别出了我们的概念的显著方面,它们帮助我们最好地理解我们自己或我们的实践或我们的世界。但现在我们澄清了这些无甚助益的主张中模糊不明的东西:以某种特殊的方式,我们更好地理解我们自己和我们的实践,这种方式即:构思有关我们的价值的诸种观念,这些观念表明,我们经过深思熟虑,在个别或整体中,发现了这些价值中最有价值的东西。我们并不自称我们的结论是毫无争议的或外在于具体的政治决定的。如果我们的建构表明,大多数人对法律的大部

---

[23] 参见 J. Raz, *Ethics in the Public Domain: Essays in the Morality of Law and Politics* (Oxford: Oxford University Press, 1994).

第六章 哈特的后记与政治哲学的要义

分看法是错误的——如果他们认为索伦森案中双方所作的法律主张都是错误的,因为双方都没有尊重渊源命题——那么,这并不是一件令我们困窘的事,而且也不是一件比下述情况更使我们窘迫的事情:即我们关于平等的结论表明大多数人深深地误解了平等事实上是什么。

我想,这是我们为法律实证主义的核心主张所能做的最好的工作。我知道,这听起来并不有力且有点造作,因为,事实上如果我们的法官突然改信法律实证主义,明确而严格地坚持渊源命题,这也不会使我们的法律更加确定或更可预测,或使我们的政府运作得更有效率或更加成效显著。相反,比起法官现在所做的,他们将更少依赖法律主张。如果我所说不谬,则美国法官将被迫宣布,除了那没有修饰、未经解释的宪法语词之外,在美国根本没有法律[24],即使他们在某种程度上避免了这个令人恐怖的结论,他们也将被迫颠覆而非服务合法性——即便这一美德采取的是实证主义观念,因为他们经常被迫宣布,要么法律对争议中的事情缄默无语,要么法律太不公正或太不明智或太无效率而不能执行。例如,认为索伦森不能获得赔偿将是无法忍受的法官将被迫宣布,尽管法律支持被告,但他们将忽略法律,进而忽略合法性,以便给予她赔偿。他们将宣布,通过行使一种新的立法性权力(a fresh legislative power)——该种权力与对合法性要求什么这个问题最基本的理解相抵触——他们具有改变法律的"自由裁量权"(或者同类的权利,以填补他们发现的法律中的空白)。

因此,要是我把这样一种对实证主义的立场来说是自我拆台的论证归之于实证主义者,那看起来可能不太厚道,或至少不够宽宏大量。不过,我们现在应该注意到,当实证主义首次被提出时,当它在律师和法官中是一股实在的力量而非仅仅是一种学术见解时,政治形势非常不同。例如,边沁在一个更简单、更稳定的商业年代和一个更同质化的道德文化中写作;如他所做的那样,他满可以合理地期待制定法典——它很少留下漏洞或要求有争议的解释。在那种情况下,持法律的道德检验标准的法

---

[24] 参见本书第七章。这篇文章写于完成此处这个讲座之后不久,简要地总结了本文接下来几段中的一些材料。

官给功利主义的效率造成了一个明显的威胁,这点可以通过否认他们具有任何这样的权力而非常简单地避免。即使在20世纪早期,进步的法律家仍然分享边沁的观点:他们认为,可以通过行政机构来实现进步,这些行政机构根据广泛的议会授权而行动,它们制定出详尽的、能够被技术人员适用和执行的规章。或者在美国,进步可以通过详尽的统一法典来达成——这些统一法典由学院法律家训练的国家法律协会编纂,并且提交给若干州供其采纳。再一次地,在这种情况下,主张从古老的、不合时宜的普通法中抽取道德原则之权力的法官看上去就陈旧、保守和混沌了。这种主张的危险性在联邦最高法院1904年的洛克纳案(*Lochner*)判决中得到了最好的说明,该判决根据宪法第四修正案中包含的自由的观念,宣布限制面包工人每天最高工作时间的进步立法违反宪法。[25] 持进步论观念的人认为,法律实证主义从这些反动保守的道德中拯救了法律。

奥利弗·温德尔·霍姆斯的法律实证主义是一种付诸实用的(working)法律学说:他在最高法院判决的异议中引述实证主义,在他看来,通过假装发现蕴含于法律整体中的原则,法官们假定他们拥有了一项创制他们自己的法律的非法(illegitimate)权力。他在一份著名的异议中说,"法律并非是居住在天上冥思苦想的全知全能者,而是主权者或者准主权者(quasi-sovereign)发出的可被明确识别的话语,尽管在我看来我持有异议的一些判决已经忘记了这个事实。"[26] 实证主义与旧有的法律理论之间的法理学争论,在对下面这个问题的持久争论中,处于核心地位:当联邦法官仅仅因为诉讼两造来源于不同的州而具有裁判权时,联邦法官是否有宪法上的义务来执行那些州中某个州的普通法——当这些普通法已经被该州自己的法院宣告时;或者,他们是否被允许通过发现和适用任何州法院都未承认过的"一般的"法律原则来作出不同的裁决。在埃里铁路诉汤普金斯案(*Erie Railroad* v *Tompkins*)中,最高法院最后裁决,根本没有"一般的"法律这样的东西:只有特定政府公布的法律。[27] 大法

---

[25] Lochner v. New York, 198 U. S. 45 (1905).
[26] Southern Pacific Co. v Jensen, 244 U. S. 205,222,霍姆斯的异议。
[27] 304 U. S. 64 (1938).

官布兰代斯(Brandeis)支持最高法院的判决,他引述了霍姆斯另一个著名的段落:

> 今天,如果没有明确的权威在背后支撑,根本就不存在法院宣告的法律……权威且唯一的权威是国家,如果情况果真如此,那么国家所采纳的作为自己声音的那个声音[无论它是立法机关的还是最高法院的]就应该作出最终的决断。

布兰代斯将这种法律观点的实践重要性表述得非常明白:联邦法院长期遵从的相反观点破坏了统一性,因为它使同一个问题在州和联邦法院中产生不同结果,鼓励本州以外的原告——要是这样做对他有利的话——将诉讼提交到联邦法院。当然,法院即便不接受实证主义,也可能因为那些实践上的原因而得出相同的结论。但是,这一法律理论的雄辩修辞具有很强的吸引力,因为它使得霍姆斯、布兰代斯、勒尼德·汉德(Learned Hand)[28]以及其他"进步论者"可以将他们的更为保守的反对者描述为紊乱的形而上学的牺牲者。然而,甚至在他们写作的1930年代,以及接下来加速发展的二十年,社会对法律和法官的预期所发生的变化也使实证主义的合法性的一般观念更加不可思议和自我解构。精心编纂的制定法方案成为急速增长的重要的法律渊源,但是这些方案不是——也不可能是——详尽无遗的法典。它们越来越多地是由对原则和政策的一般性陈述所构建起来的,在具体的行政和司法裁决中,它们需要被细化;如果法官继续说法律止于明确的主权命令消失的地方,那么如我所说,他们可能将不断地宣布,在他们的判决中,合法性要么毫不相关,要么被折损了。

再者,在1950年代,联邦最高法院的几位大法官开始了美国宪法的一个新转向,使得法理学成为一个引人注目的国家政治问题。他们开始将宪法的抽象条款,包括正当程序条款和平等保护条款,解释为一般的道德原则,这些原则赋予公民重要的反抗国家和政府统治的权利,这种权利的存在预示着法律并不限于审慎商议的立法,它的轮廓只能通过实质的

---

[28] 参见 *Freedom's Law*, Chapter 17.

道德与政治判断来识别。这个开端突然扭转了法学争论的政治价钮(valence):保守派成为实证主义者,例如,他们认为联邦最高法院在有关生育的诸个判决(reproductive decisions)中,正在创造出种族平等和自由的新的宪法权利,因此而颠覆了合法性。赞成联邦最高法院此种趋势的若干自由派则从实证主义转向了一种不同的合法性观念,它强调美国宪法裁决原则上的整体性。在最近二十年,联邦最高法院最保守的法官已经在价钮中发动了一个进一步的变化:他们的能动性越来越要求他们忽略联邦最高法院的诸多先例,因此,他们在保守主义的政治原则中发现了比在法律实证主义的任何正统版本中更好的辩护理由。

当哈特写作《法律的概念》时,他不再能够——边沁和霍姆斯却可以——依赖合法性的实证主义观念在同代人中的吸引力。哈特对实证主义之效率的说明是一个源于假想的过去的假设故事:一个假设的前历史的转变,即从初级规则下部落的无效率的混乱,到次级规则的明确权威的转变——这个转变包含在共识的某种解放性的和近乎一致的爆发之中。那些追随着他的领导的人继续探讨权威、效率和合作。但是他们不能在实际的政治实践中证实他们的主张,这可以解释为什么他们像哈特一样退守于自我描述(self-description),这样的自我描述看起来将他们的理论和这样的实践隔离开来。他们说他们正在探索法律的概念或本质——尽管政治实践或结构特征不断变换,但它们却保持不变——或者,无论如何他们仅仅提供那些实践是什么的描述性解释,而不作任何关于它应该是什么或应该成为什么的判断。这就是我在这篇文章中所挑战的方法论伪装(camouflage)。如我所言,如果不能使这种自我描述既可被理解又可被辩护,那么我们就必须全神贯注于我试图以之作为替代的更易理解的辩护——也就是我现在所描述的那种对合法性价值所作的实质的、实证主义的说明。我想,对这一描述来说,当它的合法性观念随着时间的过去而比现在看来更具可信性时,它会使实证主义对律师和法官以及对实体法领域的学者的吸引力呈现出来,而这恰是它的功效所在。

结论处的思考

我一直强调作为法律哲学之基础的合法性概念和其他政治概念之间

第六章 哈特的后记与政治哲学的要义

的相似性,我将通过指出一个重要差别来收尾。比起自由、平等或民主,合法性在愿意尊重这项价值的共同体的历史和长期实践的适用中,在极大的程度上都更为敏感、更易受到影响。因为,除其他的要求之外,政治共同体是通过特定的方式对过去保持忠诚,来展示合法性的。合法性的核心是,政府的执行性决定,应该由已经制定的标准而非事后制定的新标准来指导和证成,而这些标准必须不但包含实质性的法律,而且包含制度上的标准——这些制度性的标准授权各类官员创制、执行和裁断将来的标准。革命可能与自由、平等和民主相一致。为了在一定程度上获得这些价值,革命可能是、通常来说已经是必须的。但是,即便革命许诺在将来提高合法性,但它几乎总是包含对合法性的直接损害。

因此,在某一特定司法区域内对合法性要求的是什么这个问题,用具体的术语作的任何详细的解说——即便是适度有节制的详细解说,都必须非常小心地留意那个司法区域的特殊的制度实践和历史,甚至对合法性在某一个地方的要求是什么所作的适度详细的解说,与对它在其他地方要求的是什么所作的对应的解说也会有所不同,甚或可能是极其不同。(对特定共同体内这些具体要求进行讨论并作出决定,在一定意义上是该共同体内执业法律家的日常工作,在另外一种意义上,也是学院法律家的日常工作。)在某种更加有限的程度上,这对其他政治价值也是正确的:在拥有某一政治人口(one political demography)与历史的一个国家内,被认为是提升了民主或促进了平等或更好地保护了自由的那种具体制度安排,与在另一个国家里也被认为是如此的那些制度安排,很可能是不同的。

但是,尽管合法性对政治实践和历史的特殊要素在细节上,要比其他的那些价值更敏感、更易受到影响,但这并不必然意味着,相对于其他价值来说,在超越地域的细枝末节的哲学层面上,合法性不值得或不应该被探讨。正如我们可以通过提出一个有吸引力的抽象的民主观念来探讨民主的一般概念一样,我们同样也可以追求具有类似抽象性的合法性观念,然后尝试经由更具地域性的具体法律问题看看合法性观念将带来何种效果。在如此构想的法理学和刚才提到的法律家和法律学者们更加普通的

184

日常关注之间,不存在阿基米德主义者们所希望的那种分明的概念性或逻辑上的差异。不过,在抽象的层次方面,以及在相关的技能上面,确实存在一种充分的差异——这种差异解释了为什么哲学问题不同于更加具体的问题,以及为什么哲学问题通常掌握在那些经过几分特殊训练的人的手中。

185　　任何追求合法性一般观念的尝试都面临来自两个方面的压力。它必须力求充实的内容,以避免空洞;它也必须力求足够的抽象,以避免地方主义(parochialism)。[29] 在《法律帝国》中我就尝试开辟一条能够避开这两种危险的路线:我说,通过循着上述两个维度的线索进行的并对之作出回应的建构性解释过程,合法性可以得到最好的阐述。我的观点引起强烈的争议,许多人认为我避免了空洞,但我在多大程度上避免了地方主义尚不清楚。在英国批评者们中间,一个常见的异议是,我的方案在启示的方面(inspiration)是地方主义的——就是说它只意图说明我自己国家的法律实践;要么它在结果上显然是地方主义的,因为我们无需太多的思考或研究就可以发现,它只契合于一种法律实践。[30] 事实上,我的解释追求非常高的一般性,就这个意图来说我在多大程度上成功了,仅仅可以通过在比较法律解释中更加艰辛的作业来评估,这份作业要比那些批评者所从事的作业更加艰辛。我早先在讨论其他政治价值时就说过,我们无法在事先就知道,在寻求这些价值的合理观念的过程中——这些观念调和这些价值,而不是任由它们像通常所宣称的那样处于冲突之中——我们在多大的程度上可能取得成功。我们必须尽我们最大的努力,然后

---

〔29〕 还有成功的进一步的条件。任何成功的合法性观念必须保持这个概念与其他政治价值,包括与程序公正和实质正义之间的差别,无论我们的理论认为这些不同的概念如何的紧密相连和相互依赖。如果我们相信,即便非常不公正的政治安排也可以展示合法性的价值,像我们中多数人做的那样,那么我们对合法性的说明必须允许和解释这个判断。上述这点如何实现,是过去陈旧的法理学故事(chestnut)的神髓:不道德的地方存在法律吗? 还是在《法律帝国》中,我认为,假如我们通过一个可以获取必要的不同和差别的合法性解释,用其他足够的东西支持我们的答案,我们可以用不同的方式来回答这个问题。哈特在他的后记中说,我对这个论点的议论承认了对法律实证主义有争议的所有事情。但他误解了。

〔30〕 这个批评并不限于英国批评家,它还包括理查德·波斯纳法官在牛津的克拉伦敦讲座,虽然他的讲座可能更像是一个观察而非批评,因为他补充说,哈特的法理学同样是地方主义的。参见 Posner, *Law and Legal Theory in England and America* (Oxford: Clarendon Press, 1997).

第六章 哈特的后记与政治哲学的要义

看看我们在多大程度上成功了。对合法性所作的有益解说可以取得多大程度的抽象性,对于这个不同的问题,我们也必须采取相似的态度。我们必须拭目以待。

这使我想起最近的一个故事。不久前,在和牛津大学约翰·加德纳(John Gardner)教授谈话时,我说,我认为法律哲学应该是令人感兴趣的(interesting)。他斥责了我。他回答说:"你难道没有发现?这就是你的问题所在。"我接受他的指责。但请让我解释一下我用"令人感兴趣的"一词所想表达的意思。我认为法律哲学应该既关注比自己抽象的学科,也关注没自己抽象的学科。它应该关注哲学的其他部门,政治哲学当然包含在内,同时也包括其他的部门;并且它必须对律师和法官具有吸引力。事实上,确实有许多法律哲学已经引起了律师们和法官们的兴趣。现在,不仅在美国,而且在诸如欧洲、南非和中国,已经有越来越多的人对法律哲学很感兴趣。但是,这种兴趣的扩展并不是发生在所谓的"法理学"课程中,我估计它依然非常沉闷,而是发生在法律的实体领域内:当然有宪法,它一直深受理论的影响,而且还有侵权法、合同法、冲突法、联邦司法管辖权,最近甚至也有税法。我不是仅仅想要表明这些课程既探讨理论问题又探讨实践问题:确切地讲,它们探讨的是我已经讨论过的问题,即合法性的内容和它对法律内容的暗示。但是,在我看来,认为他们的工作是描述性或概念性——与规范性截然不同——的法律哲学家失去了参与这些讨论和争论的机会,最终,在一些大学里,法理学的领域萎缩了。

有时候,就像现在这个时候,我忍不住要直接对尚未加入到一个理论阵营的年轻学者说上几句。因此,我以这个对你们这些计划从事法律哲学的人的呼吁结尾。当你们从事法律哲学研究时,你们要肩负起哲学那正当的责任,放弃中立性的掩饰。为索伦森女士和所有其命运依赖于有关法律已经是什么这个问题的新颖主张的人说话。或者,如果你不能为他们说话,至少向他们说明,为什么他们无权主张他们所要求的。向那些对如何适用新的《人权法案》茫然无措的律师和法官发表意见。不要告诉法官他们应该以他们认为是最佳的方式行使自由裁量权。他们想知道如何去理解作为法律的《人权法案》,如何作出判决,应该采用哪些材料,自由和平等现在如何被看作既是政治观念也是法律权利。如果你帮助他们,如果你以这种方式介入这个世界,那么比起你遵循哈特那种关于分析法学的特征和限度的狭窄观念,你将更加忠实于赫伯特·哈特的才华和热情。然而,我警告你,如果你以这种方式出发,你将处于一种重大的危险之中,那就是成为"令人感兴趣的"(interesting)。

第七章 三十年以来

导 论

在《原则的实践》一书中,耶鲁法学院的朱利斯·科尔曼(Jules Coleman)教授为他所谓的法律实证主义的一种版本进行了辩护。[1] 此种法律理论的经典形式认为,一个共同体的法律仅仅包括那些被该共同体的法律制定者宣布为法律的东西;因此,认为某种非实证的力量(force)或媒介(agency)——例如,客观的道德真理,或者上帝,或者一个时代的精神,或者人民弥散的意志,或者漫长历史的脚步声——可以成为法律的渊源是错误的,除非法律的制定者已经宣布它们为法律的渊源。

科尔曼将他的讨论置于有限的历史语境中。三十多年以前,我发表了对实证主义的批判。[2] 我认为,实证主义不是对复杂的政治共同体内公民、律师和法官的真实实践的忠实解说;我说,在实践中,对法律内容存有争议的人们

---

〔1〕 Jules Coleman, *The Practice of Principle: In Defense of a Pragmatist Approach to Legal Theory* (Oxford: Oxford University Press, 2001). 除非另有说明,否则所有对科尔曼的引述均出自这本书。

〔2〕 Ronald Dworkin, "The Model of Rules I", 35 *U. Chi. L. Rev.* 14(1967), 重刊于 Ronald Dworkin, "The Model of Rules I", in *Taking Right Seriously* (Cambridge, Mass.: Harvard University Press, 1978), 14.

以某种方式诉诸道德考量,而这是实证主义无法解释的。科尔曼将我的文章看作是一种重要的催化剂,它促进了我所批判的立场的进一步发展。他说,虽然我的挑战"在许多方面是误导性的"(页67),虽然"今天没人认为这个论断是令人信服的"(页105),但是它却主导了当今的法理学,因为"两个不同的且互不相容的[对我的挑战的]回应策略已经被详尽地阐述了"(页67),这些策略催生了两种版本的实证主义,它们之间存在着令人兴奋的且具有启发意义的竞争。

第一个是"排他性"(exclusive)的实证主义,坚守传统的实证主义命题,即法律所要求的或禁止的东西决不能依赖任何道德检验。科尔曼将牛津大学的约瑟夫·拉兹教授看作是排他性实证主义在当今的首要领导者,并且详尽地讨论了拉兹的观点。第二种形式的实证主义是"包容性"实证主义,允许道德标准出现在识别有效法律的检验中,但条件是法律共同体接受了这样一种惯习(convention),该惯习认为道德标准可以出现在识别有效法律的检验中。科尔曼支持第二种形式的实证主义,他绝大部分的著作均在论证他的包容性实证主义版本优于任何形式的排他性实证主义,更优于我对法律非正统的、非实证主义的解释。

科尔曼的著作论证清晰严密,充满哲学上的抱负。因此,在被他看作是催化剂的我的挑战发表三十多年后,他的著作提供了一个很好的机会,来检视法律实证主义的状态。法律实证主义后期的系统阐述成功地调和了该理论与真实的法律实践了吗?如果调和了,那么哪种系统阐述是最成功的呢?我将论证,无论是科尔曼提出的论断还是他归之于其他实证主义者的论断均是不成功的。排他性实证主义,至少拉兹的版本,是托勒密式的教条(Ptolemaic dogma):他使用虚假的法律与权威观念,唯一的要点看起来是不惜任何代价来维持实证主义的生命。包容性实证主义更糟:它根本就不是实证主义,其唯一的企图是为一种完全异于实证主义的法律观念和法律实践维持"实证主义"名头。如果我这个无情的判断是正确的,那么进一步的问题就出现了。为什么当法律实证主义者在不能为实证主义找到成功的论辩时,还是如此心急火燎地为实证主义辩护呢?我将在后面给出我认为的答案,至少是部分答案吧:实证主义者不是因为内在的诉求而采纳他们的法律观念,而是因为他们的法律观念允许他们将法律哲学看作是一种自主的、分析性的、自足的(self-contained)的学科。

匹克威克式的实证主义

科尔曼认为,比起我的理论,他的包容性法律实证主义提出了一种对法律的更好理解。因此,令人迷惑不解的是,他的实际论述与我的论述简直是如出一辙。事实上,很难看出任何真正的差别。〔3〕我认为,法律的内容不是由律师和法官的统一行为或信念决定的,法律的内容在他们之间经常是有争议的;当法律家对法律有分歧时,他们经常为各自的不同立场进行辩护,试图通过诉诸道德考量来解决他们之间的分歧;当分歧特别深的时候,这些道德考量可能包含有关整个法律实践的基本要义和目标的最好理解的主张。〔4〕

比较一下科尔曼的阐述。他认为,法律实践的框架

> 是由参与者的行为创造的和支撑的,但建构实践的规则的内容却并非如此。规则是不断进行着的协商的结果。因此,对其内容很可能会存有分歧——进一步说,分歧是实质性的和重要的,考虑到整个法律框架,分歧可能通过诉诸有关一个人应该如何进行诉讼的实质性道德论辩来解决,这可能带来对实践之要义(point)的讨论。(页99)

因此,"毫不奇怪的是,在解决这些争论时,各方就他们共同参与的实践提出了相互冲突的观念(conceptions),这些观念诉诸有关实践之要义或功能的不同理念(ideas)。在如此行事的时候,他们可能做出实质性的道德论辩"。(页157—158)

---

〔3〕 科尔曼对这个困难很敏感,在两个长注脚中(页4,注3 和页10,注13),他阐述了并且试图反驳未指明的读者的这个观点,即他的方法和结论与我的非常相似。

〔4〕 我在《法律帝国》中开始为法律实践的这种解释进行辩护。Ronald Dworkin, *Law's Empire* (Cambridge, Mass.: Harvard University Press, 1986).

这听起来不像是实证主义,倒像是工作中的赫拉克勒斯(Hercules)和他的同事。[5] 然而,出于一个单独的理由——他的整个立场就以此作为根据——科尔曼仍然认为,他的法律理论与我的法律理论极为不同,他的理论是法律实证主义之一种。他认为,实证主义的中枢神经是这个命题,即检验法律的标准"是且必须是"惯习问题(matters of convention)。在他看来,我们之间的不同是,他认为我们以类似的方式描述的法律实践完全是一个惯习性实践,而我则并不这么看(页100)。当然,如果科尔曼仅仅认为,律师和法官中广泛流行的、未受挑战的理解在类似的法律制度中扮演了重要的角色——例如,如果美国的法律家不认为美国宪法的要求是美国法律的一部分,那么美国法律制度就不能像现在这样有效地运转——那么他的主张毫无争议;我和任何其他的法律理论家都不会有异议。如果他进一步认为,这些广泛流传的理解构成了惯习,那么他的主张将非常有争议,不过也倒不令人感到奇怪。他的主张是个强主张,因为它坚持这个更强的命题,即法律标准可以被惯习穷尽:也就是说,有效的法律推理仅仅包含将特殊的法律惯习适用到具体的事实情况中。如果他能够支撑这个更强的主张,那他就将确实地表明我们立场间的重要差别,他确实有权利将他的解说描述为实证主义的。

科尔曼主要是追随了哈特本人颇有影响的实证主义版本。哈特认为,每一个法律体系必然依赖于一个首要规则,或"承认规则",来识别任何或全部有效的法律主张。这个规则的存在,仅仅是因为它作为一项惯习而被(至少是官员)接受。[6] 如果这个命题是正确的,那么实证主义就被证明是正当有效的,因为法律惯习是经由法律程序中的官员和其他参与者的复杂行为和态度而形成的,不再需要任何其他的东西。但是,正是由于这个原因,科尔曼的主张(即法律建立在惯习之上),和他所承认的东西(即律师和法官对法律是什么经常众说纷纭,这反映了道德争论,包括

---

[5] 在《法律帝国》里,我设想了一个法官,我称之为赫拉克勒斯(Hercules),他对作为整体的法律实践和他的共同体内,已有法律的最好的道德论证提出了一个全面的解释,并将他的结论作为裁决提交到他面前的新案件的基础。Ibid., 239-240.

[6] 参见 H. L. A. Hart, *The Concept of Law*, 2d ed. (Oxford: Clarendon Press, 1994), 94.

关于法律制度的真正要义的争论），看起来是冲突的。惯习是建立在共识之上的，而非建立在分歧之上。哲学家经常运用这个理解，即在双车道的路上人们必须靠右行使，来作为惯习的例子。惯习存在于它运转着的地方，因为几乎每一个人都确实靠右驾驶，反对任何人靠左行驶；并且认为，之所以靠右驾驶以及在人们不靠右驾驶时加以反对，其理由的实质部分在于，几乎每一个人都靠右驾驶并且当其他人不这样做的时候即表示抗议。当一群人对什么行为是被要求的或恰当的有分歧时，还要认为他们具有裁决该争议问题的惯习，这看起来颇为古怪。假设在一个靠右驾驶的共同体内，对司机是否可以左侧通行没有一致意见。一些司机如此行事，一些司机不如此行事；他们等待着为此目的而出现的第三条道路，他们批评那些不恰当地使用左侧道路通行的人。在这样的共同体中，至少根据一般可接受的观点，是没有事关通行规则的惯习的。然而，科尔曼认为，即便当法官对于法律要求什么有分歧时，他们依然遵循着有关如何识别法律要求什么的惯习。因此，他面临一个挑战，他得解释这如何可能。

他试图用——我认为是两种不同的——策略克服这个挑战（虽然他没有强调，甚或不承认两者之间的区别）。第一个依赖于两种不同分歧之间的区分，被宣称的惯习当中的各方可能会发现他们具有这些分歧。他们可能发现，他们对被假定的惯习的内容存有分歧，也就是说，对该惯习的规则实际上是什么存有分歧。或者，他们可能发现，虽然他们对规则是什么意见一致，但他们对一个特殊的规则能否适用于某个特殊的案子存有分歧，也就是说，他们对惯习的适用存有分歧。当他使用这个策略时，科尔曼承认，如果法官对于为了识别法律而应遵循的规则的内容出现系统性分歧时，那么他的法律必然建立在惯习之上的主张必定失败，因为这种分歧表明，压根就没有这样的惯习存在。他说，如果我们必须将有关如何识别法律的深层的司法分歧解释为有关内容的分歧，"我们当然应该赞同德沃金的结论，即承认规则必然是'规范性的'而非社会性的规则"（页117）。但是他坚持认为，即便司法上的分歧具有一个道德的维度，它也总是一个适用问题，而非内容问题。

在一些案件中，内容与适用之间的差别十分清楚，我们有信心将一个

191

分歧描述为关于适用的分歧。如果一组法官认为,他们必须在下午七点之前结束每天的商议,但对现在几点钟却意见不一时,他们争论的是他们的惯习的适用而非内容。但是,科尔曼念兹在兹的司法分歧非常不同,将这些最重要的分歧仅仅描述为有关适用的分歧显得有些古怪。假设一个特定法院的法官接受了这样的惯习,即他们必须遵循上级法院过去的判决,但对他们是否要遵守他们自己过去的判决却意见不一。如此,则可以很自然地说,对于遵从他们自己以前的判决这个问题,他们没有共享的惯习。然而,通过我所谓的抽象策略(abstraction strategy),我们可以避免这个结论,而将他们的分歧阐述为关于正确适用惯习的分歧。我们可以用抽象的道德词汇重新描述他们的惯习。例如,我们可以说,他们共享这样一个惯习,该惯习要求他们在对他们来说——在考虑到所有因素之后——遵循先例是"正确的"或"恰当的"或"可取的"的情况下,遵循先例。然后我们可以说,他们仅仅对这个更加抽象的惯习的正确适用意见不一——也就是说,他们有分歧的仅仅是,对他们来说,总是遵循他们自己的先例的做法在事实上是否正确或可取。我们可以运用这个策略,把任何群体对应当支配它的行为的标准可能具有的任何分歧,都转化成一种假定的对他们共享某些更为抽象的道德惯习之适用问题所具有的分歧。例如,我前面讨论过的对逆行有分歧的司机,无疑会赞同司机应该"恰当地"驾驶这样的主张。因此我们可以说,他们关于逆行的异议仅仅是关于将惯习——要求恰当驾驶的惯习——正确地适用于特殊的逆行问题上的异议。

科尔曼用这个抽象策略为他的这个主张辩护,即所有的法律都是建立在惯习之上的。如我所言,他承认即便律师和法官对所有相关的事实均意见一致时,他们对法律仍然可能存有分歧,例如,他们对某些歧视同性恋的法律是否有效存有分歧。但他认为,这只是一个关于他们所共享的一条用以识别法律的规则,一条以道德语汇表达的承认规则在适用方面的分歧。他以此种方式来举例说明这些抽象的规则:

> 除非某一规范是公正的,否则它不能成为法律——这样一条承认规则,看起来将道德看作是合法性的必要条件(a necessary condition)。

而主张特定的规范是法律,因为它们表达了正义或公平的维度的承认规则,则将道德看作是合法性的充分条件(a sufficient condition)。诸如美国宪法第十四修正案的平等保护条款,或者《加拿大宪章》中类似的条款,可以看作是承认规则的例证,它们将一条规范的道德性的某些特征看作是其合法性的必要条件。另一方面,"没人可以从自己的错误行为中获利"这个原则可以被看作是法律,因为它表达了正义或公平的维度,在这种情况下,正义的或公平的维度看起来是其合法性的充分条件。(页126)

因而,在科尔曼看来,关于平等保护条款的正确适用的争论也就是关于将抽象的道德惯习——不公正的制定法不是有效的法律——适用于具体案件中的争论。科尔曼认为,联邦最高法院所有的大法官都接受这个惯习,当他们针对将同性婚姻刑事化的法律是否有效的问题而发生争论时,他们争论的仅仅是该惯习对这些法律的适用问题。因此,即便是美国宪法中最容易引起道德争论的这些部分,实际上也是建立在惯习基础上的。

然而,科尔曼的抽象策略至少在三个方面使得实证主义无足轻重。首先,由于我们归诸于法律家的惯习并没有抽象程度上的限制,以至于我们可以用这个策略将任何法律实践解释为惯习性的,无论它看起来在多大程度上违背了实证主义的传统要求。设想这么一个共同体,其中的法官仅仅对他们应该以"恰当的"、"可取的"或"公平的"方式裁决案件这一点意见一致;但对哪种发现法律的方法可以导致恰当的、公平的或可取的裁决存有极大的分歧,因为他们对于什么是恰当的、公平的或可取的存在着极大的分歧。根据抽象策略,他们的实践满足了实证主义对法律系统的检验,因为他们共享了一个惯习性的承认规则——抽象的道德规则,认为凡是恰当的、公平的或可取的就是法律——他们仅仅对这个被假定的惯习性规则对特殊案件的适用性存有争议。

其次,以此种方式拯救的实证主义不再主张法律或法律推理的特殊性,因为一旦我们接受了这个策略,我们便很容易以相同的方式将任何共同体的道德实践看作是建立在惯习基础上的。虽然美国人对一系列的道德问题存有争议,但几乎所有人都赞同,人们应当以"正确的"或"恰当的"或"公平的"方式行事,因此,他们的不太抽象的争议全部都是对他们的更加抽象的共享的惯习的正确适用的争议。

第三,该策略掏空了惯习观念本身。一个惯习只有在下述情况下才存在,即每一个人都因为其他人也以同样的方式行事而以此种特定的方式行事;惯习使得行为的适当性依赖于其他人的聚合的行为(convergent behavior)。这就是为什么所有的法律最终都建立在惯习之上,这个主张是一个实证主义的主张的原因。但是,如果认为任何法官的信念,即他应当以"恰当的"方式裁决案件这个信念,依赖于其他法官的聚合的行为,那就是不可思议的了。法官将会认为,无论其他法官如何做或如何想,他都应该以恰当的方式裁决案件。其他的选择是什么呢?难道是以不恰当的方式裁决案件?

或许科尔曼会反驳说,他的抽象策略并没有要求他将我刚才所设想的那种抽象程度的惯习归诸于律师和法官。但是,一旦他踏上抽象的梯子——一旦他宣布,任何有关识别法律的恰当标准的争论,实际上都是关于更加抽象的惯习的正确适用的争论——他便没有办法限定这个策略所使用的抽象程度了。无论如何,他都必须接受比他看起来承认的抽象更高一个层次的抽象,以便表明大多数类似的法律体系,包括美国法律体系,实际上仅仅建立在惯习之上。我刚才所引证的他的陈述认为,作为一个惯习问题,美国法官们都同意,平等保护条款和宪法的其他条款使具体的法律的有效性依赖于道德检验,他们有分歧的只是这些道德检验实际上要求什么。但是,这当然不是真实的。相反,平等保护条款使得法律依赖于道德这个提法本身就非常有争议。许多法律家,包括联邦最高法院的一些大法官,认为这个提法是正确的,然而,包括联邦最高法院其他大法官在内的其他人坚决反对这种提法。后者中的许多人认为,这个条款使得法律依赖于历史事实:相关制定者认为什么是不公平的历史事实,或有关美国人一般认为什么是不公平的历史事实,或者诸如此类的东西。如果科尔曼试图创造一个首要法律惯习,以契合所有美国律师和法官关于宪法的抽象的道德条款应该如何被解释的观点,他就不得不选择我所设想的那种脆弱的"惯习",即法官应该以恰当的方式解释宪法——也就是说,以最好的政治理论所证成的方式。然而,即便这个被建议的惯习也没有抽象到足够的程度以涵盖所有的美国法律实践,因为关于如何论证有效的美国法律的大多数政治道德争论,并不在任何实质的方式上依赖于宪法文本。[7]

照我看来,科尔曼的第二个策略并不依赖于惯习的内容与适用之间的任何区分,因而并不要求一个抽象的策略。相反,他认为,在任何有法律存在的共同体内,司法事业本身就是一种惯习;也就是说,法律建立在惯习之上,不是因为官员都接受某个基本的承认规则,而是因为官员都接受,他们的事业是一项无处不在的合作进行的事业。他使用从迈克尔·布莱曼(Micheal Bratman)教授那里借来的概念"共享的合作活动"(a shared cooperative activity)。[8] 科尔曼将共享的合作活动描述为"我们一起做的事情——一起散步,一起建房子,一起唱首二重奏都是共享的合作活动的例子"(页96)。这样的合作行为揭示了三个典型的特征:相互责任(每一个参与者"对其他参与者的意图和行动负责");对合作活动的义务(每一个参与者"对合作活动都承担适当的义务[虽然可能出于不同的理由]");相互支持的义务(每一个参与者都"有义务支持其他人的努力,以便他能在合作活动中扮演他的角色")(页96)。科尔曼认为,在任何法律体系中,官员的行为都可以被看作形成了具有这些特征的共享的合作活动。他说,"官员们对合法性之标准的内容可以且确实存有分歧,……但[相信]这些分歧可以通过实质性道德论辩来解决"(页158)。[9] 然而,这种分歧"完全不与调节惯习性社会实践的承认规则相矛盾,并因此也不与作为一种惯习性规则的承认规则相矛盾",因为"共享的合作活动是惯习性的这一意义是明白无疑的。它的存在并不依赖于为了支持它而提供的种种论辩,而是依赖于它之被实践——依赖于这样的事实,即个

195

---

[7] 参见 Benjamin C. Zipursky, "The Model of Social Facts", in Jules Coleman, ed., *Hart's Postscript* (Oxford: Oxford University Press, 2001), 219, 251-253.

[8] 参见 Michael E. Bratman, "Shared Cooperative Activity", 101 *Phil. Rev.* 327 (1992).

[9] 强调是笔者所加。

体展示了构成共享的意图的那些态度"(页158)。

科尔曼认为,这两个主张——共享的合作活动必然植根于惯习之中,以及法律实践必然构成一项共享的合作活动——以一种简洁的方式将他这么多年来为包容性实证主义所做的全部不同主张串联了起来(页99)。但是,严格地讲,每一个主张都显然是不成功的。首先,科尔曼引用的展现"共享的合作活动"的特征的那些活动,诸如一起散步或一起建房,不需要以任何方式构成或涉及惯习。一起走的两个人可能会发现采取或遵循惯习——例如,关于在丛林的小路上,谁先通过狭窄的通道的惯习——是有益的,但是他们不需要采取或遵循惯习,而如果他们没有遵循那条惯习,那也并不表明他们没有投入这种活动,或者他们没有展示对彼此意图的敏感性,或者他们没有投身于该项目,或者在必要的时候没有相互支持。他们确实需要相互交流,根据另一个人的所作所为不断地调整他们的行为。但是,在这个过程中,惯习不起任何作用。任何情况下,无需植根于某种基本的和主导的惯习——该惯习对于惯习主义者对诸如一起合作建房这样的行为的解释是必要——合作行为就可以进行。假设其他人的所作所为是给定的,则共享的合作活动的每一方,在任何时刻都可以自行判断他做什么是恰当的,而无需由其他人过去的或预期的行为所构成的任何惯习的引导。

其次,对于任何国家法律程序中的行为者,根本没有概念上的必要性来展示科尔曼在界定"共享的合作活动"时所列的混合态度。他说,"这是有关法律的概念上的真实,即官员们彼此之间必须以各种各样的方式协调他们的行为,以便回应其他人的意图和行为"(页98)。但是,这个绝对抽象的描述几乎适合于社会生活的每一种形式——那些认为自己是道德的人也接受,他们必须以各种各样的方式来协调他们与其他人的行为,即便他们对这个抽象的义务实际要求什么存有争议。布莱曼的文章讲得很清楚,他的条件对于具体的合作来说有比这更多的要求,而任何共同体的法律官员是否满足这些更加确定的条件——例如,法官是否共享更加具体的抱负——这个问题,以及一个人在多大程度上致力于支持而不是破坏他人的努力的问题,乃是一个经验性的问题。一些美国法官希望通过增强州对抗联邦政府的权力,来为过去几十年的美国宪法翻盘,其他法官则致力于他们所能做的一切来反对这种变化。一些法官希望使法律成为确保国家繁荣的更有效的工具,然而,坚决反对这个抱负的其他法官却希望运用法律来消除贫困。美国法官被这些抱负搞得更加分化而非联合。他们单独地或拉帮结派地散步或建房子,而非全体一致行动。

科尔曼试图表明,作为概念必要性问题,法律体系必须建立在某种基本的组织性的惯习上,但他辛辛苦苦的努力都失败了。然而,我至少应该提及一个进一步的哲学论断,即科尔曼对惯习和惯习所"固定"(fixes)的规则之间的关系所作的论断(81页)。这个进一步的论断可能被认为支持他的惯习命题,但事实上却威胁到这个命题。他用这个"错误的"观点批评我,即"[构成惯习]的行为的集合完全决定惯习所固定的规则的内容"(页79,注10)。然而,他未能区分两种不同的主张,其中之一确实是我所主张的,但另一个则是错误的。我们可能认为——这是我所主张的——一个共同体并没有一个要求某种特殊行为的惯习性规则存在,除非该共同体内的大部分人展示了这种行为。例如,如果过半的人认为在双行道上靠左行驶并没有什么不妥,且公开地、欣然地、毫无内疚感地这么做,那么就不存一个确定了一条禁止靠左通行的规则的惯习。这是需要用来支持我的下述观点的主张:如果法官之间对识别有效法律的标准存有根本的分歧,那么他们就根本没有共享一个规定了识别有效法律的标准的惯习。或者,我们可能认为——而我则并不这样认为——对于一个惯习来说,存在与一条特殊规则相一致的聚合性行为,它即可充分地确定该条特殊的规则。

科尔曼为了展示我的错误而提出的源自维特根斯坦的论断仅仅表明,第二个主张是错误的。假设一个特定共同体内的法官在裁决每一个民事案件时,总是支持案件中年纪最长的一方,并且总是引用这样的事实作为他们的论证,即胜诉者是年纪最长的一方。我们不能由此得出结论说,这些法官都在遵守这样一条规则,该规则要求他们的裁决总是支持年纪最长的一方。或许,(采纳维特根斯坦的建议)他们中有一半遵循该规则,剩下的另一半遵循不同的规则。这个规则要求,如果案件是在2004

年12月31日前听审的,那他们的裁决就支持年纪最长的一方;如果案件是在2004年12月31日后听审的,那他们的裁决就支持年纪最小的一方。因此,要使我们认为一群法官共享一个关于如何识别法律的惯习性规则,"他们必须对将来的哪些行为符合这个规则、哪些行为不符合这个规则意见一致"(页80)。〔10〕科尔曼进一步说道,对于如何准确地阐述他们所遵循的规则,法官在某种程度上可能意见不一,"特别是当他们被要求详尽无遗地阐述这个规则时,或被要求将这个规则适用到一系列疑难的、有待证实的案件中时"(页81)。他认为,重要的是,当疑难的、有待证实的案件实际出现时,法官事实上作出了相同的裁决,虽然在规则的阐述上有所不同:"如果相同的规则被遵循,那么参与者必然共享对规则的领悟或理解,并在聚合的行为中……反映出来"(页81)。"换句话说,对将来的哪些行为与规则一致,哪些行为与规则不一致,他们必然意见一致"(页80)。这些评论看起来承认了科尔曼后来力图反驳的东西:共享一条规则至少要求共享对该规则在详尽阐述的事实语境中,事实上和具体地要求了什么的理解。

总而言之:科尔曼的法律实证主义版本最好被描述为反实证主义。他完全背离了他为之辩护的哲学遗产。他通过主张实证主义的核心教义——法律总是一个惯习问题——依然是正确的来掩盖他的撤退。但是,他对惯习的使用是通过投降来获取胜利的。他的第一个策略使得惯习的理念变得毫无意义,使得惯习在实践中和理论上变得毫无用处。他希望将合作转化为惯习的第二个策略也失败了,因为合作不需要依赖于惯习,因为作为一个概念必要性问题,法律体系不需要依赖于完全的合

---

〔10〕 参见 Ludwig Wittgenstein, *Philosophical Investigations*, trans. G. E. M. Anscombe (Oxford: Blackwell, 1953), 202. 维特根斯坦论证了一个比科尔曼所接受的结论更加激进的结论:即便法官之中关于如何裁决将来案件的明确的一致意见,也不能表明法官遵循着相同的规则。一致意见必须能够被表达在一个主张中,没有任何主张能够识别可能出现的无穷无尽的案例。一些评论者认为维特根斯坦的论断具有怀疑论的结果,即根本没有遵循规则这码事。参见,例如,Saul Kripke, *Wittgenstein on Rules and Private Language: An Elementary Exposition* (Oxford: Blackwell, 1982), 55. (哲学文献中没有比这个标题更具误导性了;克里普克(Kripke)的论断远不止是初步的。)科尔曼引述了克里普克(页81),但是他不能接受克里普克对维特根斯坦的论断结果的怀疑论主张,因为科尔曼想建立的并非没有惯习性的法律规则,而是法律完全是一个惯习性规则问题。

作。在理解实证主义追随者的坚持不懈方面——例如,在理解为什么科尔曼如此心急火燎地挥舞实证主义的旗帜,以至于他愿意放弃每一份忠诚来这么做的问题上——我们没有取得任何进展。

托勒密式的实证主义

在这章中,我的目的是评价法律实证主义者过去三十年来为了捍卫他们的立场而作的诸多论辩。因此,我必须讨论科尔曼看作是自己的首要对手的辩护策略。他将这种策略称为"排他性"实证主义,他将约瑟夫·拉兹看作这种策略的教父。排他性实证主义认为,道德检验或考量不能在识别正确法律主张的标准中发挥作用。拉兹为这个无畏的主张所作的论辩是极为复杂的;我力图详尽地解释他的论辩,但事先作个总结或许大有裨益。首先,他认为,法律宣称对某个群体具有正当的权威,这是法律概念的题中应有之意;其次,这个主张预先假定法律指令是能够具有权威性的;再次,除非指令的内容——即它要求人们所做的事情——无需借助任何道德判断就可以被确定,否则指令就不可能具有权威性。这一论辩,即便是这种提纲挈领的形式,也可能使你感到惊奇。决定法官在行使其执行法律的职权的过程中可以做什么以及必须做什么,这在实践上和政治上是非常重要的;而将这个方面同其他依赖于一种不同的、更负争议的辩护的司法行为与裁决区分开来,也是非常重要的。让这么一个重要的实践区分依赖于对权威概念的抽象分析,看起来十分怪诞。

事实上,我所总结的论辩中的每一步都是问题重重。问题首先出现在最初的人格化(personification):拉兹说,"我将假定法律,即任何地方发挥着效力的每一个法律体系,必然具有事实上的权威。这必然意味着,法律要么声称自己具有正当的权威,要么被认为具有正当的权威,要么两者兼而有之。"[11] "法律"(law)声称具有正当的权威——这样的说法意

---

[11] Joseph Raz, *Ethics in the Public Domain: Essays in the Morality of Law and Politics* (Oxford: Clarendon Press, 1994), 199.

味着什么呢？这种类型的人格化在哲学中经常被用来作为陈述一组主张之意义或内容的简短方式。例如，哲学家可能会说，道德声称要强加无条件的绝对要求，或物理学声称要揭示物理世界的深层结构。他的意思是，没有任何一个主张是真实的道德主张，除非它精确地陈述了无条件的（不只是简单地假定的）要求，或没有任何一个主张是真实的物理学主张，除非它正确地陈述了物理结构。如果我们以这种熟悉的方式来解读拉兹的人格化，我们可以说他的意思是，没有任何一个法律命题是真实的，除非它成功地陈述了正当权威的运作。但是，这并不意味着拉兹所认为的道德不能成为法律的检验标准，而是意味着道德必须是法律的一种检验标准。因为，正如拉兹所承认的，"如果缺乏使某人的指令具有权威性的道德的或规范的条件"[12]，那么没有任何权威的运作具有正当性。

对拉兹的人格化，很难找到一个合情合理的替代性解读。他有时认为，当他说"法律"（law）主张正当的权威时，他的意思是法律官员主张权威；当法律官员认为他们"有权"给公民施加义务，公民"应对他们奉献忠诚"，"应该遵守法律"时，他们就是在主张权威。[13] 认为法律官员经常作出这样的主张是一码事；认为除非他们作出这样的主张，否则就根本没有法律，这是另一码事。事实上，许多官员并非如此。例如，奥利弗·文德尔·霍姆斯认为，道德义务这种观念简直就是混淆视听。他并不认为制定的法律取代了普通的理由，人们因着这些理由，遵循着某种高于一切的赋予义务的指令而行事，这些制定的立法毋宁是通过使行为的成本在某些方面更加昂贵，来为这些普通的理由添加了新的理由。一个共同体内是否有法律，并不依赖于有多少法律官员共享霍姆斯的观点。因此，我们无法通过假定拉兹这种关系重大的人格化是在指称官员的实际信念或态度，来理解这个人格化。事实上，他提供了替代的选择：在我前面所引的章节中，他说，法律"被认为具有正当的权威"就足够了。我们可以推测他的意思是，如果几乎所有的公民都认为他们的法律具有正当的权威，那就足够了。但是，这看起来也并非是必然的。就像假设官员都赞同霍姆斯

---

[12] Ibid., 199-200.
[13] Ibid., 201.

的观点那样,让我们假设公民都持有霍姆斯式的观点。那么法律就此停止存在,而只有当一种不同的和更好的法理学被采纳后,法律才会再次出现吗?认为霍姆斯是错误的,并且因此如果他使得每个人接受了他的观点,那么每个人就都是错误的——这个看法不是更加合情合理吗?一般来说,美国法确实给其公民强加了遵循的道德义务,而无论其公民是否认为确实如此?

因此,我们应该如何解构拉兹的言语形象,这依然是迷惑不解的。但是,为了论证的需要,假设我们认为拉兹想要作出经验性的断言,即每一个法律官员都认为,他制定的法律创造了道德义务,并且让我们进一步认为这个断言是正确的。现在来考虑拉兹的第二步。他指出,除非官员制定的法律能够具有正当的权威,否则官员的主张就不是合情合理的——他的结论是,不具有正当权威的法律根本不是法律。这个结论中至少有两处错误。首先,某些法律具有正当的权威——这是我们为了假定官员的主张是合情合理的而必须承认的所有事情——从这个事实的根本不能得出,除非具有这类权威,否则就不是法律。那些认为他们所制定的所有法律都强加道德义务的立法者,或许并不认为所有的法律都强加道德义务,更不会认为任何地方的任何法律都能够强加道德义务。他们可能认为,作为一个概念问题,如果他们通过一项制定法宣布潮汐必须停止涨落,那么他们就创造了法律,虽然这可能是一部愚蠢的法律,且当然不能创造任何道德义务。

其次,即便所有的官员确实认为,法律必须能够强加道德义务,因此能够具有正当的权威,这个观点可能仅仅表明,他们在他们所使用的概念上犯了错。人们经常基于概念上的误解作出真诚的主张。例如,许多人认为,即便是经过正当化论证的税收也必然减损纳税人的自由。在我看来,这样的人犯了概念上的错误:他们并不理解他们的主张的本质,因为他们误解了自由。[14] 即便实践中每个人都做出这样的主张,也并不意味着税收必然或在本质上减损自由。拉兹认为,乐观地讲,官员不可能对权威概念"系统性地"迷惑,因为"考虑到法律制度在我们的权威结构中的核心地位,他们的主张和观念是我们的权威概念所形成的,并反过来作用于我们的权威概念。"[15] 但是,可能没有任何权威观念可以看作是"我们"的观念。正如即便在一个单一的共同体内,不同的人可能持有不同的自由观念一样,他们也可能持有不同的权威观念。即便他们中的大的群体,也可能持有错误的观念。[16] 如我们很快就要看到的,拉兹自己的权威观念是古里古怪的。即便他是正确的,他的权威观念是最好的观念,或者是法律家应该采纳的观念,但这也并不意味着(这显然也不是事实)它是他们全都已经采纳了的观念。

然而,再一次为了论证的需要,我们承认拉兹是正确的,即法律必然"能够"建构正当的权威。至少乍一看,这似乎意味着除非法律满足具有正当权威的所有必要条件,否则就根本不是法律。拉兹认为,有这么几个必要的条件,其中一些是道德条件:"如果一个法律体系缺少能够赋予其正当权威的道德属性,那它啥也不是。"[17] 拉兹或许会认为,如果一项公认的法律的要求在道德上是邪恶的,或如果它源自一个不具有正当的权力,如一个篡位的独裁者,那么它就不具有正当的权威。正当权威的其他条件是非道德性的。拉兹提醒我们,如果一个东西不能与其他东西交流,如一棵树,那它就不能运用正当的权威。拉兹认为,法律获取正当权威的另一个非道德性条件是,它的内容无需借助道德推理或判断就可以被识别。(这是我前面所总结的论断的关键的第三步,我们很快就会探讨它。)

---

[14] 在我看来,自由(liberty)意味着在尊重别人的权利的情况下,按照你的意愿使你的恰当的或道德的财产的自由(freedom)。因此,公正的税收并不折损自由。参见 Ronald Dworkin, *Sovereign Virtue* (Cambridge, Mass.: Harvard University Press, 2000), 120-183. 当然,其他人认为那是我误解了自由。我现在的观点是,我们共享的一些概念的正确理解经常是有争议的。我们认为对一个概念有一种正确的理解或观念,但对这个正确的理解或观念是什么存有争议。参见 Dworkin, *Law's Empire*, 45-86. 因此,即便某个共同体的官员全部采纳了法律概念的一种理解,那也不表明他们的理解是正确的。

[15] Raz, *Ethics in the Public Domain*, 201.

[16] 参见 Dworkin, *Sovereign Virtue*.

[17] Raz, *Ethics in the Public Domain*, 199.

第七章 三十年以来

拉兹承认,道德条件给他提出了一个严峻的问题。如果他接受从他先前的假设推论出来的东西——真正的法律必然满足正当权威的所有必要条件,包括道德条件——他就不可能是排他性实证主义者。法律是否因为太邪恶而不具有正当性,这是一个道德问题,一个排他性实证主义者不可能允许法律的存在依赖于对道德问题的正确回答。

拉兹理解这个困难,因为他小心翼翼地宣称,若要能够具有正当权威,就必须满足该种资格所有非道德条件,但并不要求满足任何道德条件。他说,这个区分是"自然的",虽然他没有解释为什么。[18] 这使他的论证不至于滑入到自然法,但看起来也没有独立的价值。如果法律缺少正当权威的唯一必要条件——无论满足了其他什么条件,无论拥有其他什么环境,它都不可能具有正当权威——那么我们怎么能说法律"能够具有"正当的权威呢?它也无助于说明非道德条件在某种意义上是概念性的,而道德条件不是概念性的。这个区分既是错误的也是毫不相关的。说它是错误的,因为对于作为概念主张的这个相关的道德问题,完全可以给出一个答案:我们可以合情合理地说,根据正当权威的概念,邪恶的法律根本不具有正当权威。在任何情况下,这个区分都是毫不相干的,因为拉兹在其论辩的这个阶段的核心主张是关于能力的,而不是关于概念的。他认为,法律必然能够具有正当权威是一个概念上的真理,但现在的问题仅仅是,对于这个能力来说什么是必须的。我们可以将其分为两个问题:对于权威来说,什么是必须的?对于正当性来说,什么是必须的?拉兹认为,我们必须用我们自己的权威概念来决定权威的必要条件。[19] 但是,为什么我们不用我们自己的正当性观念来决定正当性的必要条件呢?如果我们接受拉兹的主张,认为法律必然能够具有正当的权威,并且我们相信,如果法律在本质上是邪恶的,那它就不能获得正当的权威。那么我们必然得出的结论是,法律不可能在本性上就是邪恶的,这意味着实证主义是错误的。

现在,我们必须转向我一开始对拉兹的论断所作的总结中的最重要

---

[18] 参见 Ibid., 202.
[19] Ibid., 204.

的第三步。再一次,我们应该承认他先前的主张以便单独地验证这个第三步。因此,我们现在承认,作为一个概念真实,法律主张正当的权威,且必然能够具有正当的权威,这仅仅意味着它必须满足正当权威的非道德性条件。拉兹将他所认为的两个最重要的非道德条件总结如下:

> 首先,只有当一条指令是或者被呈现为某人对指令的客体应该如何行为的观点时,指令才具有权威性的约束力。其次,必须无需借助指令准备据以作出裁决的理由和考量,就可以将指令看作是源自被宣称的权威。[20]

第一个条件是令人困惑的。如果我们按字面意思来理解,它的意思是几乎没有几部美国的立法或普通法具有权威性。普通的制定法是不同的立法者和其他有影响力的行为者——诸如工商界、院外集团和公民团体——的意见的妥协。他几乎没有表达或被看作是单一的立法者关于公民应该如何行为的意见。普通法原则是诸多先例裁决的积淀,它不可能表现为或被表现为单一法官关于公民"应该如何行事"的看法。拉兹的意思肯定是,除非制定法或普通法可以被表现为立法机关的意见或作为制度而非个体之集合的普通法的意见,否则它们根本不具有约束力。但是,国会和普通法都不具有心智或观点,因此,我们手头就出现了另一个麻烦的人格化。我们可以以一种不会招致反对的方式来打开人格化,即通过将其仅仅看作意味着,我们必须能够以如下形式化的语言总结任何具体的国会制定法或普通法:"人们必须依下列方式行事……这是国会(或普通法)的观点。"没有什么比这更容易了;在我们对制定法作出受欢迎的解释之前或在我们对普通法作出受欢迎的解读之前,我们只要简单地加上这样的引语就可以了。但是,对拉兹的人格化的这个不致招致反对的解读不能把握他的意思。他强烈地宣称,我自己对法律的解释与他的第一个条件冲突。[21] 他解释说,在我本人看来,识别法律经常是一个为过去的立法决定寻求最好论证的问题,然后他补充道,"最好的论证,或其中的

---

[20] Ibid., 202.
[21] Ibid., 208.

一些方面,可能从来没被任何人想明白,更不要说被承认了。"[22] 但是,我当然可以主张,如果我的意思仅仅是我们可以通过论证合情合理地将一个原则归诸于制定法本身,那么制定法就认可了一个任何单个的立法者都不认可的原则。因此,拉兹在设定他的第一个非道德条件时所考虑的是些没有意义的东西。但是,仍然不清楚的是,这个条件可能是什么。法律家有时认为,作为一个机构,立法机关具有由实际的立法者的精神状态构成的集体心智,这种精神状态是以一种无法详述的方式结合在一起。但是,拉兹并不会采纳这么幼稚的观点。当然,如果排他性实证主义是正确的,那么我的下述看法就是错误的:即在决定制定法实际上规定了什么,或普通法的"观点"实际上是什么时,道德判断有时是切题的。[23] 但是,拉兹将正当权威的第一个非道德条件,看作是他为排他性实证主义所作的论断的一部分,而非以排他性实证主义的真理性为先决条件的谕旨。

当然,拉兹的权威的第二个非道德条件——权威指令的内容必须无需诉诸道德判断就能被识别——是他的排他性实证主义的核心。这个条件概括了他的特殊的权威观:他说,权威"在道德律和人们在其行为中对道德律的适用之间起着调节的作用。"[24] 在官方的权威实施之前,人们直接接触支持和反对他们所考虑的行为的一系列道德的或其他的理由。权威通过权衡和平衡这些理由,然后发布一个新的、合并的指令,以一个单一的、绝对的指示取代这些各式各样的道德和其他的理由,使自己介入到人们和他们的理由之间。那些接受权威的人因此就排除了以权威已经依他们各自的计算为他们权衡过的理由作为行动理由,而仅仅依赖于新的、权威性的指令。[25] 例如,在任何规制此事的法律被通过之前,人们可能有各种各样的理由支持和反对在皮卡迪利大街列队游行。当官方制定

---

[22] Ibid.
[23] 在一个段落中,拉兹写道,作为一个与排他性实证主义相一致的法律问题,一个共同体可能采取一种纯粹事实性的确定立法机关在某个问题上的"看法"的检验标准。Ibid., 217. 然而,事实上,在美国没有制定法或宪法的解释标准,主张排他性实证主义者所要求的据以识别法律的一般性接受。对拉兹来说,很明显的结论是,美国立法机关对于公民应该如何行为根本没有任何"看法"。
[24] Ibid., 209-210.
[25] Ibid., 196-197.

了一项禁止列队游行的法律时,官方实际上作出了这样的裁决,即反对该实践活动的总的理由强于支持该实践活动的总的理由。接受这个规定的权威性,并不意味着重新评估了这些理由或平衡了权威性指令和这些理由,而仅仅意味着将指令看作不在皮卡迪利大街列队游行的理由。如果人们仍然不得不权衡他们支持或反对列队游行的理由,以便决定制定法说了什么或意味什么,那么规定就不具有权威性。法律没能取代这些理由,而是让这些理由继续发挥作用。

  这个关于权威的本质和要义的解释,坚持了某种对待权威的态度。人们必须决定他们是否将某个特殊的制度看作具有权威性。他们可能通过质问自己这样的问题来作出决定:一般来说,比起他们自己来权衡这些理由,这个制度能否更好地为了他们的利益权衡这些理由。如果他们认为制度更好,那么他们将接受这些制度为绝对的权威。当然,他们不能在特殊的案例中,通过询问,权威的实际决定是否表明权威在权衡支持和反对这个决定的理由时比他们更胜一筹,以此来溯性地提出问题和作出决定。这样做将彻底败坏权威的意义,因为人们将不得不考虑和衡量背景性道德理由,以便决定他们是否将一个特殊的裁决看作是这些相同的背景性理由的一个替代。他们必须作出总的决定,必须事先作出决定。因此,拉兹认为,如果一项制度不接受他的第二个非道德条件——权威指令的内容必须无需诉诸道德判断就能被识别——那么,就根本没有将该制度的指令看作是权威指令的可能性。

  这是对权威的要义的内在一致的解释。然而,它以某种程度的对法律权威的遵从为前提条件,而在现代民主社会,几乎没有人展示这种遵从。对那些我们认为完全有效与正当的法律,我们都不看作排除和取代了背景性理由,即法律的制定者在通过该法律时公平地考量过的背景性理由。我们毋宁认为这些法律创制了规范上超越其他理由的权利和义务。理由依然存在,我们有时需要咨询它们以便决定在特殊环境下,它们是否如此超乎寻常地有力量或重要,以至于法律不再能够超越它们。美国宪法(至少在大多数学者看来)仅仅允许国会暂停人身保护令(the writ of habeas corpus),总统是不能单独行使此权力的,该条款的制定者显然考虑到了总统独自暂停人身保护令时可能具有的理由。我们大部分人将宪法看作正当的且具有权威性。尽管如此,许多评论者既认为亚伯拉罕·林肯在内战中有暂停人身保护令的道德上的权利,同时又认为他的行为是不符合法律规定的。拉兹认为,"如果有新的非常重要的证据意外出现"[26],接受了权威的人可以忽略掉权威。但是,战争的紧急要求很难看作是新的证据:毕竟,宪法的制定者自身就经历过战争。林肯在作出他的决定时并不否认宪法的权威;他仅仅在权威和宪法制定者已经考虑过的、至今仍然保持着生命力的、颇有说服力的理由之间作出了权衡。林肯发现,在内战的情形下,后者在价值上足以超过前者。

现在,我们必须以一种不同的方式来检讨拉兹对权威的说明,因为他将这个说明看作是概念性真实,而不是在推介对宪法化的权威的遵从,该权威是人们可以自由接受或拒绝的。拉兹认为,如果那些被公认置于某个权威之下的人们,必须诉诸道德反思来决定是否遵从该权威或该权威规定了什么,那么这个权威就根本不是权威,这是权威的概念或本质的题中应有之意。考虑到拉兹论证的早先几步的结论,根据概念性真实,如果公民必须使用道德判断来识别法律的内容的话,那么没有什么可以被看作是法律。考虑一下下面这个极端的例子:假设一个国家的立法机关通过了一部法律,宣布自此以后人们在他们生活的每一个领域内都决不能行不道德之事,否则处以严厉的刑事惩罚。这是一部非常愚蠢的制定法,此后这个国家的生活将是令人厌恶的和危险的。然而,根据拉兹的看法,将这部制定法看作是法律将犯概念上的错误。即便在这个极端的例子中,他的主张看起来也非常的强硬。毕竟,制定法对于那些愿意接受其权威性的人来说具有规范性的结果。他们现在有额外的理由来仔细地反思他们所做的每一件事的道德质量,然后严格地依此行事,不仅因为他们现在处在官方的制裁之下,而且因为他们的共同体通过他们的刑事法律宣布了道德勤勉(moral diligence)的极端重要性。如果他们说他们的行为完全没有遵从新法律的权威,那么他们不会犯概念上的错误。然而,他们

---

[26] Ibid., 197.

不会说制定法仅仅赋予官员依照官员自己的道德标准,来裁判他们的行为的权力。如果他们因为一个他们认作绝对道德的行为而被捕入狱,那他们是会认为他们的入狱是违背法律的。

诚如科尔曼所认为的,普通的权威概念中没有什么能阻止我们将包含道德标准的规则或原则看作是具有权威性的,这也是他的包容性实证主义的精神内核。假定在一个"购者自慎"(caveat emptor)占主导的商业贸易中,一个商人皈依了宗教,该宗教神圣的教义要求其信徒在商业活动中要"诚实地和公平地"行事。他的行为可能与众不同,他在这种做的时候会合情合理地认为,他是在遵从他的新宗教的权威——即便他必须考虑他一直持有的那些相同的理由来决定权威到底要求了什么。假设有一天,他开始思虑,在买家没有注意到的情况下,如果不向买家披露一个明显的瑕疵,这样做是否不公平。如果他认为这是不公平的,并向买家披露了该瑕疵,他显然可以说他遵从了宗教的权威。神圣的教义禁止不公平之事,而不披露是不公平的;因此神圣的教义要求披露。认为神圣的教义没有指引他去披露,而仅仅指引他去考虑不披露是否公平,这种看法是不准确的。他的宗教告诉他避免不公平之事,而非避免他认为是不公平的事。如果经过深思熟虑,他认为不披露是绝对公平的,但几年后他的想法又改变了,他会认为他曾经违背了宗教命令。

208　　然而,我们不应该过多关注这些极端的案例,在这些案例中,指令仅仅包含某些稀薄的道德概念,而当今的法律实践对道德的实际使用,是非常复杂和有选择性的。例如,一部制定法可能规定,"不合理地"限制贸易的合同是不能被执行的,或者宪法可以排除任何否认正当程序的刑事法律程序。决定这些条款在实践中具体要求些什么的公民、法律家和官员,如果他们仅仅关心依照道德行事,那就确实必须反思这些相同的问题中的某一些——不过,只是它们当中的某一些,而且是以不同的方式。他们必然会问,在有争议的规章的语境下,在其他法律和规章的一般背景前,应该赋予这些道德考量什么样的力量呢。简而言之,他们必须采取的,应是我所提出的在具体语境下对具体的规章进行建构性解释。虽然(如实证主义的批判所长期坚持认为的)建构性解释确实具有道德维度,但它没有重述有争议的制定法及其法律语境所要求的任何推理程序。[27]

在普通法裁决中，道德扮演了同样复杂和微妙的角色。想想这样一个法官，他必须判定，在第一印象看来，一个病人因为常年服用一种过失生产的药物而受到损伤，但她不能证明哪些制药公司生产了她所服用的药丸，在这种情况下，她是否有权依据她服药期间所有制药公司生产的此种药物的市场占有率来主张损害赔偿。[28] 法官自然会考虑并且平衡两个有关公平的问题：在此种状况下，完全否认病人的损害赔偿权是否公平；以及在未能证明制药公司造成损伤的情况下，要求制药公司承担责任是否公平。尽管如此，法官在他的全面考虑的判决中有几种方式来遵从已有法律的权威，且他的判断可能不同于这样的人，作为立法者，他被要求投票制定法律，以某种形式解决这个问题。例如，他认为考虑到各种各样的先例和法律背景的其他方面，他不应该考虑市场份额责任对医药工业的经济健康的影响或对医药研究的影响。我的意思并不是说，在决定法律要求的是什么时，他排除这些考虑必定是绝对正确的，或者承担开创工作的立法者纳入这些考虑就必定是正确的。我的意思仅仅是，尽管在确切地裁决作为权威的法律要求了什么或允许了什么时道德扮演了角色，但这个例子证实了法律对司法裁决的权威。

因此，当拉兹认为如果道德问题以这种弥散的方式进入到决定法律要求什么中，那么法律不可能有权威时，他头脑中想的是一种特殊的、古怪的权威观念。他称他的权威观念是一种"服务"（service）观念，认为其他的或许更为人熟知的观念没有此种蕴涵。[29] 那么，为什么他认为只有他的"服务"观念能够阐明法律的本质或概念？当然，如果有某种竞争性理由来支持排他性实证主义而非其他的法律理论，那将是不同的问题。但拉兹的论断采取了另外一种方式；我们被认为已经被说服而接受了实证主义，因为我们已经接受了服务观念。我们需要为这个观念寻找独立的根据，而我在拉兹的论证中没有找到。

---

[27] 对法律中建构性解释的解释，参见 Dworkin, *Law's Empire*, 62-86.
[28] 参见例如，Sindell v. Abbott Labs., 607 P.2d 924, 936-938 (Cal. 1980).
[29] Raz, *Ethics in the Public Domain*, 204.

此外，当我们注意到拉兹的权威观与常识是多么冲突时，拉兹权威观的英雄主义的人为构造性便被凸显了。在讨论科尔曼的包容性实证主义时，我们早就看到，美国宪法的抽象条款，如平等保护、正当程序条款、保护言论自由和宗教自由条款，为实证主义提出了任何形式的明显的问题。像我们已经看到的，科尔曼认为，这些条款包含道德标准，因此使得任何其他法律的有效性依赖于对道德问题的正确回答。但是，拉兹是排他性实证主义者，他否认道德判断与法律的识别有关，他不可能持这样的观点。对这些抽象的宪法条款的法律力量，他会持什么观点呢？科尔曼认为拉兹的观点是，这些条款本身不能使任何其他的法律无效，而仅仅是指导法官来决定，这些制定法是否应该不被执行，尽管它们完全有效（页110）。这个命题颠倒了通常的看法：大部分法律家和门外汉并不认为，学校隔离法在联邦最高法院裁决它们不应该被执行之前是完全有效的，而是认为联邦最高法院因为正确地发现它们在宪法上是无效的，因而推翻了这些法律。再者，当联邦最高法院确实根据宪法推翻了一部制定法，此时，它几乎总是将这个制定法看成是早就无效了。它否认该制定法具有任何法律效力，即便在法院否决之前。因此，如果科尔曼正确地阐述了拉兹对抽象的宪法条款的解释，那么它确实是违反直觉的。

然而，不清楚的是，拉兹能否一以惯之地坚持科尔曼给他总结的观点。拉兹认为，作为一个法律问题，没有任何一种对宪法的解读是有效的，除非该解读得到了一条法律解释规则的授权，而该解释规则自身的有效性是建立在排他性实证主义基础上的——也就是说，解释自身是由某种近乎统一的法律实践决定的。[30] 但是，如我们在先前看到的，在美国没有任何一种相关的宪法解释规则是以此种方式被确定的。一些法律家认为，这些抽象的条款将与某种道德原则相冲突的立法宣布为无效；其他一些法律家则认为，这些条款将与制宪者对什么是这些原则所禁止的理解相冲突的立法宣布为无效。拉兹的观点是，考虑到这样的分歧，抽象条款的法律力量必须被认为是"尚未解决的"。[31] 例如，他可能认为，平等

---

[30] 参见 Ibid., 214-217.
[31] Ibid., 217.

保护条款的语词是我们的法律的一部分,因为每个人都认为它们是。但是认为这些语词赋予了最高法院审查其他个别立法的权力,这将要求接受对该条款的一种有争议的解释,而拒绝其他的解释。因此,拉兹可能站在大多数激进批评者那边,他认为两个世纪以来,最高法院一直在行使没有任何法律权威赋予它的权力。

这个结论看起来有些麻烦,但是对他来说,没有哪种其他的选择会比这个麻烦更小。例如,假设他认为即便最高法院的早期司法审查实践没有法律授权,因为没有既定的宪法解释规则证明宪法授予了这样的权力,但是法院自己通过先例创制法律的权力意味着,最初的一些实践赋予了他现在所主张的法律权威。但是,这个权威的限度是什么呢?什么时候法院在推翻制定法时会犯法律上的错误呢?法律现在出于某种它认为明智的理由,授权最高法院将一些州的交通法看作是无效的法律了吗?看起来至少可以这么说:正当程序和平等保护条款,没有赋予法院否决任何通情达理的人都认为是公正的制定法的权力。但是,一旦拉兹完全承认了这个权威,他甚至不能接受对最高法院宣布立法无效的权威所施加的这个限制,因为认为交通法律侵害基本自由的无政府主义者是否有道理,这是一个道德问题,即便对这个问题的答案是显而易见的。因此,拉兹必须在切实否认宪法是法律,和否认除宪法之外的任何东西是法律这二者之间作出选择。为什么他持有这么一种具有如此令人沮丧的结果的法律理论呢?

实证主义与地方主义

作为第一个系统阐述法律实证主义的哲学家,杰里米·边沁有很强的政治意识。[32]他希望理解法官的政治权力,这些法官宣称,在作为人民的代表大会(congress)的议会(Parliament)已经明确地宣布的法律之外,他们在自然权利或古老的传统中发现了法律。实证主义具有民主的

---

[32] 参见 Jeremy Bentham, *An Introduction to the Principle of Morals and Legislation* (New York: Hafner, 1948 [1823]).

味道,一般而言,随着民主的不断向前推进,实证主义成了这个进程的圣歌的一部分。奥利弗·文德尔·霍姆斯(Oliver Wendell Holmes)和勒尼德·汉德(Learned Hand)诉诸实证主义来支持进步的经济和社会立法,以反对保守的最高法院大法官,后者利用保护既有财产权的所谓自然权利理论,来论证通过这样的法律是违宪的。实证主义的实践重要性在1938年达到了巅峰,最高法院运用实证主义论证了其历史上最重要的一个裁决。[33] 他们认为,当联邦法院仅仅由于诉讼两造来自不同的州才对案件享有管辖权时,他们不能诉诸独立的、包罗万象的法律传统,而必须执行所涉及的一个州的权力当局所宣布的法律。布兰代斯大法官引述了霍姆斯早期陈述的一条实证主义信条:

> 今天,如果没有明确的权威在背后支撑,根本就不存在法院宣告的法律……权威且唯一的权威是国家,如果情况果真如此,那么国家所采纳的作为自己声音的那个声音[无论它是立法机关的还是最高法院的]应该作出最终的决断。[34]

然而,法律实证主义的政治影响力在过去几十年里急转直下,无论在法律实践中还是在法律教育中,它都不再是一股重要的力量了。政府变得如此复杂,以至于不能与实证主义的简明要求(austerity)相适应了。当明确的立法法典声称能够提供共同体所需要的所有法律时,共同体的法律仅仅包括立法机构的明确命令这个命题看起来是自然且方便的。然而,当实在法所提供的支持远远无法满足技术变革和商业革新的要求时——正像"二战"后的几年中急剧出现的情况——法官和其他法律官员必须转向策略和公平的更一般化的原则,以便在回应过程中调适并发展法律。由此,否认这些原则在确定法律要求什么时起着作用,也就显得矫揉造作和毫无意义了。再者,这个观念在战后的民众和宪法实践中稳稳地扎下了根,即人们拥有的反对法律制定机关的道德权利具有法律的力

---

[33] Erie R. R. Co. v. Tompkins, 304 U. S. 64 (1938).
[34] Ibid., 79 (third alteration in original)(quoting Black & White Taxicab & Transfer Co. v. Brown & Yellow Taxicab & Transfer Co., 276 U. S. 518, 533, 535 [1928] [Holmes, J., dissenting]).

量。因此,如果立法机关将一个阶层的公民贬低为二等公民,那么它的行为不仅仅是错误的,也是无效的。再一次,认为这些对政府的道德限制本身不是共同体的法律的一部分,看起来就极为无意义了。相应地,实证主义的政治诉求枯竭了。实证主义不再与民主的发展相连接,而是与保守的多数主义相连接;具有自由观念的法官,诉诸道德来论证对个人权利的更有力的法律保护。大部分学院派的法律家认为,如果关于法律本质的一般性理论仍然有其必要,那它也将比法律实证主义更加精细复杂。

像科尔曼、拉兹这样的为法律实证主义辩护的学院派辩护者仍大有人在。但是,正如我试图表明的,他们的论证具有人为雕琢的痕迹和理论上的紧张,这是这些神圣忠诚的辩护者在尴尬的证据面前所建构出来的。什么是神圣忠诚呢?现存的实证主义者不是政治上的保守主义者,后者希望通过坚持法律的多数主义观念来抵制个人的和少数族群的权利的扩张。相反,他们认为,法律实证主义对法官和法律官员实际做什么并不施加限制:他们已经远离了边沁和远离了 Erie*。他们认为实证主义是对法律概念的精确描述,或者是对过去的法律现象的非常富有启发的理论描述。有时他们将这些看作是几乎完全一样的东西。但是,他们没有为他们念兹在兹的概念分析种类提供真正的解释,他们也不能提供经验证据,来支持对法律制度的形式和历史的更为一般化的归纳总结。他们并不试图将他们的法律哲学与政治哲学相连接,或与实质的法律实践、法律学术以及法律理论相连接。他们讲授的课程仅限于"法律哲学"或分析法学,其中他们分析和比较当代不同版本的实证主义,他们参加那些专注于这些主题的会议,他们在他们自己所钟爱的杂志上极为详细地相互评论彼此的正统与异端。

为什么会这样?我想部分答案是两个才华横溢的哲学家的持续影响,他们很久以前发表了颇具影响力的对实证主义的解释:他们是盎格鲁-撒克逊世界的哈特和除此之外的其他世界的汉斯·凯尔森。但是,不完全的答案也加深了困惑:为什么这些哲学家——像密涅瓦的猫头鹰,在他

---

* 指的是前注 33 所引的判例,即 Erie R. R. Co. v. Tompkins, 304 U. S. 64 (1938).——译者注

们的传统的黄昏中飞来飞去——仍然值得尊重,依然在鼓励知识上的隔绝与偏狭?

我不知道,但我现在怀疑,至少部分解释可以在实证主义的诉求中找到,即实证主义并不力求成为一种法律理论,而是力求成为一种独立的、自足的学科和职业的法律哲学。哈特(包括哈特去世后出版的《法律的概念》[35]的后记中的哈特)以来的实证主义者以极大的热情为一个主张辩护:在某种意义上,他们的工作是概念性的和描述性的,区别于各种各样的其他工作和职业。根据他们的理解,法律哲学不但与实际的法律实践相分离,也与对法律的实体领域和程序领域的学术研究相分离,因为实践和学术研究都是关于某个特殊司法辖区的法律的,而法律哲学是关于一般性法律的。它与规范性的政治哲学也有区别并且相互独立,因为它是概念性的和描述性的,而非实质性的和规范性的;它与法律社会学和法律人类学也不尽相同,因为后者是经验性的学科,而法律哲学是概念性的。简而言之,它是一个可以自给自足的学科,无需背景经验,也无需有超越它自己的狭窄的世界的任何文献或研究方面的训练或认知。再一次,经院神学的类比是吸引人的。

在他们对行会式排他性(guild-exclusivity)的追求中,实证主义者必须面对多方面的挑战。在什么意义上法律哲学是概念性的?如果是概念性的,在什么意义上它同时也是描述性的?约翰·奥斯丁(John Austin)在19世纪对实证主义的辩护,是在一种旧式的但容易理解的意义上追求概念性和描述性——他对"法律"这个词的界定和出现在法律论证和商谈中的法律是一致的。[36] 十五年前,我将哈特在《法律的概念》中的目标看作是同一个抱负的更老到的形式:我认为,他通过将评价法律主张过程中法律家和门外汉经常无意识共享的标准拿到台面上,来解释法律的概念。[37] 哈特自己在其过世后才出版的后记中否认了我对他的方法的理

---

[35] Hart, *The concept of Law*, 2d ed.

[36] John Austin, *The Province of Jurisprudence Determined*, ed. Wilfrid E. Rumble(Cambridge: Cambridge University Press, 1995[1832]), 18-37.

[37] Dworkin, *Law's Empire*, 34-35.

解[38],他的几个追随者也同样否认(页200)。[39] 然而,我仍然认为,他的工作比他或他们所建议的对他的目标的描述更能说明问题。哈特确实说,他将他的书看作是一种"描述性社会学"的实践。[40] 但这个评论与其说阐明了问题,倒不如说模糊了问题。哪种社会学是概念性的呢?哪种社会学不需要使用经验证据呢?哪种社会学将自己看作是对无处不在的法律概念的研究,而非是对此处和他处的法律实践和法律制度的研究?

对于这些挑战,实证主义者显然已经选定了回应。至少暂时如此,他们认为,这个回应表明了法律哲学如何同时是概念性的、描述性的和全球性的。科尔曼正确地阐述了这个结论(页10,注13):法律事件无论出现在何处,无论以何种方式出现,都共享着共同的"结构"(页10,注13),这个结构属于法律的真正本质,揭露这个共同的结构是概念性的、描述性的法理学的任务。因此,法理学在某种意义上是规范性的——它试图以一种简洁的、揭露性的形式,来获取法律结构中什么是真正重要的和基本的,而非仅仅什么是法律结构中可能的和非本质的。但这并不是实质的政治哲学意义上的规范性,因为它并不评价它所揭露的结构,或以此种方式选择一种结构来提升法律实践。科尔曼认为,"德沃金式的解释致力于展示'最光亮'法律,但此处所使用的方法并非如此;它仅仅致力于识别哪些原则(如果有这样的原则的话)揭露了法律中实践推理的真实结构和内容"(页10,注13)。法理学在某种意义上是概念性的——它告诉我们,什么是法律的基本结构的真正本质。但是,它并不是先验的推理(a priori),它并不讨论"法律"这个词恰当的或不恰当的用法。法理学在某种意义上是经验的——它与法律的经验研究相联系,后者为有关法律的结构的判断提供了原始的材料。但是它超出了常规理解的经验性,因为它将

---

[38] Hart, *The Concept of Law*, 2d ed., 246.
[39] 科尔曼十分坚定地说,我的理解"无疑"是错误的(页200,注25),但其他的作者并不赞同。参见,例如,Nicos Stavropoulos, "Hart's Semantics", in Coleman, ed., *Hart's Postscript*, 59, 98. 即便那些认为我错误地阐释了哈特的作者也承认,我在我的书中为我的论断提供了证据,哈特的一些陈述需要"仁慈的"(charitable)理解才能被看作没有证实我的解释。参见,例如,Timothy A. O. Endicott, "Herbert Hart and the Semantic Sting", in Coleman, ed., *Hart's Postscript*, 39, 41-47.
[40] Hart, *The Concept of Law*, 2d ed., v.

经验材料组织成一个对法律本质的系统的和揭示性的说明。科尔曼认为,"描述性社会学还没有进入到提供概念理论的阶段,而仅仅处在为哪种概念将被理论化提供原始材料的预备阶段"(页 200)。

然而,这些主张之间是相互矛盾的。科尔曼赞赏社会科学对法律哲学的贡献:"通过参与这些超越哲学或哲学之外的调查,我们能够获得一个有关政府和组织的形式的丰富的且有价值的图景,它们的特征是在不同的时间和地点,在非常不同的情况下建构法律"(页 201)。但是他的论证既不使用也没提到法律人类学的任何丰富且有价值的材料——哈特以及科尔曼所讨论的其他实证主义者的工作同样如此——很难说明他们到底是怎么使用这些材料的。如何从一千个非常不同的法律制度的案例中,以及从不同时间和地点成千的行动者的各式各样的动机和假设中,揭露法律结构的"本质"或"真正属性"呢?我们可以说,异性的结合是婚姻的本质,因为婚姻一直以来都是异性的(如果事实果真如此),在"概念基础"上,同性婚姻是不被认可的。

然而,这是更深一层的问题。虽然现在的实证主义者像科尔曼那样,通过表明什么是该制度内长久以来始终如一的东西,来探究法律的基本机构;但他们并未对这个说法据以为前提的神秘的观点进行辩护,即法律具有一个基本的结构,可以纯粹通过描述来揭示。原子和动物的 DNA 具有内在的物理结构,认为这些结构规定了氢或狮子的"本质"是有意义的。但是对于复杂的社会实践,并没有类似的东西:我们应该去哪寻找社会实践的"本质"或属性呢?例如,什么样的物理的或历史的或社会的事实,可以展示出法律的"结构"或"本质"或"属性"必然是惯例性的?如科尔曼所主张的那样,或必然具有权威性,如拉兹的权威的"服务"观念所详细讨论的那样?物理的或历史的或社会的世界中的什么力量,将这些完全独立于我们的政治和道德目标的概念"真实"强加在我们身上?实证主义者要么回答这些问题,要么放弃他们突然流行起来的主张,即他们在探讨某种深层的历史的、社会的、人类学的或心理学的实在。除非某人能够通过对法律的"属性"或"本质"的可理解的解释挽救了这个主张,否则它仍然只是一个安慰人心的颂歌:实证主义的燃素(positivism's phlogiston)。

我最后不得不再说的是,科尔曼在其著作的副标题以及整本书中声称,他对法律的解释是一个实用主义的解释,这无异于在这些自戕的伤口上撒盐。然而,他对实用主义的解释包含了一系列语义学的和方法论的假设,但在他的论证中没有几个起了实际的作用,所有这些都会被那些远离实用主义传统的哲学家所接受。事实上,没有什么比他的信念——无需考虑对政治实践的哪种理解最好地提升了我们的实践的、道德的和政治的目标,我们就可以发现关于政治实践的"概念"真实——更远离真正的美国实用主义精神了。

附录:个人性的一些要点

我已经说过了,科尔曼的书讨论了我本人的工作。我要再补充一点,就是该书的讨论是如此详尽,而其方式则特别令人困惑。他提出了有关我的"哲学上的混淆"(页155)、"根深蒂固的"错误(页181)、"迪斯尼式"的论证(页185)等众多主张,但却没有充分的论据支持。他将一些重要的观点归诸于我,但就我的记忆所及,我从来没有持有过或表述过这样的观点。在几个例子中(我已经提到了其中的一些),他用我自己的论证来反驳我。这些错误是通过一种几乎完全不合格的引证合成的:被认为是我所持有的那些信念和混淆经常被提及,但是根本没有指出它们究竟在哪里被陈述过或论证过。我本人无疑也错误地引证过,但我想从来没有达到这个程度。我将我的不满留在这个独立的部分中,因为它们不具有一般性的意义。但是我过去发现,未经纠正过的错误指责和未回应的批判在法理学的文献中存活了下来。因此,我将试图纠正在我看来科尔曼在归属和批评方面犯的最严重的错误。[41]

1. 我以他所描述的我对法律实证主义的总结开始,不是因为他在这方面的错误对他自己的论证特别的重要,而是因为这是实证主义者中普遍的抱怨,总是毫无根据的抱怨——即我错误地表述了他们的观点,创造

---

[41] 此处我要说的是,我不想接受科尔曼归诸我的观点,其中绝大多数是不精确的,我也不想接受他的其他批评。

了一个攻击的稻草人。例如,科尔曼将我的一个论断看作是"德沃金为了最终败坏实证主义的名声而错误描述[实证主义]方案的另一个例子"(页155)。这是一个严重的指责,但是他整本书中星星点点地提到的几个例子明显不能支持这个指责。他说,我将这样的主张归诸于实证主义者,即"归入到'法律'范畴中的每一条规范必然是一条规则"(页104)。然后补充说,"没有任何一个实证主义者曾经实际认为所有的法律标准都是规则","早在德沃金将这样的主张归诸于哈特之前",哈特"就已经否认了这样的主张"(页107)。但是,我将规则界定为一个专业惯用语(a term of art),哈特不可能"早在"我界定规则之前就否认我对规则提出的任何主张。我所论证的,并不是实证主义者认为所有的法律标准都是我详细界定的那种规则——我不清楚多少人会接受这个界定——而是说,我所描述的实证主义信条只适合如此界定的规则。[42] 他说,我"两个命题"归诸实证主义,"但没有任何一个实证主义者坚持或必然坚持这两个命题"(页155)。第一个是我认为哈特致力于一种语义学分析方案。诚如我早先所说的,哈特在他去世后才出版的后记中确实拒绝了这个描述。但是,我也同样说过,其他的学者支持我的解释,认为我提出了对哈特在《法律的概念》中实际写了什么的最好的理解。科尔曼没有试图对他们的或我的论断作出回应。第二个被归诸于我的明显的错误描述是"实证主义者所致力的语义学是'标准性的'(criterial)"(页155)。事实上,尽管科尔曼使用了引号,但我并没有用这个词描述过实证主义的错误。我确实描述了一些假设,我说一些实证主义者在有关某些可据以认为人们共享一个概念的条件问题上持有这些假设。但我并没有说实证主义致力于这些假设;相反,我描述了一组不同的假设,这些假设允许实证主义以一种更强有力的形式得到重述。[43] 再者,当科尔曼更加详细地说明被假定为我的错误描述时,他并不否认一些实证主义者这持有这样的概念,该概念共享了我归诸于他们的假设。他只是附和我说,这些假设对实证主义来说并不是必须的,然后为实证主义描述了一个替代性的语义基础。我

---

[42] Dworkin, "The Model of Rules I", 7-13.
[43] Dworkin, *The Law Empire*, 130-150.

们很快就会看到,这个基础实际上是我推荐给他们的(页156—167)。对法律实证主义者中的这个为人熟知的主张,即我曲解了他们的立场,他并没能给以澄清,也没能为它辩护什么。我希望下一个提出责难的实证主义者更快地到来。

2. 科尔曼认为,我对以下两个非常不同主张的幼稚的混淆负有责任:道德并不必然是法律的一个条件,以及道德必然不是法律的条件。然而,他没有提供任何引证来证明我的错误,我事实上是坚持这个区分的。我接受第一种说法,只是反对那些为第二种说法辩护的哲学家。[44]

3. 他说,我的一个论断——他指的是"语义学之刺"这个论断——是"难以理解的哲学上的混淆"(页155)。但他只识别出了一个被声称的混淆:"语义学之刺这个论断的问题是,它错误地描述了下述问题,即个体之间为了具有相同的概念,他们必须共享的什么"(页156—157)。根据科尔曼的说法,我认为只有当人们在概念的适用标准上意见一致时才能共享一个概念,而他的看法是,"只要个体在概念的一组典范性案例或事例而非在适用标准上意见一致,他们就可以共享相同的概念。反过来说,这些典范性案例原则上是可以被修正的,虽然他们不能全部或大部分在同一时间被修正"(页157)。他继续说,以这种"典范性"的方式共享同一概念的人,可能对于为什么这些典型确实是典型这个问题的最佳理解,发生根本的分歧,并因此可能对概念是否适用于新的或有争议的案件意见不一。我的"语义学之刺"论断所要阐明的恰恰就是这个观点:共享一个概念并不必然意味着共享概念的适用标准,但是可能恰恰相反地意味着共享作为解释性主张之基础的典范。[45] 科尔曼通过典范而共享概念的说明,事实上与我本人的说明几乎是相同的,使用了诸多相同的词汇,包

---

[44] 在《法律帝国》中,我通篇都承认这个区分。例如,35—36页对自然法理论的探讨,96—98页、101—104页对法律与道德关系的探讨。亦见《认真对待权利》中118—130页对法律上的"错误"的探讨。

[45] 参见 Dworkin, *Law's Empire*, 55-73.

括"典范"一词。[46] 他接着说,对概念共享的这种说明是"一种标准的实用主义观点"(页157),但是他还是没有引证任何著述,在其中,关于概念共享的这个"标准"观点真的得到过描述。当然,我并不是要为我的解说主张原创性,典范的观念在哲学家中是被广泛使用的。但是,我没有注意到任何通过典范而对概念共享所作的、与我的以及科尔曼的解说都相近的其他解说,即便只有一个引证,我也会心存感激。

4. 他认为,我仅仅从诉讼当事人和法官的角度理解法律,结果是我忽略了一般而言法律为人们提供的重要的"导向"功能(页166)。事实上,我强调了一般而言法律作为人们的日常导向的重要性,并因这个原因论证了我所谓的对法律的"新教式"(protestant)理解。[47] 在一个复杂多变的社会,以新教的理解为基础,而不是以绝大多数实证主义者的那些假设为基础,则法律将能更好地服务于这种导向功能;这些实证主义者的那些假设是,当新的或有争议的问题出现时,并没有法律,有的只是只能在诉讼中行使的司法自由裁量权的机会。然而,科尔曼进一步阐发了他的奇怪想法,即我没有通过一个更加详尽的(他称之为"压倒性的")论辩,来说明法律的导向功能(页167,注23):

  假设一个人认为,这是一个关于法律的概念性真实,即只有当某个东西具有导向功能时它才是法律,只有当法律的受众事先知道法律对他们要求了什么时,规范、裁决或规则才能够具有导向功能。(页167)

他说,根据我的看法,在论辩之前,任何法律命题——无论其如何地广为接受或不受质疑——都不可能事先确立起绝对的确定性,因为总是存在这种可能,即某些人可能通过对已有法律的更好解释来表明这个命题是假的。因此,根据我的看法,法律不可能具有导向功能。但是,这里

---

[46] 蒂莫西·恩迪科特(Timothy Endicott)认为,科尔曼接受的主张,即任何范式在原则上都是可修改的,是我的法律解释方法的神经,他并通过争辩这个主张来为实证主义辩护,以反对我的"语义学之刺"的论断。参见 Endicott, "Herbert Hart and the Semantic Sting"。

[47] Dworkin, *Law's Empire*, 413.

引用的假设是模糊不清的。它可能意味着,没有任何法律命题是真实的,除非人们有可能以他们能够得到的种种论据为基础而认为它是真实的。这样一种说法是无伤大雅的;我也没有理由表示不赞同(虽然把它描述为一种"概念性"真实这一点,我有些吹毛求疵的意见)。或者,这个引证可能意味着,没有任何法律命题是真实的,除非人们有可能在"能够向每一个人决定性地证明"这种强的意义上,且在无需担心异议的情况下,知道它是真实的。为什么有人建议如此愚蠢的事情呢?科尔曼怎么会建议这样的事情呢?——他和我一样强烈地认为,真实的法律主张可能是有争议的呀!

5. 科尔曼最莫名其妙的错误归置占了多页的篇幅,并且还是他许多重要的不实指责的根据。麻烦随着下面这个对我"有关法律内容的理论"的"种种成分"的说明开始:

> 这类成分中的一个在于德沃金的如下观点,即负责决定法律内容的官员主张,他们行使的权威是正当的。这等于主张他们对国家强制性权威的运用是得到正当辩护的。该说明的第二个附带成分是德沃金的如下观点,即施惠原则(the principle of charity)要求我们将这些正当性主张中的大多数看作是真实的。

再一次,没有任何引证来支持这两个令人惊奇的"成分"。第一个不太严重,但不精确。我不记得做过任何关于官员对他们自己的正当性信念的主张。例如,我不知道多少南非法官认为他们在种族隔离时期行使的权力是正当的,虽然我知道一些法官认为那是不正当的。第二个"原理"更加令人迷惑。我从来没有提到过任何要求我们假设大多数官员的行为具有正当性的施惠原则。几页之后的内容更令人费解,科尔曼在那里提到了"施惠原则——德沃金借自唐纳德·戴维森(Donald Davidson)——被认为历史地适用于一系列权威性的法律宣示"(页168)。戴维森的施惠原则在他关于意义与真理的解释中扮演了核心角色,但与我对法律的解释毫无关系。戴维森本人在我的《法律帝国》的论述中仅出现过一次:作为一个与施惠问题毫无关系的例子的来源。[48] 科尔曼发明出我对一个原则的

---

[48] Ibid., 202.

221　依赖,然后不断地斥责我依赖这个原则。可能他把我对整体性这一政治道德[49]的诉求或我对法律中建构性解释[50]的说明,同关于真理的戴维森式施惠的那种诉求给弄混淆了。如果这样,他便严重地误解了我的论断或戴维森的论断,或同时误解了我们两个的论断。再一次,一个有关我对戴维森或他的原则的被假定的诉求的引证将会有极大的帮助。

　　6. 他接下来的一组批评转向了"语义学之刺"这个论断。再一次,他的介绍是很严厉的:"我们必须首先关注[德沃金]论证的核心中的一个基本的混淆……那就是在法律概念的内容和一个具体的共同体的法律的内容之间的混淆"(页180)。事实上,这两个观点之间具有明显的重要联系。例如,当一个法律家宣称,他所属的司法辖区内的"法律是",固定价格的合同是非法的。此时他正在用法律这个概念来陈述一个具体共同体的法律的内容。我在提出下述问题时是以这种联系为基础的:如果两个律师看起来对具体的法律的内容有实质上的分歧,就像律师们经常做的那样,他们因此就具有不同的法律概念?——在哪种情况下分歧是虚幻的呢?我指出,如果我们接受科尔曼所称的概念共享的"标准型"观点,即只有人们至少实质上在概念成功地适用于具体案例的标准上意见一致时,他们才共享相同的概念,那么他们不可能共享相同的法律概念。我的结论是,因为律师对他们司法辖区内的法律的内容存在着真正的分歧,并且因此他们共享着一个法律的概念*,所以关于他们如何共享概念的标准型观点必然是错误的。我提出了我前面提到过的不同观点。法律家共享我所谓的解释性(或本质上来说是竞争性的)概念。对于适用"法律的规定是"(it is the law that)这个主张的标准,他们并非意见一致,相反,他们提出了对他们共同接受的该种形式的**典范命题所作的相互竞争的解释,然后从这些典范性命题中抽取出将"这是法律"这个判断适用到他们

---

[49]　Ibid., 95-96, Passim.
[50]　Ibid., 52.
　*　只有对同一事物的不同观点才称得上分歧,如果是对不同事物各有观点,则这些观点之间差别谈不上是分歧。因此,作者在这里说,对于法律有真正的分歧,正表明他们共享同一法律概念,表明他们针对的是同一事物而持有不同意见。——译者注
　**　即"It is the law that"这种形式。——译者注

存有争议的新案件上的不同标准。诚如我在最后一段中所言,科尔曼也认可这种关于律师如何运用法律概念的观点。因此,我的根本性的(或者用他的另一种说法,"根深蒂固的")混淆是什么呢?他的解说是这样的:如果我是正确的,即律师共享了作为解释性概念的法律概念,那么,与我所说的相反,他们实际上赞同适用这个概念的标准。他们认为,应该用我所描述的解释性方式来适用这个概念(页182)。[51]但是,他的解说误解了我关于律师并不共享标准的意思;我的意思分明是,他们并非只认可唯一的一组决定哪些法律命题是真实的检验标准。既然科尔曼认可,仍然不明白的是,为什么他认为我搞混淆了。

7. 科尔曼用一系列有关法律哲学的品性的评论结束了对我的著作的讨论。在我看来,正如法律家必须从事对既有法律和法律实践的某些方面——通常具有一个道德的维度——进行建构性解释,以便决定在具体问题上法律是什么,法律和政治哲学家也必须利用对全部法律实践——同样具有一个道德的维度——的建构性解释,来为有关法律概念本身的特定观念进行辩护。这就是他所谓的"迪斯尼式"建议(页185)。他说,"这是一个关于规范性法理学的论断,但是我们如何能够严肃地采纳它呢?在每一个关键问题点上,推论看起来都是无中生有"(页184)。他忽略了我实际上为这个观点所做的长篇论辩,这一论辩在《法律帝国》的大部分篇幅中所在皆是,并利用了有关解释、整体性、共同体、平等的种种理论。他重复他的奇谈怪论,即我的论述依赖于对戴维森施惠原则的误读,因此我必须重复的是,我真的没有使用这个原则。但是,他并不陈述我任何的论述。他的书的读者或许对扣在我头上的无中生有地推论的鬼把戏印象深刻,但如果他们仔细核实,他们会因我的实际论述的沉着缓慢、脚踏实地的特征而感到失望。

---

[51] 我引证一些相关的句子:"例如,假设我们在这种意义上——只要有法律存在的地方,法律是什么总是一个潜在的争议问题,需要一种解释性实践——共享法律是一种有争议的概念这种观点,……这样的异议是我们将法律看作什么的一部分,即我们对它所是的那种事情的共享的理解的一部分。因此,异议不只是有关我们共同体内与我们共享的相同的法律概念适用标准相契合的合法性标准的异议,在这种情况下,正是因为我们共享相同的概念适用标准,所以我们关于我们共同体内合法性标准的异议对我们来说是明白易懂的。"(182页)

第八章 法律的诸种概念

语义学之刺

223　　本章是为这本书新写的,我将更详细地探讨前面提出的一些哲学问题。我已经强调过在人们用来谈论法律的不同概念之间作出区分的重要性:教义性概念,我们用来陈述某个司法区域内的法律要求什么或禁止什么或允许什么("在法律上,无知不是辩护的理由");社会学概念,我们用来描述政治组织的特殊形式("罗马发展出复杂且精密的法律形式");分类学的概念,我们用来将一条特殊的规则或原则归类为一条法律原则而非其他种类的原则("虽然在一些法律论辩中出现 7 + 5 = 12 这样的规则,但它本身并不是一条法律规则");愿望性概念,我们用来描述一种特殊的政治价值("纽伦堡审判具有合法性的本质")。这些概念中的每一种都可以被看作是一种法律概念,且它们明显地以各种各样的方式相互联系。尽管如此,它们仍然是互不相同的概念,虽然它们都会产生法律与正义的关系问题,但它们所产生的问题是非常不同的。

　　我在本书导论中提到,概念在共享和使用它们的人的思想和商谈中发挥着不同种类的功能。一些概念是特别作为标准发挥作用的,如单身汉这个概念;一些概念用作自然类型概念,如老虎这个概念;还有一些概念用作解释性概念,如正义和民主的概念。对某个概念或该概念所涵摄的客体或现象之本质所作的富有启发性的分析,可能采取何种形式?在考虑这个问题时,功能之间的不同是至关重要的。如果我们将一个特殊的概念,如单身这个概念,看作发挥一项标准的功能,那么我们的分析就在于对该概念用法的正确标准所作的某种陈述,这种陈述要么采取一种经典定义的形式,要么采取对共享这个概念的那些人在适用这个概念时所遵循的(或许是无意识地遵循)的规则作一系统阐述的形式。如果该概念是不精确的,那么通过主张,比如说,18岁的男孩必然不能属于单身的范畴,而硬是让这样的分析摄入这个不精确的领域内,那将会是一个错误。我们的分析应该仅仅报告这个概念的共享标准未能确定他是否属于单身。如我已经说过的,我认为法律的社会学概念是一个不精确的标准型概念;由于这个原因,法律哲学家曾经非常喜欢的争论,即纳粹是否拥有一套法律制度,便是毫无意义的了。另一方面,如果我们能够将某个概念当作一种自然类型的概念来处理,那么我们就可以获得一种非常不同的概念分析类型。我们可以认为,该概念涵盖的客体具有内在的本质———一个基本的结构,没有这个结构,它们就不可能是它们现在这种东西———即便我们可能不知道这个本质是什么。如此,则一个有用的概念分析可能并不存在于对人们用来识别事例的标准的陈述中,而是存在于对根本属性的物理学或生物学解释中。

解释性概念与标准型概念也是不同的,但却是另一种不同方式上的不同。我在本书导论和第六章中描述了解释性概念。共享解释性概念并不要求对标准或事例具有任何潜在的一致意见或合意。自由主义者和保守主义者共享正义的概念,但他们对判断正义的标准以及哪些制度是正义的、哪些是不正义的,并没有一致意见。他们共享这个概念,因为他们参与了判断行为与制度是否正义的社会实践,因为对该实践最基本的假设(它的要义和目标)应该是什么,每一个人都有种种见解,无论这些见解是清晰明确的还是无以言表的。他们从这些假设中抽取有关在特殊场合下继续该实践的正确方式的更加具体的见解;需要作出的正确判断,以及回应这些判断的正确行为。对正义概念作的一种具有启发性分析,必须是这样一种类型的解释性理论。分析者必须动用他自己对该实践应该为之服务的价值,以及对在运作中能最好地服务于这些价值的概念的观念之认识。对标准型的或自然类型概念的分析,在其概念关涉其中的各种各样规范性冲突中,必须保持中立:是否应该鼓励单身汉结婚以及老虎是否应该作为濒危物种被保护。但是,一种对解释性概念的分析——超越"这是一个解释性概念"这种空洞的陈述,超越对该概念在其中起到作用的实践作非常一般性的说明——不能是中立的。它必须进入到它希望阐明的处在冲突中的问题里。

多年来我一直主张,道德事实在很多情况下出现在法律命题的基本真值条件中。在本书第六、七两章,我讨论了一种与此相对立的主张:分析的教义性实证主义,它认为,作为一个概念问题,道德事实不能出现在这些基本的真值条件中。在《认真对待权利》这一早期作品中,我认为分析实证主义曲解了现代法律制度中律师和法官的真正实践,因此提出了对这些实践的不完备的理解。[1] 在《法律帝国》中,我解释了为什么分析实证主义者会犯这样的错误。[2] 我推测,他们假定所有的概念,包括法律的教义性概念,都是标准型概念,因此,对教义性概念的正确分析必然存在于对法律家们共享的(除含糊不清的边缘性案件外)判断法律命题是否真实的检验标准的阐释中。我将这个假定——所有的概念都是标准型概念——称作"语义学之刺"。然后我提出了一个对解释性而非标准型法律概念的分析,以表明,即便法律家对识别真实法律命题的标准没有一致意见,他们的分歧如何可能仍是真正的分歧。

1986年我调整了对"语义学之刺"的解说,以适应那时流行的为法律实证主义作的种种论证。但新一代的法律哲学家在语言哲学领域内更加老到,在我开始讨论"语义学之刺"后,语言哲学本身有了很大的发展,我的描述被证明太狭窄了。[3] 现在我将在更宽泛的意义上来描述语义学

---

[1] Cambridge, Mass.: Harvard University Press, 1977.
[2] Cambridge, Mass.: Harvard University Press, 1986.
[3] 有关语言哲学对法律理论的影响的一个精细的、富有启发性的解释,参见 Nicos Stavropoulos, *Objectivity in Law* (Oxford: Clarendon Press, 1996)。我非常感谢斯达夫罗泊罗斯(Stavropoulos)先生对本书的导论和这一章的初稿所作的非常有帮助的评论。

之刺的特性;它存在于这个假设中,即所有的概念依赖于我在导论中描述的那种聚合性(convergent)语言实践——该实践要么通过共享的适用标准,要么通过将概念附着于一种独特的自然类型,以标识出概念的外延。我现在要说的是,语义学之刺的感染源在于这样一个假设:即所有的概念,包括教义性概念,以上述两种方式中的一种依赖于聚合性的实践。语义学之刺的病理学依然没变。被语义学之刺所刺中的法律家将认为,法律概念的分析必须与法律家大体都赞同其为法律的东西相符合,并且仅仅与之相符合。

德沃金的谬误

在《德沃金的谬误,或有关法律的什么东西是语言哲学不能告诉我们的》(Dworkin's Fallacy, or What the Philosophy of Language Can't Teach Us about the Law)一文中,迈克尔·斯蒂芬·格林(Michael Stephen Green)界定了一个他用我的名字命名的谬误。他写道:"德沃金的谬误是,用一种意义的解释性理论来证成一种法律的解释性理论。"[4]他认为,我的这个谬误存在于这个假定中,即由于法律的教义性概念是一个解释性概念,因此对法律命题真值条件的最佳解说本身必然是解释性的。也就是说,当法律命题是从对大部分相关的有效法律所作的最佳解释中推出来的时候,它们便为真。

这当然是一个谬误。但是它需要一个新的名字,因为我并没有犯这样的谬误,事实上我在努力警告不要犯这个谬误。我确实相信,法律的教义性概念是一个解释性概念;我也相信,法律主张的真值条件也在该种意义上是解释性的。但是,我并不认为第二种信念是从第一种信念中推出来的。相反,在《法律帝国》中我花了三章的篇幅来考虑有关法律主张的真值条件的其他的、非常不同的理论,我认为这些理论与将教义性概念当作解释性的来处理的做法也是一致的。其中的一种理论是法律实用主义的一种形式,我在这本书的前面对此理论作了极长篇幅的讨论。另外一

---

[4] 89 *Va. L. Rev.* 1897(2003); quotation on 1918.

种理论我称为惯习主义,是在我第六章所描述的那种精神下提出的一种法律实证主义版本,也就是说,它本身是对当下实践的一种解释。我认为我自己对法律理论的教义阶段所提出的问题的解释性答案是最好的,那是因为它提出了最佳的解释,而不是因为教义性概念本身是解释性概念。

格林令人惊奇的误读,最好被解释为是感染挥之不去的语义学之刺的一种症候。他花了一定的篇幅来讨论他所谓的有关金子、水和老虎之概念的"传统主义"观点与"现实主义"观点之间的哲学争论。前者将这些概念看作是标准型的,后者认为它们不是标准型的,而毋宁是发挥一种自然类型概念的功能。格林明显认为,这是一个关于所有概念应该如何被理解的争论。因此他说,我"对意义提出了与现实主义者类似的论点,以便攻击这样的法理学立场,即法律能够被合意或惯习穷尽"。[5] 这是不正确的,误解是严重的。我确实拒绝对法律的教义性概念作的标准型说明,但我并没有为这个概念采取自然类型语义学——在本书的第六章,我明确地拒绝了对任何法律概念作自然类型性的阐释。相反,我认为像其他的重要政治概念一样,教义性概念是解释性的。

拉兹论法律的诸概念

在第七章中,我将拉兹看作是重要的分析性教义实证主义者,并对他为实证主义所作的辩护中我认为是错误的地方作了说明。由于我写了那篇文章,拉兹在《能够存在一种法律理论吗?》这个颇令人好奇的标题下对

---

〔5〕 Ibid., 1908. 格林在其他地方认为,或许我对解释性概念的说明根本不是现实主义的解释,但非常"类似"尼尔森·古德曼(Nelson Goodman)的完全唯名论的逻辑理论。古德曼认为,我们共享的对特定演绎推理规则的有效性的理解,不是我们所理解的有效性推理的柏拉图形式的产物,而是我们在我们准备接受的推理和我们准备采用的推理规则之间的共同达成平衡的结果。古德曼的解释假定,我们经过一种(神秘的)批判性调整程序而达成的平衡,既是完全偶然的——"我们"可能选定非常不同的平衡,然后具有一个非常不同的逻辑——也完全是一种社会建构;除非我们现在在全部毫无疑问地接受"如果A,并且如果A则B,那么B"(if A, and if A then B, then B),否则逻辑规则不可能具有它们对"我们"施加的力量。在这个意义上,古德曼关于演绎推理逻辑与归纳推理逻辑的唯名主义像格林所谓的传统主义。一段时间的语义协商所获取的统一实践解决了语词的意义。没有什么比这个极端的唯名主义离我对解释性概念的说明更遥远的了。我的说明的核心是,解释性概念没有被实践确定,而是因实践而相互竞争,我认为,因使用这样的概念而提出的价值问题至少在原则上有正确答案。

第八章 法律的诸种概念

他的哲学方法论作了复杂的说明,在该文中,他提出了一些有趣的概念性问题。他说,法律理论是"对法律本质的探讨",所采取的形式是对法律的概念进行说明;因此必须满足一系列的条件,其中之一是"设定在对概念加以完全掌握的方面所涉及的知识条件,即有关概念所涵摄的事物的所有基本特征——也就是法律的种种基本特征——的知识"。[6]

拉兹无论是在对他的方案的描述中,还是在对他的方案的应用中,都没有区分法律的社会学概念和教义性概念。相反,虽然他承认这个区分,但当他认为他关于"说明某个概念"的解说,对这两种概念同时适用时,他显然把这两种概念搅和在了一起。他说,"此处以及接下来的地方,我将像'法律'这个词经常被使用的那样,有时用它指一个法律体系、有时用它指一项法律规则、有时用它指一个有关在某个特殊问题上法律是如何规定的陈述。有时,我会以多重的含义来使用这个词,用它指代上述对象中的一个或另一个,因为无论以哪种方式来理解它,对于本章讨论的目的都是没有妨碍的。"[7]拉兹认为,两种概念同属一类,必须以相同的方式哲学地探讨。结果,他的方法论在两种概念上都失败了。

它在社会学概念上失败了,因为这种概念没有足够精确到可以产生哲学上有意义的"基本特征"。如我所说的,像婚姻、能人政治(meritocracy)、拳击和其他我们用来描述社会安排的标准型概念一样,社会学概念为此留了太多的回旋余地:它的边界太有弹性以致不能支持对基本特征的某种哲学研究。假设我们的人类学者报告了一个社会结构,在该社会结构里面,官员们裁决,在个人冲突中,谁具备被他们描述为更好的道德论据的东西,然后其他的官员用强制力强制任何不情愿的一方遵守这些裁决。我们共享的语言实践并不要求我们非得说这个体系构成了一个法律体系,或说它没有构成一个法律体系。或许,社会科学家为了他们预测或说明的目的,满可以规定一个能解决这个问题的更加精确的法律体系定义。但是,我们法律家或一般的公民没有理由这么做:对于我们来说,没有什么是由我们如何进行分类这一点来决定的。

---

[6] Joseph Raz, in *The Blackwell Guide to the Philosophy of Law and Legal Theory* (Malden, Mass.:Blackwell, 2005), 324, 326.

[7] Ibid., 341 n.6.

拉兹的方法论对教义性概念是不适用的,但是出于不同的理由:不是因为官员是否裁定索伦森女士有权依照市场份额主张损害赔偿这一点是无关紧要的——很明显,这一点关系重大——而是因为教义性概念是解释性的。对在各种各样的情况下法律要求什么有着严重分歧的两位法律家,可能都同样好地掌握了法律的概念。他们中至少有一位在关于法律的问题上是错误的,但他的错误是因为他的法律论据失败了,而不是因为他对"在某个特定问题上法律是如何规定的"这一概念的理解不如他的对手。因此我们不能说,法律理论应该去识别展现出精湛技艺的法律家在识别法律的问题上所聚合成的一致东西的根本性质。分析的教义性实证主义指出,通常来说,法律家的观点确实在相当大的程度上是重叠的:在法律家中间,一般都会有一个以渊源为基础的(source-based)法律的广大领域暂时是没有争议的。然后它就欢呼雀跃地认为这个重叠的领域穷尽了法律的教义性概念的外延,宣布如此识别出来的法律的基本性质即在于以渊源为基础。这是一个人为的和循环的发明,而不是对基本性质的发现。

拉兹明显假定,法律的社会学概念和教义性概念在我们的思想中所发挥的功能,就如某种是自然类型概念之本质的东西。这个假定解释了,为什么他认为在他的分析中对这两个概念作出区分是不重要的,为什么在他对概念理论的一般性讨论中,他将自然类型概念,尤其是探讨自然类型概念的哲学家已经用过的水的概念,作为一个标准的例子。这就是广义上的语义学之刺的标志。拉兹认为,概念分析是重要的,因为正如他所说的,"我们在研究法律的本质时所研究的,主要是我们的自我理解的本质……这个意识是我们在探究法律的本质时我们所研究的一部分。"[8]我很怀疑为分析法理学作的这个(我相信是热昏了头的)主张:如果我们想研究我们自己的自我意识,那么转向小说、政治学、生物学、精神分析学和社会科学,我们会做得更好。我们反思法律的特征,目的是想知道我们必须做什么,而非我们是谁。但是,如果拉兹的看法是正确的,即法理学是窥探我们心智的一个透镜,那么语义学之刺提出的就是一个不妥当的

---

[8] Ibid., 331.

第八章　法律的诸种概念

曲解。

拉兹在他的方法论文章里,讨论了其他许多有关法律的概念的有趣问题。例如,他谈到"我们"的法律概念,认为它与其他的法律概念不同:例如,中世纪的概念,或某个当代异域文化的法律概念。他的意思并不仅仅是说,我们对法律有不同的态度或期待,或对法律的重要性或价值或起源有不同的一般性信仰;他说,这些重要的不同是文化社会学家和知识历史学家所研究的,不是法律哲学家所研究的。然而,他对法律的社会学概念与法律的其他概念不作区分的做法,又一次造成他的讨论的缺陷。因为社会学概念是一个不精确的标准型概念,因此中世纪的社会学概念与我们现在的社会学概念如何有某种程度的不同这一点,便是足够清楚的。当时的人们可能会以和我们中的大多数人——或许是我们大多数的社会科学家——不同方式,在多少有些不同的社会组织之间划出武断的界限。或许他们认为,某个特定集市中商人的习惯性实践,与一个政治国家的法律处于相同的范畴——而我们中的大多数人会将这些放入不同的范畴并且仅仅将后者称为"法律"。在这个事实中,或许有很多的历史意义,但几乎没什么哲学意义。

但是,说我们的教义性法律概念与中世纪的概念不同,这会是什么意思呢?如果我们的教义性概念是自然类型概念,如同拉兹有时所建议的那样,那么很难明白上面这句话的含义。如果那个历史时期中说英语的人用一个同名异物词"水",来指称任何可以喝的无色的液体——包括水和伏特加,而没有特别指称水的词,那么他们并没有一个与我们不同的水的概念。他们或许根本就没有水的概念。如果他们用"水"这个词来指称水,但并不知道(就像我们中的大多数人都不知道)水的化学成分,那他们仍然具有"我们的"(也就是唯一的这个[the])水的概念,尽管与我们中的一些人相比,他们对水所知甚少。如果像我所认为的,教义性概念是解释性的,那么,说中世纪具有不同的法律的概念,那也将是误导性的。或许,在对法律要求的是什么这个问题的最佳理解上,他们对哪类材料具有重要意义这一点,拥有[与我们]非常不同的看法,正如在决定正义要求的是什么时,对什么因素应被考虑在内这一点,他们确实拥有[与我们]非常不同的观点一样。但是,他们并非拥有一个不提供的法律的概念,就像他

230

们并非拥有一个不同的正义的概念一样。

拉兹进一步讨论了这个问题：即一种法律的教义理论——一种对法律命题之真实条件的说明——是否必定是地方性的，仅仅适用于某一个法律体系或某一组彼此类似的法律体系，还是说该种法律的教义理论可能是普适性的。如果教义理论对法律实践是解释性的，那么对后一个问题就没有直截了当的答案。我们可以对我们的实践作非常详细的解释性说明，在这种情况下，它就必然会对我们自己的实践——例如，我们的规则与先例的种种惯例——所特有的特征很敏感。我们也可以作抽象得多的说明，在这种情况下，它将具有更宽的适用范围。拉兹认为，"德沃金的法律理论从一开始就是地方性的。"[9] 他想到的是我在《法律帝国》里的这个意见，即对于我们，一种法律理论即是一种关于我们的法律的理论；我这么说的意思是，在该书中讨论得极为详尽的理论，适合我们本土的实践，而有可能不适用于其他政治共同体的实践。[10] 因此，拉兹对我的观点的描述是否正确，这依赖于他将什么理解为"我的"法律理论：他将我的理论看得越是抽象，他的意见就越不正确。

解释性法律教义理论如何可能是普适性的呢？假设我们要准备建构一个对法律实践的解释，该解释符合我们归在法律的社会学概念下的任何事情。这个高度抽象的解释能够包含多少细节？或许非常少：可能一旦我们开始这个过程，我们采取的任何解释性的步骤将自动地使我们的解释性说明更加地方化。例如，我们可能发现，唯一与我们看作是某个偏僻地方的法律实践的东西相匹配的论证，在教义性阶段产生出对法律真值函数（truth functions）的一种实证主义解释。我在《法律帝国》中提到了这种可能性：我的确想象，甚至对我们自己的法律实践的最好的解释，也可能产生出我所谓的"惯习主义"。[11] 在法律的教义性概念中，并没有什么将这种可能性排除在外，当然也没有什么为它作担保。因此我认为，对我的法律理论是想成为普遍的还是地方性的这个问题，最好的回答是：

---

[9] Ibid., 332.
[10] 拉兹认为，我相信法律理论必然是地方性的，但是和被强加在我头上的我为这个结论所作的论断一样，拉兹提出了一个糟糕的论断，对此我并不承认。然而，他接着说，我在这个问题上的态度是不清楚的。我将这些看作是语义学之刺的进一步的症候。
[11] *Law's Empire*, 114.

第八章 法律的诸种概念

两者兼而有之。

拉兹提出了另一个有趣的问题。他问,在缺少法律的概念的地方,是否可能存在社会学意义上的法律。在法律的社会学概念不为人知的地方,当然能够存在法律。为使一个共同体能有一种法律体系,共同体中的任何人并非必定要理解法律体系是一种独特的社会组织,更不用说非得要知道哪些应该被认为是把法律体系从其他形式中划分出来的特征。但是,在一个没有任何人具备教义性概念的地方,也就是说,在一个没有任何人能理解下述观念的地方——即根据某个具有要求、禁止或者许可这种含义的实践,一些事情是被要求的或禁止的或许可的——可能存在法律吗?这是一个有关社会学概念之边界的问题。设想这样一个政治共同体(如果你能够的话),在其中,那些穿黑袍的人垄断对强制性权力的行使,公众选举的其他人则定下他们认为是明智忠告的东西,供公众效仿;穿黑袍的人出于效率的考虑,在他们的裁决中遵守这些宣示出来的明智忠告,并使此种做法成为一种惯例。但是,没有谁认为穿黑袍的人必需这么做。他们只是这样做着,人们依此规划其事务,虽然有时穿黑袍的人会使公民出乎意料,但这类事情被看作是碰上了坏运气,就像碰上飓风一样。这个共同体的成员缺乏法律的教义性概念:像我在《法律帝国》中认为的那样,我们不能说,他们对他们的种种惯例向他们和他们的官员提出何种要求这个问题,持一种解释性的态度。

但是,我们有教义性概念,我们能合理地使这个概念在他们的环境下运作。我在导论中说,虽然我们的法律的社会学概念是标准型的和不精确的,但它确实存在边界,其中一个边界要求,必须能有意义地假定权利、义务和其他规范性关系能够被归诸于我们所谓的法律体系。我刚才设想的这个共同体中的人们不能为他们自己做这些,但我们能为他们做。我们可以说,他们实际上确实拥有法律权利和义务,如果他们的官员突然停止执行明智的法律顾问团体正式宣布的明智忠告,那他们不但会使人们感到意外,而且还否认了人们有权拥有的东西。我们可以说,虽然他们自己没有意识到,但他们却拥有了一个法律体系,而且做出了像我们这样的、关于他们的法律在特殊情况下要求什么的宣称。当然,所有这些主张都是纯理论的,除了它们的哲学趣味外,并没有其他意味:它们对他们的行为毫无影响。尽管如此，这些主张也并非毫无意义。

它们也可能是正确的吗？这是一个困难的道德理论问题。它要求我们研究态度和权利(entitlement)之间的复杂关系，要求我们研究我们面临的种种问题——例如，当我们在考虑以下情形时所面临的问题：在一个包括妇女在内谁都没认真思考过平等对待权的共同体内，或者在一个更加原始的连权利本身都不为人知的共同体内，妇女是否享有被平等对待的权利。我并不是打算现在要来讨论这些复杂的问题，而只是想举例说明法理学问题的复杂性，当我们小心翼翼地区分不同的法律概念时，这些法理学上的问题就会显现出来。

法律的教义性概念与分类学概念

现在我转向法律哲学家未能充分区分法律的教义性概念和分类学概念时出现的不同问题。最近许多学者认为，在对分析法律实证主义的批评中我提出了两种极为不同的论辩：第一种出现在一系列文章中，这些文章后来构成我1977年出版的《认真对待权利》一书，第二种出现在我1986年出版的《法律帝国》中。投向分析实证主义阵营的斯考特·夏皮罗(Scott Shapiro)在最近的一篇文章中说，在他看来法律实证主义者"成功地弱化了"我早期论辩的"力量"，但还没有人能对我后期的论辩提出有效的回应，因此我对实证主义的全部批评至今仍然是未被答复的。[12] 科尔曼在一个公开演讲——讲稿已在流传，但尚未公开出版——中承认，我在本书第七章中所作的那种类型的论辩已经表明，他本人对法律做的惯习主义解说并不是对我后期论辩的一个令人满意的回应；但是他说，尽管如此，第七章还是"令人尴尬的"，因为我在那里拒绝承认他和其他人已经有效地回应了我的早期论辩。[13] 妮可拉·蕾西(Nicola Lacey)在她最近为哈特作的传中提出，哈特也认为我在我1986年的书中已经"提高了"我

---

[12] Scott Shapiro, "The Hart-Dworkin Debate: A Short Guide for the Perplexed", 将刊行于 Arthur Ripstein, ed., *The Cambridge Companion to Dworkin* (Cambridge: Cambridge University Press). 夏皮罗在这篇文章中针对我"后期"的论断，提出了一种他认为实证主义者可以作的回应。

[13] 科尔曼宽宏大量地允许我如此描述他的观点。

第八章　法律的诸种概念

与他的争论的"赌注",直至他逝世,他也不能确定该如何回答我在该书中所提出的新的论辩。[14] 在对蕾西所作的传记的评论中,另一位实证主义者约翰·加德纳(John Gardner)认为,哈特对我早期的论辩信心十足地作了答复,但是我在《法律帝国》中引入了"第一哲学"的争论,哈特在知识上没有处理这个问题的准备,因此我搞得哈特"手忙脚乱"。[15]

杰出的实证主义者承认我对他们的立场的根本性批评至今尚未被答复,这个承认是值得欢迎的,应该促进进一步的讨论。但我并不认为,我后期的论辩在任何重要的方面与我前期的论辩有什么不同。夏皮罗以如下方式区分了两组论辩。我后期的论辩质疑实证主义是否能对法律上的分歧作出解释:这些论辩指出,法律家对某个问题上法律是什么经常出现分歧,即便他们赞同实证主义者所引证的所有历史事实,而实证主义者认为这些事实穷尽了法律命题的真值条件。与之相对,我早期的论辩基本上是分类学的观点:法官经常引证据以论证他们的法律裁决的道德原则(如我在《认真对待权利》里面讨论的里格斯诉帕尔默案[*Riggs v. Palmer*]中出现的"一个人不能从自己的错误中获利"这条原则)也是法律原

---

[14] Lacey, *A Life of H. L. A. Hart* (Oxford: Oxford University Press, 2004).
[15] 加德纳的评论参见 121 *Law Quarterly Review* 329 (2005)。他说,我通过将性质不同的问题引入法律哲学而使哈特感到不舒服:"德沃金认为法律哲学里的典型争论,主要是在第一哲学或形而上学层面上被解决的。它们不是仅仅关于法律的本质、法律规则等的争论,而是关于人类对诸如法律和法律规则这样的事情的理解的本质的争论。通过将哈特带入到第一哲学的这些高层次上面来,德沃金使哈特丧失了作为法律哲学家对他自己的工作的无意识的(但完全正当的)信心,使得他最后对德沃金的回应看起来只有招架之功而无还手之力。换个比方说,德沃金诱使哈特担心他如何能保持直立,结果他却突然变得摇摇晃晃。许多人认为,如果哈特忽略这件分散注意力的事,而一直专注于他原来的目的,对于法律哲学来说或许更好。"加德纳在其他地方进一步扩展这个比喻,认为"哈特大部分的工作是哲学上无意识的。他致力于他所致力的问题,而非这个进一步的问题:即这些问题将如何被探讨,或它们是什么种类的问题。一旦他开始担心他如何保持直立,他就成了形而上学的独轮车手(monocyclist),摇摇摆摆地差点跌倒。他对自己的哲学观的外行式的考察明显是不成功的,但他在他的就职演讲中对粗糙的词典编纂式的方法的拒绝除外"。这个对哈特哲学能力的低能专才式(idiot-savant)的判断是不足取的。哈特遇到困难,不是因为他对"第一哲学"摇摆不定的理解,而是因为他具有十足的哲学见解来看待问题,但他在分析实证主义上的一些继任者却没有这个能力。加德纳对据说是我引入的问题的解释,在任何情况下都绝对是错误的。在《法律帝国》或其他地方,我从来没有写过"人类对诸如法律和法律规则这样的事情的理解的本质"。我所关注的问题并不是认识论的而是概念性的。我说,虽然哈特的目的是阐明法律的教义性概念,但他误解了这种概念的品性,由于这个原因,他对法律本质的主张注定是错误的。

则,因此分类学实证主义者以他们的方式将法律原则与道德原则分开是错误的。夏皮罗认为,如此理解的我的早期论辩已经以我在第七章中描述的两种方式得到了回答:一者是由像科尔曼这样的"包容性"实证主义者给出回答的,他认为只有当不包含道德原则的更为基本的法律原则承认道德原则为法律原则时,道德原则才成为法律原则;另一者是由像拉兹这样的"排他性"实证主义者回答的,他否认在法律论辩中起作用的每一条原则仅仅由于该种原因就会是一条法律原则。

如果夏皮罗以此种方式将我在《法律帝国》之前的论辩认作分类学的论辩的做法是正确的,那么这些回答就的确是中肯的回应。毕竟,正如我在本书导论和这章的前面部分所说的,法官在裁决人们具有的法律义务是什么的时候必须经常用到算术,但即便如此,算术规则至少在我们绝大多数人的言说方式中,并不是法律规则。我担心,我在 1967 年发表的一篇文章中所作的很多论述,鼓舞了夏皮罗对我的论辩作此理解。[16] 但是不管怎么样,像我在 1972 年发表的一篇文章中指出的那样,他的理解是不正确的。谈起我 1967 年的文章,我说,"我的观点不是说,'法律'(the law)包含固定数量的标准,其中一些是规则,其他的是原则。事实上,我想反驳认为'法律'是一组固定的某个种类的标准这种观点。我的观点毋宁是,对法律家在决定某一特殊的法律权利和义务问题时必须加以考虑的种种考量(considerations)所作的一种准确的概括,将包含具有原则的形式和力量的诸多命题,在论证他们的结论时,法官和律师本身常常使用必须以此种方式来理解的命题。"[17]

换句话说,我的目标是教义实证主义,而不是分类学实证主义。我作出了教义性论断,即除非依据"法律命题的真实条件包含道德考量"这样的假定,否则就我们不能理解法律论辩和争议。我说,我不想作出虚妄的分类学主张,即这些真实条件中出现的每一件事情都应该被看作属于一组被称为法律的特殊的规则或原则。我想,从那个时候起,我就已经明确了我关于实证主义的著作所针对的目标。因此,我不认为,这些认为我作

---

[16] 参见 *Taking Rights Seriously* (Cambridge, Mass.: Harvard University Press, 1977), Chapter 2.

[17] Ibid., 76.

出的是分类学主张的回应,真的对我实际上所作出的论辩提供了任何回答。或许大量的时间已然被浪费了。

未能在法律的分类学和教义性概念之间作出区分,这可能已经对最近几十年的法律理论造成了更多的损害。拉兹在我写第七章时还尚未发表的另一篇重要文章中澄清了他的立场。[18] 他说,由于法官是人,因此他们就像每一人那样,在其所做的每一件事情中,包括在裁决案件时,都处在道德的要求之下。在正常的情况下,法官的责任之一是执行适格的权威所制定的法律,这一责任通常会压倒法官在不存在相关的法律时可能具有的其他道德责任。但是,这种压倒可能是部分意义上的:道德之光可能透过或围绕这些权威已经创制的法律而继续显露这个问题。

对法律的这种压倒状况可能仅仅是部分性的这一点,拉兹用美国宪法来例证它的一种方式。他说,宪法第一修正案允许由言论自由的道德权利所产生的道德要求继续约束法官,而不管那些旨在排除这项道德权利的种种立法规定。他坚持,我们不应当认为该修正案包含了一项保护言论自由的道德原则并使其成为一项法律原则。我们毋宁应该说,该修正案指示法官以道德的方式推论这个问题,即他们是否应该拒绝执行一项特定的制定法,因为该法侵犯了这项特殊的道德权利。他以一个区分和一个类比来总结他的观点。他说,我们应该在作关于法律的推理(reasoning about the law)和依照法律来推论(reasoning in accordance with the law)之间作出区分。当法官得出结论,认为第一修正案要求他们裁决有关言论自由的道德问题,此时,他们是在作关于法律的推理。当他们着手处理这些道德问题时,他们就不再是作有关法律是什么的推理了,而是在依照法律指示他们去推理的方式推理。如果一个事件发生在希腊,但诉讼是在波兰提起的,波兰的法律可能指示波兰的法官在作出他们的裁决时作有关希腊法律的推理。但如果说希腊的法律因此就成为波兰的法律的一部分了,那就具有误导性了。

拉兹的策略在一个明显的方式上不同于科尔曼:因为对科尔曼来说,法官仅当法律包容了道德时才受道德的约束,而对拉兹而言,除非法律排

---

[18] Joseph Raz, "Incorporation by Law", 10 *Law Theory* 1-17(2004).

除道德,否则法官就都要受道德的约束。但是,如果我们认为拉兹是在捍卫教义性实证主义,那他的策略也会被那些困扰科尔曼的同样一些事实挫败。他只有假定法律对法官道德义务的影响——法律所达到的压倒性的程度——本身无需考虑道德即可得到确定,如此,他才能保卫教义性实证主义。这可能就是为什么他说第一修正案"一般被认为"参引了(refer to)"一项言论自由的道德权利"的原因。[19] 他认为,这个解释是由大体上全体美国法律家所接受的宪法解释典范(canons)确立的,因此我们无需诉诸道德原则来确认这个解释的正确性。但是,相反的说法才是真实的。包括我自己在内的许多法律家相信,第一修正案使得制定法的有效性依赖于道德权利。[20] 但是,很多其他的法律家否认这种看法。他们认为,第一修正案要求法官将言论自由作为历史事实来执行而非作为道德原则来执行:法官无论法律上还是道德上都有义务执行通过第一修正案时已经被认可了的言论自由观念。[21] 因此,面对着第一修正案难题的法官,必须在这些有关修正案内涵实质的竞争性理解之间作出选择,像我在第六章中解释的,他必须根据政治之道德性作出这种选择。对民主的本质和价值持有不同观念的法官,会以相当不同的方式来理解宪法在民主社会中的作用,而他们在这个道德问题上的观点,将决定他们是否会以这些方式中的这一种而非另一种来解释第一修正案。有关如何解释宪法条款的争论并不止步于任何以渊源为根据(source-based)的规则,它一直都是一种对政治之道德性的处理。

因此,像科尔曼一样,拉兹的策略也不能从他们两个都承认的一个事实中拯救教义性实证主义:法官在作出裁决的过程中经常进行有关道德的推理。然而,并没有明显的迹象表明,拉兹想要拯救的是教义性实证主义。他最喜欢的类比说明了为何如此。认为希腊侵权法是波兰法律的一部分看起来确实稀奇古怪。但是,希腊法确实出现在以下这个命题的真

---

[19] Ibid., 10.
[20] 参见我的著作 *Freedom's Law* (Cambridge, Mass.: Harvard University Press, 1996).
[21] 参见 Antonim Scalia, *A Matter of Interpretation* (Princeton, N.J.: Princeton University Press, 1997).

实条件中,即在波兰法律下,一个具体的波兰被告要就比雷埃夫斯*发生的事件中出现的损害向一个具体的希腊原告承担法律上的责任。在这个具体的责任问题上,如果不将希腊法考虑进去,波兰法官就不能作出有关波兰法律的规定的正确结论。

道德也同样如此。让我们假定——事实并不如此——拉兹的下述想法是正确的:所有的法律家都承认,第一修正案使得制定法的有效性依赖于对言论自由的道德权利的最佳理解。进一步假定,国会通过了一部法律,禁止联邦职位的竞争者在他们的竞选活动中的花费超过规定的数额。现在考虑一下这个法律命题,即法律禁止约翰·克里(John Kerry)在他的总统竞选中的花费超过规定的数额。[22] 根据拉兹的解说,这个命题的真实性或虚假性依赖于这个道德判断的可靠性(soundness),即当国会通过这个规制时,它侵犯了言论自由。我们如何来表述这个要点——无论是说根据第一修正案,法律没有禁止道德具有这样的影响,还是说第一修正案要求道德具有这样的影响——这都是无关紧要的。对拉兹立场的否定性表述或者肯定性表述都可以得出同样的结论,即这个法律命题的真实性——当然,还有成千上万的其他法律命题的真实性——依赖于对道德问题的正确解答。

我们可以设想种种认为拉兹的立场与一种教义性实证主义相一致的论辩,但这样的论辩没有一个是成功的。说第一修正案仅仅指示法官以这种或那种形式作有关道德的推理,但并没有指示他们好好推理,这是没有任何帮助的——这就好像是说,一个错误的和虚假的道德分析与一个复杂的和正确的道德分析,能够同等地履行法官的义务。无论根据何种解释,这都不是第一修正案的意思。在此,也根本无法在原告要求最佳解读(the best reading)的权利和原告因为一种特殊解读是最佳的而有权要求这种特殊解读的权利之间,作出区分。我们不能说,他在法律上有权要求抽象的最佳解读,但是由于确定最佳解读要求进行有关道德的推理,因此他在法律上无权要求任何特殊的具体解读。与建

---

* Piraeus,希腊东南部一港口城市。——译者注

〔22〕 不久之前,最高法院认为这个主张是虚假的。参见我的著作 *Sovereign Virtue*(Cambridge, Mass.: Harvard University Press, 2000), Chapter 10.

议性态度(propositional attitudes)不同,权利和责任提供了一种明确无误的代换脉络:如果一个政治家在法律上有权要求对言论自由作最佳解读,如果最佳的解读否定了竞选经费限额法,那么他在法律上就有权主张无限额的花费。[23] 下面这种说法也是没有帮助的,即认为我所引用的这个命题——约翰·克里没有无限花费的权利——事实上不是此类教义性实证主义者所念兹在兹的那种法律命题:这仅仅是一个单称的命题,并不是处在某条法律规则的本质中的东西。我们可以使我引用的命题逐渐变得更为抽象和一般——例如,根据美国法律,政治竞选者享有无限花费的权利——直到它具备了一条常见的法律规则所具有的全部一般性。

因此,拉兹的"排他性"实证主义,可能根本就不是教义性实证主义。他可能并不打算为这样的命题辩护,即作为一个概念性问题,法律权利和义务总是可以无需诉诸道德反思而仅仅参考"渊源"就可以被确定。他可能更像是个分类学实证主义者。通向一个特殊的法律结论的论辩典型地涉及诸多不同的命题:关于法律制定机关已经做了什么的报告,关于其他司法辖区内类似的法律制定机关的信息,有关经济的或社会的或历史的事实的主张,有关个人状况、算数假设、道德原则与种种观察的主张等。分类学实证主义者坚持在所有这些命题中作一个区分:一个在描述了所探讨的司法辖区内的"法律"(the law)的命题,和没有描述所探讨的司法辖区内的"法律"的命题之间的区分。一个"包容性"分类学实证主义者认为,不同种类的道德原则有时(当它们被恰当地包容进去时)是"法律"的一部分,而"排他性"分类学实证主义者否认这个说法。

---

[23] 未被规训的人格化——一些法律理论家对此甚是偏爱,我在第七章对此也作了批评——可能助长了这个错误。建议性态度对于代换来说是模糊不明确的:从下述两个事实——即耶弗他(Jephta)曾指示,他得胜后见到的第一个人将被献祭给上帝以示谢意,以及他见到的第一个人是他的女儿——并不能得出说,耶弗他指示,他自己的女儿应当被献祭。他不知道他将见到的第一个人会是他的女儿。因此,如果我们习惯于认为法律或宪法"指示"或"命令"违反言论自由的法律不能被通过,那么我们或许就会倾向于认为,从竞选经费限制违反了言论自由这个进一步的(道德)事实,并不能得出宪法指示或命令竞选经费限额不能被通过。我们可能认为:宪法可能不知道,竞选经费限制违反了言论自由。但是这将是一个严重的错误:一个现在已经被抛弃了的约翰·奥斯丁的"命令"版的分析性实证主义的残渣。"法律命令"只能被理解为陈述有关法律权利、义务、权力等主张的一个捷径,这些主张是可以被代换的。国会已经"指示"了某事这个事实与任何法律主张都不相关,除非从这个指示能够得出——正如有可能从中并不能得出——人们拥有国会已经指示他们拥有的法律权利、责任和权力。

第八章 法律的诸种概念

值得作这样的争论吗？当然，在确定人们以及官员们具有什么样的法律权利和义务时，我们将什么东西看做是于此相关的，这一点是很重要的。但是，没有什么重要的事情依赖于我们将相关东西中的哪个部分描述为"法律"。为什么我们不应该认为，我们在作这个语言上的选择时有相当程度的回旋余地，由此"包容性的"和"排他性的"措辞都是可以被接受呢？认为算术法则是马塞诸塞州法律的一部分确实很怪诞；我们想说的是，一个计算损失数额的法官认为 5 + 7 = 11，这犯的是数学上的错误而非法律上的错误。我们可以用各种各样的方式解释这个语言偏好问题：算术绝非法律所特有，当然，更非任何具体司法辖区中的法律所特有，因此认为算术规则属于马塞诸塞州的法律，这即便不是不可以理解的，至少也是严重误导的。我们不愿说，当一个希腊案件在一个波兰法院被审判时，希腊法成为了波兰法的一部分，但我们对此也能够给出解说。我们希望我们的措辞承认，希腊法只有在非常有限的情况下才在波兰法院中占有一席之地，而且即便是这部分相关的希腊法的内容，也要通过解释希腊的而非波兰的侵权法案件中的立法与实践来识别。不过，一些专门术语的选择问题看起来比这些例子更稳妥。假设某个司法辖区内的法律实践赋予商业习惯的传统实践和期待以法律效力，因此一个商人的法律权利经常依赖于该习惯是什么这个问题。我们能说这个习惯是法律的一部分或不是法律的一部分吗？任何一个选择都可以得到辩护，我们作出哪种选择实际上无关宏旨。

在一个特殊的司法辖区内，当特殊的道德原则——如我早期举出的这种特殊原则的例子：没人能够从自己的错误中获利——经常得到引用并以之作为依据时，特别是当它们在其他司法辖区内被忽略或很少被引用时，那么，人们就会倾向于说，这些原则已经成为这个司法辖区的法律的一部分了。但是，这种说法要冒一个风险，即它可能造成我在前面引用过的 1972 年的评论中已经提醒注意的这个错误：误认为一个共同体的"法律"（law），是由一种规则、原则以及其他在理论上可以全部被列出来或数清楚的标准组成的有限集合体构成的。因此，我认为，如果我不得不选择，我将选择排他性分类学实证主义，尽管我核心要点并不在此。如果我们小心避免每种选择可能带来的错误，其实每种选择都可以。

拉兹并不这么认为,他最近的文章主要致力于证明,分类学上的辩论是意义重大的。他并没有主张"法律的一部分"这个短语描述了一个自然类型:他没有主张,认为道德原则是法律的一部分和认为某些狗是老虎的一部分,犯的是同一类型的错误。相反,他认为已经成为"法律的一部分"的那些标准,和没有成为"法律的一部分"但法律要求它们被"遵守"的那些标准之间的界限是"非常模糊的"。[24] 不管怎么样,他认为有必要坚持的是,即便当道德处在有关法律权利与义务的命题的真实条件中时,它们也不能被看作是法律的一部分。他提出了两点理由。他说,首先法律是偶发的(contigente)——它能够停止存在——但道德是不能够停止存在的。* 其次,在一个有法律存在的共同体内,存在着(或至少可能存在着)不是法律权利和义务的道德权利和义务。因此,在法律和道德之间必然有分界。

240 这两个理由都没什么说服力。假设我们决定采用这种说法,即人们不应从他们的错误行为中获利这个原则是纽约法律的一部分,此时,我们既没有否认法律是偶发性的,也没有否认道德不是偶发性的。我们完全可以毫无矛盾地接着说,即便该原则不是纽约法律的一部分,该原则也仍然是真实的——事实上,即便没有纽约法,该原则也照样真实。假如我们决定上述说法,那我们也并没有否认,存在着不是纽约法律的一部分的其他道德原则——或者,也没有否认法律与道德之间存在着区别。当我们说,约翰·邓恩(John Donne)将一些特定的语词写入他的诗歌,我们并不否认,存在着他没有写入诗歌的语词,或邓恩诗歌的概念和单词的概念之间存在着差别。

马修·克拉默(Matthew Kramer)将自己看作是包容性分类学实证主义者,他认为虽然包容性—排他性之争是作为一个有关如何最好地回

---

[24] Raz, "Incorporation by Law", 12.
* 译者的理解是,此处所说的"偶发性"指的是法律之存在(或说起效力)乃由一时一地的特定的人所决定,他们可以使某法律在某时生效(存在),也可以使法律在另一某时失效(停止存在)。而道德则与之相反。道德并非是有可具体辨别的人或人群一时一地规定下来的,更不可由具体的某些人在一时一地决定它们失效(停止存在)。——译者注

应我对实证主义的批评的争论开始的,但是它们现在已经有了自己的生命。[25] 某种意义上,这是一个可喜的发展,因为根本没有一种版本的分类学实证主义对我对教义性实证主义的批评提出任何回应。诚如夏皮罗、科尔曼和其他实证主义者所说的,这个回应仍然有待做出,如果事实上可以做出的话。但这个争议本身令人沮丧。令人悲哀的是,边沁、奥斯丁、霍姆斯和哈特的重要的法理学传统,现在陷入了对如此学院化的问题的争论。然而,乌云之中还有一线光亮。或许它发出了这样的信号,实证主义者已经不再有更多的兴趣来辩护哈特曾经如此急切地建立的主张:作为一个概念问题,法律主张的有效性仅仅依赖于社会的而非道德的事实。教义性实证主义在它的政治形式而非分析形式中才可能继续成长。

---

[25] Matthew H. Kramer, "On Morality as a Necessary or Sufficient Condition for Legality", 48 *Am. J. Juris.* 53(2003).

第九章 罗尔斯与法律

作为法律哲学家的罗尔斯

241　　罗尔斯以政治哲学家闻名于世,以至于我的主题"罗尔斯与法律"可以从诸多角度切入。全世界的政治家引用他的观点,美国和其他国家的法官求助于他的作品,因此,我们可以探讨他对不同国家的法律已经产生的影响。或者说,我们可以考虑他可能具有的影响:例如,我们可以问,他著名的差异原则将给美国的税法和侵权法带来什么改变。事实上,这些问题已经被探讨了。我们也可以检讨他在其他方面的影响。我们也可以思索,居住和工作在我们这样一个由法律所主导的政治共同体内,对于罗尔斯正义理论的形成有多么大的重要性,在这个政治共同体内,某些关键的政治问题——如果你愿意,可以说基本的自由问题和宪法的基本要素问题——被从常规政治中移出,成为法院的特别关注。

　　我打算从一个不同的角度来讨论罗尔斯与法律:即他本身作为一位法律哲学家,甚至是作为一位法律家的罗尔斯。虽然罗尔斯在他的著作中对法律作出一些重要探讨(我将会提到其中的一些),但他并没有认为自己是法律哲学家。他通过他的政治哲学,对法律理论做出了重大的贡

第九章 罗尔斯与法律

献,因为法律理论是政治哲学的一个分部,罗尔斯抽象地探讨了整个学科。在此,我想简单地辨识同时也评价罗尔斯正义理论中的这些方面,它们直接涉及法学理论的传统问题。

我将首先简短地列举这些传统问题。任何一般性的法律理论,都必须回答法律是什么这样一个古老的问题。但事实上,这个古老的问题提出两个不同的问题。首先是方法论的问题:什么类型的理论可以看作是对这个问题的回答?一般性的法律理论是描述性的理论吗?如果是,它们描述了什么?它们是概念性的分析吗?如果是,那么是什么使得法律概念的一种分析要好于另一种分析呢?它们是规范性的政治理论吗?如果是,那么关于法律是什么的理论,如何区别于关于法律应当是什么的理论呢?法律哲学家对这些方法论问题存有分歧。如果有的话,罗尔斯的哲学中有怎样的看法呢?

第二个问题于是就很明显了。一旦一种法律理论在方法论问题上选定了立场,那么它必须尝试回答实质性的问题。假设法律理论应该是什么这一点是给定的,那么哪种法律理论是最成功的?一段时间以来,法律理论被它的作者和评论者粗略地划分为两个阵营:法律实证主义理论,它认为任何司法管辖区内的法律所要求的或允许的是什么,这仅仅是一个社会事实问题;反实证主义法律理论,认为法律要求的是什么,这个问题有时不仅依赖于社会事实,同时也依赖于有争议的规范问题,包括道德问题。就我所了解的,罗尔斯并没有明确地从这两个一般性立场中选一个作为自己的立场。但是,他的理论在两者之间没有偏好吗?

第二个问题不可避免地带来第三个问题。无论是在实证主义的理论还是在反实证主义的理论那里,法官都经常遇到"疑难"案件,在其中,法律家们认为既定的法律没有为当前的问题作出规定。实证主义者认为,在这样的案件里,法官必须动用自由裁量权,创制新的法律。反实证主义者以不同的方式描述了这同一个必要性:一个认为(我就这么认为)法官在他们的裁决中必须追求整体性的法律家,将会同意,整体性要求的是什么,这一点不时地甚至通常都是有争议的,因此,一个新的裁决是必须的。双方,或者双方当中每一方的所有版本都必须面对这个问题:什么种类的论证或什么样的论证资源契合这样的司法责任。

　　法官可以或应该提供何种性质的理由来为他们的新判决辩护呢？他们可以诉诸宗教信仰吗？诉诸他们自己的道德信念吗？诉诸道德的或末世论的哲学体系吗？诉诸宏观经济现象吗？——法官说他以一种特殊的方式裁决案件，因为这有助于美元在国际货币市场中的地位，这能成为一个好的论据吗？这些关键的问题在法律理论中被相对地忽略了。但是，罗尔斯提出一个论证原则，他称之为公共理性原则(the doctrine of public reason)，公职人员可以用它来适当地论证他们的裁决，他特别强调说，加以特定的限制，公共理性原则也适合于法官使用。我们必须检讨这个原则。如果我们发现它并不令人满意，如同我的怀疑一样，那么我们必须问，在界定恰当的司法推理的品性时，罗尔斯的一般性理论的其他方面是否更有帮助。

　　对于美国和其他成熟民主体制中的法律理论家来说，第四个问题特别的紧迫。在这些国家中，宪法法院有权力判决法律无效，而这些法律是经由选举且对人民负责的立法者制定的。这个权力与民主原则相符合吗？如果不相符合，它会因此而不公正吗？罗尔斯在不同的场合直接论述了这个问题，我们必须注意他所说的。但是，他最近从诸多方面探讨了一个更生动、更重要的问题，我们可以称其为宪法策略问题而非正当性问题。因为它的国家还没有准备好用司法的方式解决这些问题，其宪法法院就应该拒绝裁决特定的问题——例如堕胎问题或者安乐死问题吗？这家法院应该袖手旁观，让常规政治来降低问题的分歧性，甚或达成一个更能为整个社会接受的妥协吗？几位著名的法律学者赞同这样的建议，罗尔斯曾说，他认为他们的论断是一个"好的"(good)论断。我们应该思考，为什么他说他们的论断是好的。

　　最后，我想处理一个看上去更为抽象的问题。关于法律要求什么这个问题的有争议的诸种主张，能否是客观上真实的而非仅仅是主观上真实的？这不是一个在日常实践中困扰律师和法官的问题。然而，它却具有相当大的实践重要性。因为许多法律和内政上的问题依赖于它，包括法治是否真的不同于有权力的男人和女人的统治，法治是否认为我们具有遵守法律的一般性道德义务,对立法机关制定法的司法审查是否真的具有合法性。事实上,一些法律理论家一直在建构这样的主张,即法律实践基本上是主观的:例如,美国法律现实主义这个颇具影响的运动,在我们这个时代,它变形为批判法律研究的光彩夺目的烟花,虽然转瞬即逝。罗尔斯讲了关于真理与客观性的一个好的处理方法,虽然其中的一些内容尚无定论且非常晦涩,但是当法律家探讨这些更为明显地属于哲学的问题时,其中的很多内容还是大有裨益的。

244

法律哲学的本质

像几乎所有法律家的做法那样,让我们暂时假定一个关于法律权利和法律责任的主张是能够为真的。如果这样的话,那么一套法律理论就应当告诉我们这样的主张在什么情况下是真实的。究竟是什么令它——例如,此处的限速是55,或微软违反了反托拉斯法,或纠正歧视的措施是违宪的——是真实的呢?法律哲学家为那些试图回答这个问题的一般性法律理论辩护。法律实证主义者认为,一项法律主张只有依据如下的社会事实才可能是正确的:例如,有关立法机关已经宣告的事实或法官在之前的案件中已经裁决的事实。我一会儿将探讨此种看法的价值,但我们必须先考虑一个先行的问题。实证主义者提出的是一种什么类型的主张?什么能够使他们关于法律的真值条件的主张本身是正确的呢?

许多法律哲学家认为,他们的法律理论是关于社会实践或惯习的描述性理论,大批的法律家依据这些实践或惯习提出、论辩和裁决法律命题。当然,法律家们在哪些法律命题是真实的、哪些是虚假的这个问题上经常存有分歧。例如,他们对这样一位妇女的法律命题意见分歧:该妇女因为其母亲在其出生前服用了许多年的一种药物而受到该药物副作用的伤害,但是这位妇女不能分辨出她母亲在任何特定的时期所服用的特定药物的生产厂商,因为诸多的公司生产此种药物,而她不知道她母亲那时吃的是哪家的药。[1] 她是否有法律上的权利,依照市场占有率向所有生产此种药物的公司索赔？但是,这些法律哲学家认为,如果此类分歧是真实的,那么法律家必须在一个更加基本的问题上达成一致意见。他们必须一致认可用来确定一个法律命题是否真实的唯一正当的检验方法(the right test);否则,如果不同的法律家使用不同的检验方法,那么他们就只能各说各话了。如果这个假定不谬,那么法律的哲学理论就应该致力于描述这个背景性的一致意见。通过告诉我们法律家实际上是用什么检验方法来识别真实的或合理的法律命题的,该法律哲学理论将告诉我们法律是什么。

根据这种观点,法律哲学最好被理解为一种描述性实践:一种法律社会学中的实践。但是,实际上,如果我们将一般性的法律理论看作是此种方式上的描述性的,那将使任何一种一般性的法律理论都极难得到阐明。考虑一下 H. L. A. 哈特所提出的法律实证主义吧。[2] 他赞同他所谓的"渊源"命题,认为(实质上)法律命题当且仅当它们可以从法律机关——如立法机关,它们依据惯习有权作出这样的决定——所作出的明确的决定中推导出来时,才是正确的。[3] 如果一名法律家可以证明,有迹象表明相关的立法机关认为,在我们的例子中该妇女有法律上的权利来主张依据市场份额的赔偿,那么他就证明了她是有该种权利的。但是,如果这个主张不能从任何被授权的机关的言行中推导出来,那么它就不是真实的。

在哈特去世后出版的《法律的概念》的后记中,哈特坚持认为,他的渊源命题是纯粹描述性的。[4] 但在何种意义上它可以被看作是描述性的,这一点却神秘难解。哈特并不想将它看作是对法律家如何谈论、如何使用"法律"这个词的描述,因为这明显不属于"法律"的这样一种意义的组成部分,即法律只可能依据实证的制定行为才可能有效;他也没打算将其

---

〔1〕 参见 Sindell v. Abbott Labs., 607 P. 2d 924, 936-938 (Cal. 1980).
〔2〕 参见 H. L. A. Hart, *The Concept of Law*, 2d ed. (Oxford: Clarendon Press, 1994), vii.
〔3〕 参见 ibid.
〔4〕 参见 ibid.

看作是对这样的东西的描述,即所有的法律人都认为该东西隶属于法律的概念,如同我们认为,单身汉是未婚的这个论断是从属于单身汉这个概念的那样。因为法律家对渊源命题是否正确存有异议:认为我们所举例子中的妇女有法律上的权利来主张按市场份额赔偿的法律家,明显拒绝渊源命题,因为在极富想象力的法律家[5]论辩这样的主张前,没有任何机关宣布过这样的责任。如果这些法律家是错了,那么他们的错误是法律上的而非概念性的错误。由于同样的原因,哈特也不可能认为他的渊源命题是这样一个社会学假设,即任何地方的法律家只是在渊源命题已经得到满足时,才会实际上提出有利于他们的法律主张。这个假设也明显是错误的。

那么,我们应该如何理解诸如渊源命题这样的法律理论呢?罗尔斯通过例子——通过他对正义概念的分析,直接论述了这个问题。对于什么使得一项制度公正或不公正这个问题,罗尔斯认为共享和使用正义概念的每一个人并没有共享某种实质性的背景理解。相反,他认为人们具有非常不同的正义观念。他承认,他们确实共享某种非常抽象的理解,这些抽象理解使得所有这些观念都成为正义的种种观念而非有关某种其他德性的观念。但是,这个共享的理解非常之薄(thin),薄到几乎没有实质的内容。使得有关正义的分歧成为可能的是,人们对某些具体的事例或例子具有高度的一致意见——每个人都认为,奴隶制是不公正的,工资剥削是不公正的,诸如此类。因此,罗尔斯认为,研究正义的哲学家应致力于解释性的事业,他称此为寻求反思平衡。我们尝试创造其范围在一定程度上具有一般性的原则,并通过调整我们对一般性原则或具体判断的看法;或同时调整两者,直至达到解释性的融洽,以使这些一般性的原则与我们由之出发的对何为正义、何为不正义的具体判断相匹配。

我们可以将这个解释性的实践重述为法律哲学的方法。我们可以将那些不言而喻的东西看作是我们法律的一部分——限速、税法典、普通的

---

[5] 这些法律家经由 *Fordham Law Review* 上发表的一个学生的评论而受到市场份额责任的启发,参见 Naomi Sheiner, Comment, "DES and a Proposed Theory of Enterprise Liability", 46 *Fordham L. Rev.* 963 (1978).

日常财产规则、合同等,我们对这些东西已经习以为常了。我们可以说它们是法律的典型实例。然后我们可以建构解释性平衡的另一个极点,因为我们共享着抽象的观点,它在法律哲学中扮演的角色与正义概念在罗尔斯哲学中扮演的角色相同。这就是法律的概念——虽然有时当我们强调它的政治品性时,我们以另外一种方式把它称为合法性概念,或法治的概念。这样,我们可以尝试提出一个恰当的合法性观念,即一种将我们对具体的法律主张的各种各样的前分析性假设,带入与政治道德的一般性原则的平衡中去的合法性观念,此政治道德的一般性原则看起来最好地解释了合法性的品性和价值。以这种方式,我们可以将有关法律主张的真值条件的理论嵌入到我们所确信的更宏大的价值观念中。法律实证主义理论将给出一个有关此类主张的真值条件的命题,如渊源命题,它为合法性的实证主义观念所支撑,而此种合法性的实证主义观念为一种更为一般性的正义观念所支撑。该种解释性的构想,对主流法哲学家们实际上作的种种论辩提供了最佳的理解方式。如此构想的法律哲学在某种意义上也是描述性的,因为它以对它所面对的共同体内那些被认为是理所当然的东西的理解作为出发点;但在另外的意义上,它也是实质性的和规范性的,因为它所寻求的平衡是与具有独立诉求的原则的平衡。因此,从一开始,罗尔斯的工作对于法律哲学的自我理解来说,就是一项重要的贡献。

法律是什么

现在,让我们转向这个古老问题的实质方面。作为一种有关合法性概念的观念,哪种对法律的理解(实证主义的或其他的)是最成功的?为了将罗尔斯的观念适用于这个进一步的问题中,我们应将这个问题置于他对作为公平的正义的阐释之中。假设除了一般性的正义原则外,同时要求他所描述的处在"原初状态"[6]的代表选择一个合法性观念。为了

---

〔6〕 John Rawls, *A Theory of Justice*, rev. ed. (Cambridge, Mass.: Harvard University Press, 1999), 15-19.

使问题更简单,只给他们提供了两个选择。他们可以选择合法性的简化了的实证主义解释,认为法官用一种特殊的检验来验证真实的法律主张,他们也可以选择一种简化了的解释性的非实证主义的解释。

依据惯常的实证主义的简明说法,法官应该执行立法机关制定的规则,只要这些规则是清晰明了的,或通过参考立法史和其他有关立法意图的标准渊源可以使其清晰明了。但是,经常发生的事情是,当仅以此种方式制定和阐释的规则不足以裁决案件时,法官应宣布法律对此没有提供答案,然后自行制定法律以填补此漏洞。然而,他们应该谨慎地、查漏补缺地立法,因为他们相信,当前行使权力的立法机关如果遇到这样的问题也是会立法的。也就是说,法官所要做的,正是他们认为有关的议会将会做的。根据相对立的解释主义的简明说法,法官应该执行立法机关制定的规则,以同样的方式解释规则;但是,当遭遇到所谓的漏洞时,不应该试图像立法机关会做的那样去进行立法,而是相反,应该试图辨识公平或正义原则,这些原则最好地论证了作为整体的共同体的法律,然后将这些原则适用于新的案件。

与罗尔斯的假设相反,现在我们假定,[原初状态中的]代表已经达成了一个一般性的、所有人都认可的功利主义正义观念。那样的话,他们会认为,他们有有力的理由选择那个简化的实证主义法律观念,而非简化的非实证主义法律观念。因为在功利主义的正义观念和实证主义的合法性观念之间具有强烈的亲和性:现代法律实证主义的两位奠基者边沁(Bentham)和奥斯丁(Austin)都是主要的功利主义者,这绝不是偶然的。正如边沁所指出的,合理可靠的功利主义立法必须从一个单一渊源(a single source)来获得组织和指导:功利最大化的最佳程序是一种整合成一体的程序,在其中不同的法律和政策可以相互妥协和调整,以便产生一个最大化的功利。[7] 立法机关是获取此功利最大化的最好的机构,因为它可以通盘考虑法律的整个组织构造,因为它的组成和选举程序有助于提供有关共同体内诸多偏好的混合体的信息,对获取功利最大化所必需的交易

---

[7] 参见 generally Jeremy Bentham, *An Introduction to the Principles of Morals and Legislation* (New York: Hafner, 1948 [1823])。

的完美计算来说,这些信息是必不可少。法官具体个别的执行活动,对于那些设计用来获取功利最大化的规则来说,是必不可少的;不过他们应尽可能地不要成为政策的创建者,因为那样会加倍地无效率。因此他们应该被告诫,当立法机关的金科玉律被穷尽了而仍无法作出判决时,他们应该宣布,从任何其他渊源中均找不到可以框范他们的裁决的法律。他们应该宣布存在一个漏洞,然后尽可能谨慎地、像他们的政治主人的助理一样、以其政治主人自己可能会做的那样,进行填补;其动作范围,正如重要的实证主义者同时也是功利主义者的奥利弗·文德尔·霍姆斯所言,是从克分子到分子(from the molar to the molecular)之间。[8]

这是从功利主义的角度为实证主义提供的肯定性的理由。还可以从反对解释主义的角度提供相应的否定性理由:即解释主义是非理性的。对于功利主义者来说,道德和政治原则仅仅是获取长远的功利最大化的经验法则,为原则自身的目的而追求原则的一种融贯性,这不但没有独立的价值而且具有很大的损害。一心一意盯住未来,这是实现功利的更好方法,而无需回头顾及过去的整体性,除非这样做是出于功利主义自身的策略性智慧。

另一方面,现在假设原初状态中的代表确实选择了罗尔斯建议他们选择的东西。他们拒绝功利主义,支持两项正义原则。其中一项原则赋予特定的自由以优先性,另一项要求保护社会中最少受惠群体的利益。这样的话,他们看起来也会很自然地选择解释主义而非实证主义。因为长远来看,解释主义是获取正义的更好的赌注,无论是具体的正义还是整体的正义。两项原则要求在接下来的具体的层面上得到落实。首先,他们需要一个立宪阶段,在此阶段上,设计出各种制度,以便最大可能地产生两项基本原则所要求的结果。接下来,在罗尔斯所谓的立法阶段,他们要求这些制度在服务于[两条]基本原则的更为具体的正义原则的指引下,作出更为具体的有关法律与政治的决定。那些赋予平等自由以字典

---

[8] 参见 So. Pac. Co. v. Jensen, 244 U. S. 205, 221 (1917) (Holmes, J., dissenting)("我毫不犹豫地承认,法官确实而且必须立法,但他们只能查漏补缺地立法;他们被限制在从克分子到分子的运动之间。").

式的优先性、然后赋予保护最少受惠群体的利益以一种另外的(further)优先性的人们,对于在这个立法阶段上犯错的可能性会特别敏感。他们会担心,依赖多数支持的立法机关在巨大的压力之下会以牺牲其他人的利益的方式来提升某些群体的利益。因此,他们会倾向于这样的司法权观念,即被赋予独立的权力和责任的司法权。他们会乐于接受有关一部成文宪法的司法审查,我将在后面讨论罗尔斯对这个问题的论述所包含的意义。[9] 不过,他们也会倾向于这样的观点,即对于立法机关制定的较为普通的法律的适用和发展活动,法官也应该予以相对较弱但仍然是意义重大的监督;并进一步至于这样的观点,即法官们应该朝着法律面前人人平等的方向行使权力,也就是说,坚持这样的方向,即只要在某种立法至上的合理的教义允许的范围内,那么立法机关针对某些群体做的事情中所预设的无论什么原则,都应该适用于所有人。他们会有强烈的理由来支持一种解释主义的法律观念,这种观念认为,人们在法律上不但有要求立法机关具体明确地指示的权利,而且也有要求其对这些指示所作出的以原则导向的精心阐释予以阐明的权利。一致性(coherence)是反对歧视的最好的保护措施。毕竟,那正是我们宪法第十四修正案中平等保护条款的先决条件。

罗尔斯并没有为解释主义作如此论证;事实上,就我所知,他没有明确论证过任何法律的观念。但是,他确实明确地赞同我认为是支持解释主义的原则,在有关合法性或法治的讨论过程中,他赞同这个原则。让我来引段话:

> 相同案件相同处理这条戒律,极大地限制了法官和其他有权之人的自由裁量权。这条戒律迫使他们通过参照相关的法律规则和原则,来论证他们在人们之间作出的区别对待的合理性。在任何特定的案例中,如果规则非常复杂,需要解释,那么或许很容易为一个专断的裁决提供论证。但是,随着案件数量的增加,对于有偏颇的裁决进行似是而非的论证就变得更加困难了。当然,连贯性(consisten-

---

[9] 参见下面的"立宪主义"部分。

cy)这一要求在所有规则的解释以及在所有层次上的论证都是适用的。[10]

注意罗尔斯对本身即为一种限制的复杂性的强调,以及他对下述一点坚持,用他的话说就是,连贯性"对所有规则……在所有层次上"都适用。[11] 当疑难案件中解释法律并对之精心阐发的法官,不是简单负责与零星分散的特殊教义保持一致,而是尽可能地达成与整个法律结构以原则导向的一致性时,公民将获得免于武断和歧视的最佳保护。

现在,可能的反对意见是,尽管有我所提到的历史上的亲和关系,但实证主义不必定是功利主义的。相反,我们能够假定一个并非功利主义的实证主义法官,在他认为他具有自由裁量权的案件中,准备采用他认为与从某种功利主义之外的角度理解的正义最相契合的规则。为什么在原初状态中选择了罗尔斯的两条正义原则的人们,就不能选择如此塑造的法官角色呢?根据罗尔斯所谓的不完善的程序正义*,为什么这就不是一个更好选择呢?然而,这个建议忽略了如下这个事实:即便法官们只以正义为其目的,他们也会经常在正义是什么这个问题上意见相左,法官们自己可能被先入之见、偏见或无偏私之正义的其他敌人所影响。与要求法官尊重以原则为导向的一致性的做法相比,选择了某种法律观的人们没有理由认为,在他们自己的案件中,如果法官可以自由地不顾与其他官员或法官所做的事情保持一种原则导向的一致性,其判决将更好地反映正义,无论该种正义的观念是什么。他们满可以认为,如果他们不是指示法官按照法官对正义的理解来主持正义,而是通过坚持要求法官尽可能地尊重他们所理解的原则导向的一致性来规训法官,那么他们将更好地保护他们自己免于专断和歧视。如我前面所说,这正是我们的平等保护条

---

[10] Rawls, *A Theory of Justice*, 209.
[11] Ibid.
* "不完善的程序正义",指对程序的结果之公正性存在独立的评价结果,而公平合理的程序不必然能达成此种结果。例如一种审判程序,即便程序是公平合理的,仍然有错案产生的可能。参见〔美〕罗尔斯:《正义论》,何怀宏等译,第14节,中国社会科学出版社2001年版。——译者注

款所采取的观点。[12]

法律推理的限制

现在,我转向一个更加具体的、所有法律观念都必须面对的问题,而对于某些法律观念来说,这个问题尤为困难。在疑难案件中,法官应该如何推理呢?在我所描述的实证主义和功利主义的简明合成物中,法官必须作出新的判决以便填补法律的漏洞,但这种合成物规定了该种司法推理的特征。它认为,法官应该尽可能如立法机关可能会做的那样来行事。与其他的法律理论一样,解释主义也认为,在疑难案件中,法官必须对政治的道德性作出新的判断;这要求法官在整个法律结构和被认为最好地论证了此结构的一般性原则之间,寻求解释性的平衡。如同我在其他地方所论证的,这实际上是传统的普通法方法。[13] 但是,在建构此解释性平衡时,也就是说,在为全部的法律记录进行论证时,对于法官可能引用的原则的种类是否有限制呢?

对他们来说,运用某些特定种类的论辩看起来肯定是不当的。他们绝对不能诉诸他们的私人利益,或与他们有关系的某个群体的利益。这个明显的限制看起来正是论证(justification)这个观念的一部分。但是,他们可以诉诸他们的宗教信仰吗?毕竟,作为某一些法官最深层的信念,他们认为,宗教为政治的道德性提供了最使人信服性的、或许是唯一真实的论证。因此,也为过去的法律裁决提供了最使人信服的或者唯一真实的

---

[12] 我的意思并不是说,我从罗尔斯那里借鉴来的为解释主义所作的论断,与我本人为这样一种观念所作的论断是协调一致的。我的意思只是想表明罗尔斯的工作在这个核心的法理学问题上的态度。至少在对罗尔斯原初状态的论断的一种解释上,罗尔斯的论断与我本人的论断事实上相去不远。我认为整体性表达了平等公民身份的正确观念:适用于一个人的原则必须同时适用于其他人,除非适格的机关明确地将其指向其他方向。在我看来,某种此种类型的平等观念至少提供了部分这类观念,也就是原初状态这个启发式的装置被最佳地理解为是在作为模范展示的和坚持的那些观念。然而,在他的《作为公平的正义:政治的而非形而上学的》这篇文章的注 19 中,罗尔斯考虑了并反驳了我的解释。参见 John Rawls, "Justice as Fairness: Political Not Metaphysical", in *Collected Papers*, ed. Samuel Freeman (Cambridge, Mass.: Harvard University Press, 1999), 388, 400 n. 19.

[13] 主要参见 Ronald Dworkin, *Law's Empire* (Cambridge, Mass.: Harvard University Press, 1986), 276-312.

论证。在美国,宗教论据或许会被人认为是被宪法第一修正案排除在司法推理之外的。但是,在其他地方呢?例如,在像英国和以色列这样有国教的国家呢?如果即使在这些国家,宗教也仍然不被允许作为司法裁决的基础,那么这是特别针对宗教的限制吗?或者,它仅仅是从政治的道德性的某个更为一般化的原则中推出的一种立场?例如,道德哲学的论据怎样?法官在他的意见中,可以恰当地诉诸伊曼努尔·康德或约翰·斯图亚特·密尔的哲学教义吗?他可以像诸多美国法官事实上做的那样,诉诸约翰·罗尔斯的哲学著作吗?[14]法官可以诉诸宏观经济政策吗?他可以因为遵循某个原则有助于控制通货膨胀或促进存款,就认为该原则更好地论证了整个法律结构吗?

罗尔斯的公共理性原则致力于精确地界定论据的种类,即自由的政治共同体内允许官员们使用的那些论据的种类。他认为,只要加以严格的限制,这个原则可以适用于法官。然而,我发现公共理性原则很难界定和捍卫。我将在此处尝试总结我所谓的困难。有两种方式来陈述该原则的要求。第一种——也是更基本的一种,诉诸相互性这一重要概念。该原则仅仅允许这样的论证,即政治共同体内所有通情达理的成员都可以理性地接受的论证。大体上说,第二种是前面这种更基础的检验的结论。公共理性要求官员进行这样的论证,它们立基于共同体的政治价值,而非整全性的宗教或道德或哲学教义。因此,该原则要求法官寻找某种能避免有争议的宗教、道德或哲学教义的、对法律整体结构的论证。

然而,我没有发现相互性原则排除了什么。如果我认为一个特定的有争议的道德立场明显是正确的——例如,个体应该为他们自己的生活负责,为他们自己犯的任何错误承担经济上的责任——那么,我怎么能够不相信,我的共同体内的其他人——无论他们是否可能(likely)乐意(will)接受这个观点——也能够(can)理性地接受同样的观点呢?或许,

---

[14] 参见,例如,Uhl v. Thoroughbred Tech. and Telecomms., Inc., 309 F. 3d 978, 985 (7th Cir. 2002)(引证了罗尔斯《正义论》中的"无知之幕");Goetz v. Crosson, 967 F. 2d 29, 39 (2d Cir. 1992)(引证了《正义论》); Memphis Dev. Found. v. Factors Etc., Inc., 616 F2d 956, 959 (6th Cir. 1980)(引证了《正义论》);W. Addition Cmty. Org. v. NLRB, 485 F. 2d 917, 938 (D. C. Cir. 1973)(引证了《正义论》)。

罗尔斯的意思是,法官不应该诉诸这样一类观点,即某些通情达理的公民若非放弃他们的某个特定种类的信念(他们的信念 X),他们就不会接受这些观点。但是,我们看来并没有什么基础能据以规定这些信念 X 是什么。我承认,由于某些原因,宗教信念是特殊的。无疑,某个认为宗教真理只能通过神的恩典或某些其他的特殊恩典路径才能获得的人,是不会认为所有通情达理的公民是能够理性地信奉他自己的那种宗教信念的。但是,罗尔斯并没有提供任何理由来证明,相互性检验排除了任何超越宗教信念的理性信念。

我同样很难在政治价值和整全性的道德信念这两个方面之间作出区分。罗尔斯自己的作为公平的正义观念,严重地依赖于看起来有争议的道德立场。例如,差异原则是通过一系列假设在反思平衡中产生和捍卫的,这些假设包括了有关成就或责任的根本的道德不相关性假设:如果最大化了最少受惠群体的利益的安排使得懒鬼受益,那么也没有是可反对的。罗尔斯通过假定成就受天资影响来捍卫这个结论。[15] 但即便如此,成就也不完全取决于天资,而这两者之间的相互作用应当具有何种意义这个问题,看起来恰恰是这样一类心理学与道德的混合的问题:这类问题区分了有关个人责任的不同的整全性道德观点。在我们的共同体里,罗尔斯的立场当然是有争议的,一些人反对它,并支持一种更加依赖个人责任的分配正义理论。

我认为,罗尔斯有关运作中的公共理性的例子证实了这些困难。他在几个地方讨论了关于堕胎的争论,虽然每处都很简短。他的讨论认为,早期的胎儿是否有自己的权利和利益(包括生命权),是一个涉及整全性的道德或宗教或哲学立场的问题,是一个没有被某个自由共同体的任何政治价值所解决的问题。但是,在对这个整全性问题没有采取任何立场的情况下,对美国妇女是否享有宪法上的堕胎权这个问题——对最高法院应该如何裁决罗伊诉韦德(*Roe v. Wade*)案[16]或宾州限制堕胎案

---

[15] 参见 Rawls, *A Theory of Justice*, 274.
[16] 410 U. S. 113 (1973).

(*Planned Parenthood of Southeastern Pennsylvania v. Casey*)[17]的问题,我们如何能够采取某种立场? 在此,看来不存在某种无立场的立场(default position)。认为胎儿不享有自己的利益和权利的看法,与认为他享有自己的利益和权利的看法,都同样是从某种整全性的立场中得出来的;而如果不从两者之中选择一种观点,我们是不能作出有关堕胎的判决的。平等保护条款适用于所有的人,任何认为妇女在怀孕的前三个月有宪法上的堕胎权的论点,必然否认胎儿是平等保护条款意义上的一个"人"。[18]

因此,对于罗尔斯的公共理性原则,可以很大程度上帮助我们充实合法性观念并帮助我们进行判决这一点,我表示怀疑。我们必须另寻他处。在我看来,我们可以从我认为的罗尔斯的总体论点所呈现出那种法律的观念,即解释主义的法律观中,找到对司法论辩的必要限制。如果我们接受一种解释主义的观念,我们就不需要某条像公共理性原则这样的单独的原则。在自由社会中,法官可以不诉诸宗教信念或目标,因为在对自由且宽容的多元主义的共同体的法律结构的全面且综合的论证中,这样的信念是不能发挥作用的。然而,这种解释主义的限制不能将道德的与宗教的信念截然分开。解释侵权法中一系列案例的法官可以诉诸罗尔斯的正义理论,以之作为反驳对过去的裁决和原则作功利主义解释的基础,从而支持一种更加牢固地建立在平等观念上的解释。[19]

还有一个问题:在他对公共理性的讨论中,罗尔斯认为法官在任何案件中都不可以诉诸他们个人的道德信念。如果这意味着法官不能主张因为他碰巧这么想,所以对过去的法律的某种论证具有优先性,那么罗尔斯的观点显然是正确的。法官的知识传记不是一个法律论证。但是,如果

---

[17] 505 U. S. 833 (1992).

[18] 一些哲学家认为,即便我们认为胎儿是人,堕胎的道德权利也可以被辩护。因为即便根据这个假定,妇女也没有继续承担怀孕负担的道德责任。对这个建议的讨论,参见我的书 *Life's Dominion* (New York: Vintage Books, 1994[1993]),102-117. 但是,即便我们接受这个观点,也并不意味着堕胎的宪法权利可以以此种方式得到辩护。如果一个州恰当地将胎儿看作是一个人,它在宪法上可能将其看作是这样一个人,其母亲被剥夺了选择堕胎的权利,且具有一种特殊的责任。

[19] 参见 Dworkin, *Law's Empire*, 276-312.

这意味着法官在他的判决中不能给有争议的道德观念任何位置,因为那样他就引述了他认为正确但其他人并不认为正确的道德观念,这就陈述了一个不可能的要求。在复杂的多元的共同体中,如果不依赖于有争议的道德信念,那么无论采取实证主义的还是解释主义的法律观,法官都无法履行他们的制度上的责任。[20]

立 宪 主 义

司法审查制度——根据该制度,被任命的法官有权宣布立法机关和其他代表机构制定的法律,因为违反了宪法对个人权利的保护而无效——经常被认为是反民主的,因为它允许一些非选举产生的且终身任职的法律家推翻选举产生的代表们经过考虑的决定。罗尔斯几次表达了自己对这个经典指责的认同。他首先表明,根据他所支持的作为公平的正义观念,共同体在他所谓的制宪层次上根据无知之幕背后所选择的原则建构出的种种制度,乃是本着完善的程序正义而非纯粹的程序正义的精神而被选择的。* 也就是说,它们是着眼于结果而被选出的。正义原则确立了基本的自由和它们的优先性,而在制宪阶段要得到决定的问题则是一个工具性的问题:诸种制度的怎样一种安排最适合于保护这些自由?

在必须设计出种种制度来加以保护的平等自由中,当然有政治自由,包括投票权和政治参与权。但是,正如罗尔斯在《作为公平的正义:一个重述》中所言,这些自由和其他基本自由本身被看作是准工具性的。[21] 它们是这样得到论证的:对于两种基本的道德力量——形成正义感并据以行动的力量,以及形成关于善的某种观念并据以行动的力量——的发

---

[20] 参见 Dworkin, "The Secular Papacy", in Robert Badinter and Stephen Breyer, eds., *Judges in Compemporary Democracy: An international Conversation* (New York: NYU Press, 2003), 67.

* "纯粹的程序正义",指在具体的结果方面不存在独立的评判标准,只要程序本身是公平的,则结果就是公平的;"完善的程序正义",指存在评判结果公平与否的独立的标准,而公平的程序则是指那些能够达到该种公平结果的程序。参见〔美〕罗尔斯:《正义论》,何怀宏等译,第 14 节,中国社会科学出版社 2001 年版。——译者注

[21] John Rawls, *Justice as Fairness: A Restatement*, ed. Erin Kelly (Cambridge, Mass.: Harvard University Press, 2001), 112.

展与践行来说,它们是必不可少的。按照我对此的理解,这里的意思是说,虽然人们对一般意义上的民主程序具有基本权利(因为对于这两种道德力量的发展来说,广泛的投票和政治参与权具有显而易见的和不可避免的必要性),但对民主的任何特定的形式,因而对于种种遵循特定的设计的民主制度或者具有任何特定权限的民主制度,人们是不具有基本权利的。问题毋宁是,哪种议会制度结构和权限,具有最好地确保其他被要求的或欲求的结果的前景。

因此,在罗尔斯有关作为公平的正义的一般性观念中,并无任何内容支持针对司法审查的那种所谓的"多数主义"反对意见的最广泛形式。但在构建的制宪层次,他的理论为下述较受限制的这个反对意见留有空间:即事实上,美国的司法审查和立宪主义的结构,不能以此种工具主义的方式得到辩护;某些其他的安排或许能更好地保护包括政治自由在内的基本自由,此种安排或许是纯粹的议会主权,或者是诸如《人权法案》制定后的英国那样的混合情况,该《人权法案》允许议会制定违反该法案详细规定的权利的法律,只要议会清楚地阐明如此做的目的。虽然罗尔斯并没有尝试为美国模式提出任何通过以结果为基础的理由,来反驳这些更为多数主义的对手,但他确实作了一些论述,粗略地看来,他的这些论述是支持美国模式的。例如,他在议会主权和人民主权之间作了区分,认为美国模式是与人民主权相契合的。他认为,这个模式提升了人们的基本道德力量,因为人民全体不但批准了原初宪法,而且推动和监督了其后的重要发展——例如重建时期和新政时期。(如他所言,他的这个观点遵循的是布鲁斯·阿克曼的论述。[22])其次,他指出更进一步的方法,通过该种方法立宪主义和司法审查有助于而不是限制两种基本道德力量的发展。他认为,最高法院作为一个原则的论坛这个事实,鼓励并集中了对核心道德问题的公共政治讨论。[23]

我现在可以转向我前面提到的那个不同的问题:不是司法审查的正

---

[22] 参见 Bruce Ackerman, *We the People* (Cambridge, Mass.: Harvard University Press, 1991).

[23] John Rawls, *Political Liberalism* (New York: Columbia University Press, 1996).

当性问题,而是它的适当策略问题。联邦最高法院经常被迫去承认一项具体的宪法权利,此权利以前从未被承认过,其作为权利的地位在国内的思想家中充满争议。如果它承认和执行这项新的权利,那么它的裁决将引来巨大的愤怒,它自己的地位与正当性将受到质疑。在布朗诉教育委员会(*Brown v. Board of Education*)[24]和1950年代其他早期的种族歧视案件中,联邦最高法院就面临着这种情形。在学校祷告案件中,在从罗伊诉韦德案(*Roe v. Wade*)[25]开始的堕胎案件中,在近年来有关安乐死的案件中,联邦最高法院都遇到此种情形。

广受支持的意见认为,在此类情形下,联邦最高法院应该拒绝承认新的权利,以便留给政治程序更多的时间通过地方的政策和决策来考虑问题的是非曲直。这些地方的政策和决策在不同的州会各不相同,因此它们能够提供一种在被布兰代斯大法官称为若干州的实验室中进行的试验。[26]联邦最高法院可以在一些案件中通过它的调卷(certiorari)政策来做到这一点;它也可以因为它认为将这些问题留给政治去进一步过滤的做法更为明智,而拒绝受理那些要求其裁决个人基本权利问题的案件。然而,在绝大多数这类案件中,一个或者多个下级法院可能已经以某种方式对这个问题宣明了意见,而此种方式要求联邦最高法院对宪法是否赋予了被主张的权利这个问题作出裁决。在这种情况下,我所描述的消极的或谨慎的策略,将要求联邦最高法院裁决被主张的有争议的权利不存在,例如,像它在安乐死案件中的裁决那样。[27]

罗尔斯本人希望联邦最高法院承认有限的安乐死的权利:罗尔斯与若干其他人一起,作为法庭之友(amicus curiae)签署了一份主张该种判

---

[24] 347 U. S. 483(1954).

[25] 410 U. S. 113(1973).

[26] 参见 New State Ice Co. v. Liebmann, 285 U. S. 262, 311 (1932)(布兰代斯的附随异议)("这是联邦体制的令人高兴的事件之一,如果一州的公民选择,那么一个单独的有勇气的州可以充当一个实验室,尝试新的社会与经济经验,而不会危及国家的其他部分").

[27] Vacco v. Quill, 521 U. S. 793 (1997); Washington v. Glucksberg, 521 U. S. 702 (1997).

决的意见。[28] 但是，罗尔斯后来又说，对于法院所作的与他建议相反的裁决来说，以谨慎持论，乃是他所谓的"好"论据；他也认为，这种以谨慎持论的论据，对联邦最高法院在罗伊诉韦德(*Roe v. Wade*)[29]案中一反它在1973年的裁决而承认有限堕胎权的做法来说，也是"好"的论据，当然那并不意味着他认为它最终是一个有说服力的论据。[30] 然而，在我看来，存在一个坦率的、有力的——甚至是压倒性的——罗尔斯式论据，来反对此种以谨慎为由的论据。在这些有争议的案件中，一个或一群原告主张某法律或惯例否定了他们的基本自由，因此违反了正义的第一原则，在作为公平的正义中，这个原则优先于其他任何事情，可以说包括国内的和平和安定。当然，任何一个特定的大法官都可能不相信被攻击的法律或惯例确实否定了基本的自由。但是，我们必须假定，罗尔斯大法官会信服他自己提出的论据，比如在哲学家意见*中提出的论据。我们很容易理解，一个自称为实用主义者的功利主义者如何可能谨慎的论据所吸引。但是，为什么罗尔斯会如此呢？为什么他认为以谨慎立论的论据甚至是一个"好"的论据呢？

一个答案或许是认识论上的。或许罗尔斯认为，下面这种说法是有道理的：即由于认识到令人生畏的"理性的负担"(Burdens of Reason)**，联邦最高法院的大法官应该承认，他自己的判决可能是有缺陷的；经过多年的讨价还价，政治过程或许能达成一种不同的妥协，且被广泛地接受；如果这样的妥协曾经真的达成过，那么比起多数法官之前为他们自己设计的答案来，它可能是对有疑问的基本自由的更加精确或更加合情合理

---

[28] Brief of Amici Curiae Ronald Dworkin et al., *Glucksberg* (No. 95-1858, 96-110), available at 1996 WL708956. 除约翰·罗尔斯外，签署短评的还有托马斯·内格尔、托马斯·斯坎隆、我本人、罗伯特·诺奇克和朱迪思·扎维斯·汤普森。

[29] 410 U.S. 113 (1973)。

[30] 参见 John Rawls, *Commonweal* interview with Johan Rawls, in Rawls, *Collected Papers*, 616, 618.

* 即前注28提到的短评，详细内容可参见 http://www.nybooks.com/articles/1237。——译者注

** "理性的负担"是指人类认识能力的局限性，罗尔斯在有关理性的判断的负担的标题下讨论过这一问题，参见[美]约翰·罗尔斯：《政治自由主义》，万俊人译，译林出版社2002年版，第57页以下，尤其是第59页。——译者注

的解说。然而,在这个答案中,有几个明显的困难,我们将再次以堕胎问题作为例子,来探讨这些困难。

首先,一个无意见分裂(non-divisive)的妥协,看起来不太可能很快在这个国家的政治中达成。大体而言,欧洲已经达成了一个立场,从表面形式上看,允许经过请求的堕胎。[31] 这没有在欧洲产生持续的争论,是因为欧洲没有染上原教旨主义的宗教运动或任何严重的原教旨主义的情感。但我们感染上了,这在最近立法对所谓的成形胎儿堕胎(partial birth abortion)*的禁令中再次展现了出来。[32] 在此,能够平息原教旨主义者的激烈反对意见的唯一解决方法,是一种严苛的反堕胎制度,而这又无法为能够同样激烈的妇女运动所容忍。其次,即便政治上达成了妥协,且被证明可以被所有的人理性地接受,那么也没有理由认为这个妥协更加精确地或合理地界定了争论中的基本自由。相反,无论一个人对这些基本自由持什么观点,妥协看起来都意味着对某些人的不公正。例如,假设大多数人不再反对他们州内的反堕胎法,但仅仅是因为想堕胎的妇女可以很方便地到堕胎合法化的临近的州去堕胎。对于那些太穷而无法负担各种各样的旅行费用的人来说,这将否定自由的平等价值。

对于是否有基本的堕胎自由权、安乐死的自由权和参加无需祷告的学校的自由权这个问题,罗尔斯会认为这些都是不确定的(indeterminate)问题吗?如果这样,那他可能会认为,有很好的理由将这些问题留给政治去处理,因为当"准纯粹的程序正义"(quasi-pure-procedural justice)无非在于"降价销售"时**,政治优于司法裁判。但是,极不可能的是,罗尔斯会认为诸如此类的事情是没有确定性的问题,因为他自己在几

---

[31] 对欧洲堕胎法的状态的全面而彻底的讨论,参见 Inter-Departmental Working Group on Abortion, Gov't of Ir., Green Paper on Abortion J3.02, available at http://www.taoiseach.gov.ie/index.asp? docID=238(last visited Apr. 14, 2004).

* "Partial birth abortion"的含义及其立法规制,参见 http://en.wikipedia.org/wiki/Partial-Birth_Abortion_Ban_Act. ——译者注

[32] Pub. L. No. 108-105, §3(a), 117 Stat. 1206(2003).

** 译者的理解是,此处所说的"降价销售"这个比喻,意思是说,当争议问题是不确定的,所要求的只是要通过某种过程求得一个解决的结论。因此,这里作者用了"准"纯粹的程序正义这个说法。纯粹的程序正义即只要通过了某种程序,其结果就是公平的;这里即用来表示对于未决问题要求一种结论的情形。仅供参考。——译者注

个这样的问题上选定了立场。他也不会一直(像几位学者实际上已经认为的那样)认为,比起司法来,各州自行其是的政治是一个发展各种公共德性的更好的方式。他的论点,即联邦最高法院的司法裁判刺激了两种道德力量的发展,看起来既适用于分歧不那么激烈的案件,也完全适用于引起意见分裂的案件;实际上,更适用于这些引起意见分裂的案件。

或许他诉诸了谦恭(civility)的德性,认为最好不要作出看起来会严重侵害一些公民的裁决? 但是,如果立法机关而非法官强加了这些裁决,那么会同等地侵害到失势的一方。任何情况下,这种谦恭所针对的仅仅是罗尔斯因其不充分而拒绝的权宜之计(modus vivendi),而非任何可以在原则上给予辩护的东西。当然,如果联邦最高法院或整个宪法安排的权威事实上处在危急关头,那就是两码事了。在那种情况下,我们可以理解谨慎忠告的智慧:较之牺牲从长远来看能够保护每个人的权利的体制,忽略一小部分人的权利更为可取。当然,这里的情况并不是此种危急关头。与法兰克福特大法官的担心恰恰相反,经过布朗诉教育委员会案[33]和种族通婚案[34],法院的权威得到了维护;它也经受住了罗伊诉韦德案[35]和学校祷告案[36]的裁决。它在作出有限安乐死权利的裁决后应该也已经经受住了考验。事实上,我倾向于认为,既然它显然已经经受得住布什诉戈尔案[37]带来的羞耻,那它几乎就可以经受住任何考验了。

真理与客观性

虽然我必须极为简短的处理,但我最后还想关注我引到的罗尔斯观点中的最后一个方面,我认为这个方面对法律理论尤其重要。针对法治的一个常见的反对意见是,法律判断,尤其是在疑难案件中的法律判断,

---

[33] 347 U.S.483(1954).

[34] Loving v. Virginia, 388 U.S. 1 (1967); McLaughlin v. Florida, 379 U.S. 184 (1964).

[35] 410 U.S. 113(1973).

[36] Sch. Dist of Abington Township, Pa. v. Schempp, 374 U.S. 203 (1963); Engel v. Vitale, 370 U.S. 421 (1962).

[37] 531 U.S. 98 (2000).

不可能是对任何客观真理的报道,而是仅仅表达了陈述者赞同或不赞同的心理学状态。这是一个为人熟知的关于道德和其他方面的价值的怀疑论看法,但是在法律中有特别的实践重要性,因为它被认为在各种的争论中,例如在关于人们是否具有遵守法律的道德义务,或对多数决的立法的司法审查能否得到辩护的争论中,提供了一个有实质意义的论据。

在《政治自由主义》中,罗尔斯提出了客观性的一种观念,他认为这种观念适合政治主张,他的大部分论述也同样适用于有争议的法律主张。他坚持认为,他所界定的客观性并不依赖于任何这样的假定,即政治或法律推理是一个感知的问题(a case of perception),也就是说,这种客观性不依赖于下述假定:仅当关于某个政治或法律主张为真这种确信,是由该主张所报告的情况造成的,该政治的或法律的主张才是客观真实的。法律事实与法律家的中枢神经系统之间并非处在任何因果关系之中。但是,从这一点为什么就应该得出,有争议的法律命题——例如,危险药品的制造商在法律上应该按照市场份额对伤害承担责任——不能是客观真实呢?某个命题是否主张客观真实性,这取决于该命题的内容。如果它主张它的真实性独立于任何人的信念或偏好——根据现有的法律规定,工厂将承担责任,即便法律家不这样认为——那么它便主张了客观真理性。这是客观性主张的全部意涵。这样的主张能否成立依赖于我们可以为之提供的法律论据,也就是说,依据我们之所以认为即便法律家不这么认为但工厂还是要承担责任的理由。如果我们认为,我们如此思考的理由是好的理由,那么我们也必定认为,工厂应该承担责任这个主张具有客观真实性。

如此理解的客观性并不依赖于一个形而上学的假定,这个假定看起来在一些所谓的道德现实主义者中颇为流行。他们认为,只有当一个主张除了具有我们提供的支持此主张的实质理由外,还具有超越这些理由的某种现实作为基础时,才是客观真实的。他们错了:实质性的理由就足够了。但是,这些理由不能是彼此孤立的理由。只有当我们关于客观性的论据是充分系统化的且彼此之间相互验证时,它们才是充分的。罗尔斯是如此论述这个关键的要点的:

政治建构主义并不寻找某种东西,用以作为保留奴隶制是不正义的这个陈述之合理性的根据,仿佛该陈述的合理性需要某种基础似的。我们可以暂时地尽管也是充满信心地将某些深思熟虑的特定的判断,作为确定了的要点来予以接受,就如我们把诸如奴隶制是不正义的这样的判断,当做是基本的事实来予以接受一样。但是,只有当这些事实与我们在恰当反思层面可以接受的那些概念和原则完全融贯地联系在一起时,我们才具有一种充分哲学化的政治观念。[38]

我并不赞成罗尔斯对客观性的所有讨论。事实上,我认为其中的一些讨论可以被其余的讨论证明是不必要的和不成立的——例如,他的如下观点:我们不能合理地为一个领域主张客观性,除非我们能够以并非循环论证的(quesiong-begging)方式,说明在这个领域内被我们认为是错误的东西。但是,我向那些希望理解他们的争论到底是关于什么的争论的法律家们,推荐罗尔斯对客观性的一般讨论。

告　白

你们中的某些人会注意到,在我认为罗尔斯的种种论辩所支持的法律理论的立场,和我本人试图为之辩护的立场之间,存在一种特定的一致性,而且你们会认为这并不偶然。所以,我向你们承认确实如此,但并不伴以任何辩解。哲学圣人的工作是如此之丰富,允许通过解释将其据为己有。我们每一个人都有自己的伊曼努尔·康德,从现在开始,我们每个人将为约翰·罗尔斯的恩惠而奋斗。并且有很好的理由。在所有的书,所有的脚注,所有的精彩的讨论之后,我们才刚刚开始明白我们必须从这个人身上学的东西有多少。

---

[38] Rawls, *Political Liberalism*, 124. (译文参见〔美〕约翰·罗尔斯:《政治自由主义》,万俊人译,译林出版社 2002 年版,第 131 页。略有改动。——译者注)

各篇来源

第一章最初以"实用主义、正解与真正的陈词滥调"(Pragmatism, Right Answer, and True Banality)为题,发表在《实用主义与法律和社会》(*Pragmatism and Law and Society*, ed. Michael Brint and William Weaver, Boulder, Colo.: Westview Press, 1991)。

第二章最初发表在《亚利桑那法律评论》第29卷(29 *Arizona Law Review*, summer 1997)。

第三章,但不包括附录,最初发表在《哈佛法律评论》第111卷(111 *Harvard Law Review* 1998)。附录最初是作为《一次漏洞百出的大选:有关布什诉戈尔案、联邦最高法院以及美国民主的论辩》(*A Badly Flawed Election: Debating Bush v. Gore, The Supreme Court, And American Democracy*, ed. Ronald Dworkin, New York: New Press, 2002)一书导论的部分发表的。

第四章最初以"自由主义价值真的互相冲突吗?"(Do Liberal Values Conflict?)为题发表在《以赛亚·伯林的遗产》(*The Legacy of Isaiah Berlin*, ed. Mark Lilla, Ronald Dworkin, and Robert Silvers, New York: New York

Review Books, 2001)。

第五章是我的文章《忠诚的艰辛美德:原旨主义、斯卡利亚、却伯和勇气》(The Arduous Virtue of Fidelity: Originalism, Scalia, Tribe, and Nerve, 65 *Fordham L. Rev.* 1249 [1997])的一个压缩过和编辑过的版本。

第六章最初以"哈特的后记与政治哲学的品性"(Hart's Postscript and the Character of Political Philosophy)为题,发表在《牛津法律研究杂志》2004年第4卷第1号(*Oxford Journal of Legal Studies*, vol. 24, no. 1 2004)。

第七章最初发表在《哈佛法律评论》第115卷(115 *Harvard Law Review* 2004)。

第九章最初发表在《佛德哈姆法律评论》第72卷(72 *Fordham Law Review* 2004)。

索 引

Abortion 堕胎 6,17,64,68-69,79,81,86,89,91,103-104,123,132,137,141-142, 253-254,256-259

Abraham 亚伯拉罕 110-111

Abstraction Strategy 抽象策略 192-195

Abstract language/concept 抽象语言/概念 122,128,132-133,135-136,138,148, 177,182,184-185,210

Academic moralism 学院派的道德主义 77-78,83-84,89,93

Accuracy 正确性 172-174

Ackerman, Bruce 布鲁斯·阿克曼 256

Adaptationist concept of morality 适应主义的道德概念 90-91,93

Adjudication 裁判 71-72,74,88,94-95,103-104,119,136,208,252,254,258

Adjudicative stage 裁判阶段 18-21,26-27,30

Affirmative action 纠正歧视的措施 82,136-137,244

Afghanistan 阿富汗 85,106

African American 非洲裔美国人 87-88,110,117,132,137

Amorality 不道德 93

Analogies 类比 69-70,73,137

Analytic doctrinal positivism 分析的教义性实证主义 30-33,225,227-228,240

Anarchism 无政府主义 211

Anthropology 人类学 3,78,107,216,228; moral 道德的 76-77; political 政治的 153; legal 法律的 166,213,215

Anti-theory approach 反理论方法 50-51,57-58,72-73,76,78,91;pragmatism 实用主义 23-25,60-65;metaphysics 形而上学 58-60;professionalism 职业主义 65-72

Antitrust laws 反托拉斯法 244

Application of convention 惯习的适用 191-194

Archimedeans 阿基米德们 47,141-143,146-149,153,158-159,164-165,167,170,179,184

Arithmetic 算术 234,238

Arrest 逮捕 169

Art 艺术 141,157

Aspirational concept of law 法律的愿望性概念 5,13,223

Assisted suicide 协助自杀 49-50,79,85-86,122,132,256-259

Austin, J. L. 奥斯丁 31,65,214,240,248

Authority 权威 33,110,175,178-179,181,183,199-211,216;legitimate 正当的 199-203. *See also* Power 亦见权力

Autonomy 自主性 86

Balkans 巴尔干 170

Baseball 棒球 48,81

Bentham, Jeremy 杰里米·边沁 65,174-175,180,183,211-212,240,248

Berlin, Isaiah 以赛亚·伯林 26,105-116,145-146,153,158-159,161-162

Bill of Rights, U. S. 美国《权利法案》125,130. *See also* specific amendments 亦见各具体修正案

Biology 生物学 153;moral 道德的 91-93

Blackstone, William 威廉·布莱克斯通 173

Blake, William 威廉·布莱克 10

Bork, Robert 罗伯特·博克 168

Bowers v. Hardwick 巴沃斯诉哈德威克案 138

Brandeis, Louis 路易斯·布兰代斯 181-182,211,256

Bratman, Michael 迈克尔·布莱曼 195-196

Britain 英国 6,108,145,163,177,180,185,211,230,252,256

Brown v. Board of Education 布朗诉教育委员会 87-88,123,256,259

Burke, Edmund 爱德蒙·伯克 173

Bush, George W., 乔治·W. 布什 24,94-104,117-118,132

Bush, Jeb 杰布·布什 96

Bush v. Gore 布什诉戈尔 24,94-104,259

California 加利福尼亚 49-50

Campaign expenditures 竞选花费 237-238

Canada 加拿大 192

Capital punishment 死刑 121,125-126,130,167-168

Cardozo, Benjamin 本杰明·卡多佐 55,63

Casey decision 凯西裁决 81,86,253

Charity 施惠 220-222

Charter, Canadian 加拿大宪章 192

Chicago Law School 芝加哥法学院 51,57-65,135

China 中国 89,185

Churchill, Winston 温斯顿·丘吉尔 108

Civil war 内战 28,94,99,103,117,132,206

Claims of law 法律主张 162-166,169-170,179-180,240

Clitoridectomy 外阴切除 76-77

Codes, Uniform 统一法典 180,182

Coercive power 强制力 3,18,169,172,174,176,231

Coleman, Jules 朱利斯·科尔曼 32-33,187-198,207,209-210,212,214-222,233-236,240;*The Practice of Principle*《原则的实践》,187

Colorado 科罗拉多 138

Commerce 商业 207-208,230,239,243

Commitment 承诺 195-196

Common law 普通法 22,153,180-181,203-204,208,251

Community 共同体 142,151,184,187,207,222,247;conventions of ……的惯习 163-164;and shared activities 与共享的行为 195-197;laws of ……的法律 212,

221,239;legal systems of ……的法律体系 231-232;political values of ……的政治价值 252-253;liberal 自由的 253-254

Compensatory justice 补偿正义 59,170

"Comprehensive"theory approach "完备的"理论方法 67

Concepts 概念 9;criterial 标准型的 9-12,224-225,229;natural kind 自然类型的 10-12,152,154-155,166,223,225,227,229-230;interpretive 解释性的 10-12, 22,29,31-32,158,169,221-226

Concept of law 法律的概念 1,214,221;doctrinal 教义性的 2,4-5,223,225,227-240;sociological 社会学的 3-5,223-224,227-229,231-232;taxonomic 分类学的 4-5,223,232-240;aspirational 愿望型的 5,223;and semantic sting 与语义学之刺 223-226;and Dworkin`s fallacy 与德沃金的谬误 226-227;Raz on 拉兹论 227-232

Conceptual investigations 概念性的研究 142,145-147,150,154-155,166,170, 186,213-216,242

Confederacy 联盟 99

Congress, U.S. 美国国会 96,98-99,203-204,206,237

Conscience, freedom of 意志自由 49-50,52

Consequentialism 结果主义 21,24,61,73,95-104

Conservatism 保守主义 173,212,224

Constitution, British 英国宪法 177

Constitution, Colorado 科罗拉多州宪法 138

Constitution, U.S. 美国宪法 5-7,28,30,42,49-50,57,71,94,103,117-123,125-135,137-138,167-168,180,182,189,192,194,206,209-211,235-237,249-250, 256-257;and textual fidelity 与文本忠诚 118-135,135-136,138;abstractions in 抽象 122,128,132-133,135-136,138,182,210

Constitutionalism 立宪主义 254-259

Constitutional law 宪法 2,5,7,16-17,28-30,49,52-54,56-57,62,68,71-72,86,88, 93,95,104,117-123,125-138,167-168,175,180-182,185,189,192-194,196,209-212,235-237,243,249-250

Constitutions:and morality 宪法:与道德 6,16-17,28-29,138-139;and political values 与政治价值 107-108,146-148

Constraints 限制 21-22

Content of convention 惯习的内容 191-194

Contracts 契约 163,185,208,221

Conventionalism 立宪主义 226,231,233

Conventions 惯习 163-163,188-189；application/content of ……的适用/内容 191-194

Convergent linguistic practice 聚合性的语言实践 11-12

Coordination 协同 179,183

Coordination responsibilities 协同责任 66-67,72

Criminal law 刑法 146,151,206-208

Criterial concepts of law 法律的标准型概念 9-12,224-225,229

Critical legal studies 批判法律研究 43,57,244

Critical race theory 批判的种族理 34,57

Cruel punishment 酷刑 28-30,120-122,125-126,130,167-168

Cruzan decision 克鲁赞裁决 42

Cultural sociology 文化社会学 229-230

Damages 损害 6,8,14,16-17,22-23,49,53,64,69,163,170,208,244-245

Darwinism 达尔文主义 91-93,154,158,167

Davison, Donald 唐纳德·戴维森 36,220-222

Deconstruction 解构 36,57,200

Democracy 民主 70,73,81,86,106,135,155-156,173,206；liberty in ……中的自由 50,52,71,147,161,255；equality in……中的平等 58,161；as political value 作为政治价值 114,116,142,145,149-152,154,158,168,170,183-184,223-224；majority rule in ……中的多数决规则 133,146-148,160,176；partnership 合作 134,139；judicial review in ……中的司法审查 151,153；and positivism 与实证主义 211-212；and law 与法律 223-224,243

Democratic Party 民主党 98

Deontology 义务论 61

Descriptive concepts 描述性的概念 142,145,147,149-150,152,154,164-166,170,178,183,186,213-214,242,244-245,247

Desire, satisfaction of 欲望之满足 21

Detached values 分离的价值 154-160,179

Dewey, John 约翰·杜威 36

Dicey, A. V. 戴雪 177

DNA 10,152-153,166,215

Doctrinal concepts of law 法律的教义性概念 2,4-5,9,12-13,19,22-23,30-32, 223,225,227-240

Doctrinal positivism 教义实证主义 235-238,240; political 政治实证主义 26-30, 240; analytic 分析实证主义 30-33,225,227-228,240

Doctrinal stage 教义性阶段 13-18,22,26-27,226

Dogmatism 教条主义 61

Donne, John 约翰·邓恩 240

Dred scott decision 德雷德·斯科特裁决 117

Drug manufacturers 药品生产商厂家 7-9,14,16-17,49-52,64,68-69,73,143-144, 163,208,244-245,260

Due Process Clause 正当程序条款 28,68,121-123,134,182,208-210

Dworkin, Ronald 罗纳德·德沃金 45,61,67,85,126-127,191,214,217,220-221, 226; *Freedom's law*《自由的法》133-134; *Law's Empire*《法律帝国》12,31,47, 61,68,166,171,177-178,185,220,222,225-226,230-234; *Sovereign Virtue*《至上的美德》162; *Taking Rights Seriously*《认真对待权利》225,233

"Dworkin's fallacy" "德沃金的谬误" 226-227

Economic efficiency 经济效率 21,24

Economics 经济学 50,136,153-154,167,238,243,252; in law 法律中的…… 22,34

Education 教育 87-88,123,256

Eighth Amendment 第八修正案 20,120-121,125-126,130,167-168

Embedded approach 参与性的方法 See Theory-embedded approach 参见理论内置型的方法

Emotive concepts 情感性的概念 149

Empirical concepts 经验性的概念 145,164,166-167,213-215

Engaged concepts 参与性的概念 142,154-155,169

England 英国 See Britain 参见英国

Environmental protection 环境保护 24,81

Equality 平等 62,88,115,123,156,177,222,249,254,258; as political value 作为政治价值 26,105,111-114,116,143,145-146,149-154,158-159,161-162,165,169-170,183-184,186; of citizenship 公民身份的 53,58,120-122,133-134,137,139; and political integrity 与政治的整体性 73,176; conflict with liberty 与自由的冲突 106,108-109,142

Equal Protection Clause 平等保护条款 6,17,28,87-88,120-121,123,134,182,193-194,209-210,250-251,254

Equilibrium, interpretive 解释的平衡 246-247,251,253

Erie Railroad v. Tompkins 181,212

Essential features of law 法律的基本特征 227-229

Ethics 伦理 160-161,168

Euthanasia 安乐死 79,86

Evaluative investigations 评价性研究 145,150,164-165

Exclusive positivism 排他性实证主义 187-188,198-211,234,238-240

Expectation originalism 预期的原旨主义 29-30

Expediency 权宜 169

Experimental aspect of pragmatism 实用主义的经验方面 63-65

External level of practice 实践的外在层面 45

External level of thought/speech 思想/言语的外在层面 38-39,44

Fairness 公平 30,33,68,85,136,171,175,192-193,207,212; and justice 与正义 136,171,192-193; justice as 作为公平的正义 247-248,253,255,257

Feminism 女权运动 34,258

Fidelity, textual 文本忠诚 117-133,135-136,138

Fifth Amendment 第五修正案 5,121,125

First Amendment 第一修正案 49-50,71,121,127,129-131,134,235-237,252

Fish, Stanley 斯坦利·费什 23,43-48

Flag burning 焚烧国旗 49-50,52,69,74

Florida 佛罗里达州 96-100
Forster, E. M. E 福斯特 162
Foundationalism 原旨主义 44
Fourteenth Amendment 第十四修正案 5,28,50,120-121,123,181,192,250
Frankfurter, Felix 费利克斯·法兰克福特 259
Freedom 自由 See Liberty 参见自由
Friendship 友谊 141-142,157-158,160,162
Fugitive Slave Act 逃亡奴隶法案 132
Fuller, Lon 朗·富勒 3
Fundamentalists 原旨主义者 258

Gardner, John 约翰·加德纳 185,233
Gay marriage 同性恋的婚姻 10,153-154,215
Gender discrimination 性别歧视 73
Gender equality 性别平等 24
General legal theory 一般法律理论 See Legal theory 参见法律理论
Genocide 种族灭绝 58-60
Georgia 佐治亚州 138
Germany 德国人 108,169-170
God 上帝 110,173-174,187
"Go fish" game "猜纸牌"游戏 4
Good life 好生活 156-158,160
Gore, Al 艾尔·戈尔 24,94-104
Green, Michael Stephen 迈克尔·斯蒂芬·格林 33,226-227

Habeas corpus, suspension of 暂停人身保护条款 94,103,206
Hand, Learned 勒尼德·汉德 1,27,182,211
Happiness 幸福 21
Hart, H. L. A. 哈特 28,30-32,65,81,140-145,164-168,170,175,178-179,183,186,190,213-215,217,233,240,245; *The Concept of Law* 《法律的概念》26,30,65,140,163,165-167,183,213-214,217,245

Harvard University 哈佛大学 97

Hate speech 敌对言论 110-111

Hayek, F. A. 哈耶克 177

Hercules 赫拉克勒斯 51,55-56,67-68,70,189

History 历史 238;social 社会的 153;intellectual 智识的 229-230

Hitler, Adolf 阿道夫·希特勒 110

Hobbes, Thomas 托马斯·霍布斯 175,179

Holmes, Oliver Wendell, Jr. 奥利弗·温德尔·霍姆斯 1,27,58,135,181-183, 200,211,240,248;"The Path of Law""法律之道"93

Holocaust 大屠杀 67,110

Homosexuality 同性恋 119,121,130,138,153-154,192-193,215

Housing 住房 122,138

Human rights 人权 81

Human Rights Act《人权法案》186,256

Immorality 不朽的 93,104,207

Inclusive positivism 包容性实证主义 32,188-198,207,234,238,240

Incomplete theory approach 非完全理论方法 66-72

Independent of purposes 目的独立性 39-40

Integrated values 结成整体的价值 156-160,162

Integrity 整体性 158,160;political 政治的 73,172,176-178,221-222,242

Intellectual history 智识史 229-230

Internal level of practice 实践的内在层次 45

Internal level of thought/speech 思想/言说的内在层次 38

Interpretive concepts 解释性的概念 10-12,22,29,31-32,158,169,221-226

Interpretive equilibrium 解释性的平衡 246-247,251,253

Interpretive positivism 解释性的实证主义 178-183

Interpretive practices 解释性的实践 43-48

Interpretivism 解释主义 249-251,254

Ireland 冰岛 89

Isaac 以撒 110

Islam 穆斯林 85,106

Israel 以色列 252

James, William 威廉·詹姆斯 36,89

Japan 日本 99

Japanese Americans 日裔美国人 94

Jews 犹太人 67,110

Jim Crow laws 吉姆·克劳法 137

Joint activities 合作活动 195-197

Judges 法官 70,163,185-186,189,196,199,203,220,241,244,252; reasoning ability of ……的推理能力 75; and moral issues 与道德问题 84-86,88-89,129,131,175,180,190,235-237,254; and fairness 与公正 85,208; and pragmatism 与实用主义 94-95,102-103; and textual fidelity 与文本忠诚 117-118,121-124,132-134,138; and constitutional principles 与宪法原则 137-139,141; jurisdiction of ……的裁决权 181-182; positivism of ……的实证主义 187-188,211-212,225,242; disagreements about law 关于法律的异议 190-194; and conventions 与惯习 197-198; use of arithmetic 算术的运用 234,238; difficult decisions by 疑难裁判 242-243; determining what is law 决定什么是法律 247-251

Judgment responsibilities 裁判责任 66-67,72

Judicial decision 司法裁决 5-7,164

Judicial review 司法审查 147,149,151,153,210,243,254-256,259

Jurisdictions 司法权 71,166,181-182,184-186,211,213,221,238-239,242,255

Jurisprudence 法理学 169,171-172,181-182,184-187,213-215,217,222,229,232,240-241; accuracy 正确性 172-174; efficiency 效率 172,174-176; integrity 整体性 172,176-178

Jurisprudential stage 法理学阶段 12-13,22,227

Justice 正义 114,142,151,158; and law 与法律 1,35,223; racial 种族的 24,59,87-88,132,182; social 社会的 36,76,137; compensatory 补偿的 59,170; Rawls's view of 罗尔斯的正义观 81,161,241,246-251,253-255,257; and textual fidelity 与文本忠诚 132; and fairness 与公正 136,171,192-193; as abstraction 作为抽象的 148; as concept 作为概念的 148-149,224; political 政治的 149;

value of 正义的价值 155-156; as fairness 作为公平 247-248, 253, 255, 257; utilitarian view of 功利主义的正义观 248-250

Justificatory ascent 辩护梯度的上升 53-57, 80-81

Kant, Immanue 伊曼努尔·康德 169, 80, 88, 137, 252, 261
Kelsen, Hans 汉斯·凯尔森 213
Kerry, John 约翰·克里 237
Kramer, Matthew 马修·克拉默 240

Lacey, Nicola 尼克拉·莱西 31, 233
Language games 语言游戏 58-59
Law 法律 33-35, 141, 143, 145, 213, 223; concepts of ……的概念 1-5, 214, 221, 223-240; and justice 法律与正义 1, 35, 223; and morality 法律与道德 1-35, 144, 168, 175, 181, 187-188, 233-240, 242; constitutional 宪法 5, 7, 16-17, 28-30, 49, 52-54, 56-57, 62, 68, 71-72, 86, 88, 93, 95, 104, 117-123, 125-138, 167-168, 175, 180-182, 185, 189, 192-194, 196, 209-212, 235-237, 243, 249-250; propositions of 法律主张 2-6, 13-15, 18-20, 23-27, 30-31, 166, 184, 190, 198-199, 214, 219-220, 225-226, 230, 233-234, 237, 244-246, 260; and judicial decisions 与司法裁决 5-7; general theory of 法律的一般理论 9-21; and pragmatism 法律与实用主义 21-25, 36-48; common 普通法 22, 153, 180-181, 203-204, 208, 251; and moral pluralism 法律与道德多元主义 26-33; and doctrinal positivism 法律与教义实证主义 26-33; criminal 刑法 146, 151, 206-208; claims of 法律主张 162-166, 169-170, 179-180, 240; Hart's defense of 哈特对法律的辩护 162-168; rule of 法治 169, 177, 227, 243, 246; essential features of 法律的基本特征 227-229
Law and economics movement 法与经济学运动 22, 34
Lawrence v. Texas 劳伦斯诉得克萨斯州 138
Legal anthropology 法律人类学 166, 213, 215
Legal conventions 法律惯习 163-164, 188-198
Legality 合法性 142-143, 150, 152, 158, 183-186, 246, 254; value of 合法性的价值 168-171; and jurisprudence 与法理学 171-178; and interpretive positivism 与解释性实证主义 178-183

Legal philosophy 法律哲学 28,31,33-34,140-143,163,183,185-186,188,213, 215,222,224-225,229,232,241-244,261；nature of ……的本质 244-247；determining what is law 决定什么是法律 247-251；constraints of legal reasoning 法律推理的限度 251-254；constitutionalism 立宪主义 254-259；truth/objectivity 真实性/客观性 259-261

Legal positivism 法律实证主义 26-33,43,172,174-176,178-183,187-189,198,211-212,217-218,225-226,233,245

Legal pragmatism 法律实用主义 21-25,36-48,135-136,226

Legal realism 法律现实主义 244

Legal reasoning 法律推理 242-243,251-254

Legal sociology 法律社会学 34,166-167,213-215,245

Legal systems 法律体系 3-4

Legal theory 法律理论 2,9-21,34-35,42,49-51,72-74,140-141,145,171,187,189,212-213,227,230-231,235,244-245；semantic stage 语义学阶段 9-12,22-23,29-30；jurisprudential stage 法理学阶段 12-13,22,227；doctrinal stage 教义性阶段 13-18,22,26-27,226；adjudicative stage 裁判阶段 18-21,26-27,30；embedded view 内置型观点 51-53；Hercules/Minerva 赫拉克勒斯/密涅瓦 53-57；Chicago Law School 芝加哥法学院 57-65；professionalism 职业主义 65-72；traditional issues 传统问题 242-244

Legal values 法律价值 168-172

Legislative interpretation 立法解释 17,247-248

Legitimate authority 正当的权威 199-203

Levi, Edward 爱德华·列维 69；*Introduction to Legal Reasoning*《法律推理导论》66

Liability 责任 8,14,49-53,64,68-69,73,81,85,143-145,163,208,244-245,260

Liberalism 自由主义 16,212,224,252-254

Libertarianism 自由至上主义 146

Liberty 自由 68,123,155,166,168,177,181,201,241,249,257-258；as political value 作为政治价值 26,105,111-114,116,143,145-146,149-154,158-159,161-162,165,169-170,183-184,186；of expression 表达自由 49-50,52,58-59,69-71,73-74,81,110-111,121,129,147,235-237；conflict with equality 与平等的冲突

106,108-109,142;religious 宗教…… 134;sexual 性…… 136-138,182;political 政治…… 255

Lincoln, Abraham 亚伯拉罕·林肯 94,103,206

Linguistic philosophy 语言哲学

Local priority 局部优先性 25,70

Lochner v. New York 洛克纳诉纽约 70,181

Love 爱 160

Machiavelli, Niccolo 尼科洛·马基雅维里 94

Mackie,John 约翰·麦基 43

MacPherson v. Buick Motor Company 55,63

Majoritarianism 多数主义 133-134,139

146-148,160,176,212,249,255-256,259

Marriage 婚姻 9-10,153-154,215

Martinez, Denny 邓尼·马丁内兹 48

Massachusetts 马塞诸塞州 238

Matter of Interpretation, A (Scalia)《解释问题》(斯卡利亚)124

Metaethics 元伦理学 79,141-142

Metaphysics 形而上学 58-60,80,182

Microsoft Corporation 微软公司 244

Military service 服兵役 6,28

Mill,John Stuart 约翰·斯图亚特·密尔 145,252

Milton,John :*Paradise lost* 约翰·弥尔顿:《失乐园》120-121,130

Minerva 密涅瓦 55-56,213

Miscegenation 种族通婚 259

Missouri 密苏里州 42

Modesty 谦虚 72-73,158,160

Money 金钱 146

Moore,G. E. G. E. 摩尔 157

Moral anthropology 道德人类学 76-77

Moral biology 道德生物学 91-93

Morality 道德 24,33-35,75-76,141,161,168,253;and law 与法律 1-35,144,168,

175,181,187-188,233-240,242; political 政治的 5,13-21,27-29,31-32,50,56-58,67,86-87,128,131,133,139,162,174,178,246,251-252; and judicial decisions 与司法裁决 5-7; and constitutions 与宪法 6,16-17,28-29,138-139; and legal pragmatism 与法律实用主义 21-25; and doctrinal positivism 与教义实证主义 26-33; and pragmatism 与实用主义 37,43; independence of 道德的独立 76-78; adaptationist concept of 道德的适应主义概念 90-91,93; and inclusive positivism 与包容性实证主义 189-196; and exclusive positivism 与排他性实证主义 198-211

Moral nihilism 道德虚无主义 82

Moral philosophy 道德哲学 6,76-77,80,83,113,142,252

Moral pluralism 道德多元主义 25-26,105-116

Moral psychology 道德心理学 76-77

Moral realism 道德现实主义 260

Moral relativism 道德相对主义 75,82-83,89-90,92-94

Moral sociology 道德社会学 76,82

Moral subjectivism 道德主观主义 90

Moral theory 道德理论 61-62,65,73,75-76; "strong" thesis "强"命题 81-84; "weak" thesis "弱"命题 84-88; and new pragmatism 与新实用主义 88-94

Moral values 道德价值 106,110-111,122,123,129,135-136,253-254

Murphy, Liam 拉埃姆·穆菲 27-28,175

Nagel, Thomas 托马斯·内格尔 107

Natural kind concepts 自然类型概念 10-12,152,154-155,166,223,225,227,229-230

Nazis 纳粹 4,67,108,169-170,224

Neutrality 中立 142-143,146-149,154-155,165,178-179,186,225

New Deal 新政 256

New York 纽约 240

Nihilism 虚无主义 36,82, No-right-answer thesis 无正解命题 42-43

Normative concepts 规范性概念 143,146-147,149-150,154-155,164-165,170,186,213,222,225,232,242,247

Norms 规范 192

Nuremberg war crimes trials 纽伦堡战犯审判 169-170,223

Objective truth 客观真实 58-60,244,259-261

Originalism 原旨主义 28-30,118,125-126,130

Overlapping consensus 重叠共识 66-67

Paradigms 范式 218-219,221

Parliament, British 英国议会 163,180,211,256

Parochialism 地方主义 185,211-216,230-231

Partnership democracy 合作民主 134,139

Patriotism 爱国主义 141-142,151,162

Peirce, Charles Sanders 查尔斯·桑德斯·皮尔斯 36

Persian Gulf war 波斯湾战争 37

Philosophy: legal 哲学:法律的 28,31,33-34,140-143,163,183,185-186,188,213, 215,222,224-225,229,232,241-261; political 政治的 50,105,113,140,142,146, 153,161-162,168,185,213-214,222,241; moral 道德的 76-77,80,83,113, 142,252

Planned Parenthood of Southeastern Pennsylvania v. Casey 81,86,253

Plato 柏拉图 168,173, Pluralism 多元主义 254; moral 道德……25-26,105-116; political 政治……161; value 价值…… 168

Political anthropology 政治人类学 153

Political doctrinal positivism 政治的教义实证主义 26-30,240

Political integrity 政治整合 73,172,176-178,221-222,242, Political justice 政治正义 149

Political liberties 政治自由 255

Political morality, 政治道德 5,13-21,27-29,31-32,50,56-58,67,86-87,128,131, 133,139,162,174,178,246,251-252

Political philosophy 政治哲学 50,105,113,140,142,146,153,161-162,168,185, 213-214,222,241

Political pluralism 政治多元主义 161

Political power 政治权力 23,172

Political theory 政治理论

Political values 政治价值 106,108-109,111,113-114,145-162,164-165,168-169,

171,176,183-186,252-253

Politics 政治 36,79,84,86,97,111-113,139,141,161,241,255-258

Popular sovereignty 人民主权 256

Pornography 色情作品 74

Positivism 实证主义 216-222; doctrinal 教义性…… 26-33,43,225,227-228,235-238,240; legal 法律……26-33,43,172,174-176,178-183,187-189,198,211-212,217-218,225-226,233,245; political 政治…… 26-30,240; sociological 社会学……26-27,30; taxonomic 分类学…… 26-27,30; analytic 分析…… 30-33,225,227-228,233,240; inclusive 包容性…… 32,188-198,207,234,238,240; interpretive 解释性…… 178-183; exclusive 排他性…… 187-188,198-211,234,238-240; and parochialism 与地方主义 211-216; and legal theory 与法律理论 242,244,246-249,251

Posner,Richard 理查德·波斯纳 24-25,43,51,56-57,60-63,72-73,75-104,119; *Breaking the Deadlock*《打破这个僵局》97; *Overcoming Law*《超越法律》57-58

Postmodernism 后现代主义 57,107

Poverty 贫穷 106,109,114,196

Power:coercive 权力:强制…… 3,18,169,172,174,176,231; political 政治…… 23,172. see also authority 亦见权威

Practical approach 实践方法 see Anti-theory approach 参见反理论方法

Practices,interpretive 解释性实践 43-48

Pragmatism 实用主义 36,216,257; legal 法律…… 21-25,36-41,135-136,226; new 新…… 36-41,88-94; and right answers 与正确答案 41-43; and interpretive practices 与解释实践 43-48; as anti-theory approach 作为反理论方法 60-65; and moral theory 与道德理论 88-94; Darwinian 达尔文主义的 91-94; and *Bush v. Gore* 与布什诉戈尔 94-104

Prayer, School 学校祷告 256,258-259

Precedents 先例 70

President, U.S. 美国总统 2,94,120-121,206,237

Pre-structuralism 前结构主义 57

Princeton University 普林斯顿大学 124

Professionalism 职业主义 65-72

Progressives 进步 181-182,211

Progressive taxation 累进税制 154

Propositions of law 法律主张 2-6,15,18-20,26,166,184,190,198-199,214,219-220; truth conditions for ……的真值条件 13-14,23-25,27,30-31,225-226,230,233-234,237,244-246,260

Psychology 心理学 82,216,253; moral 道德的 76-77

Ptolemy 托勒密 188

Punishment 惩罚 28-30,81,120-122,125-126,130,167-169,206

Putnam, Hilary 希拉里·普特南 37

Quine, W. V. O. 奎因 36

Racial discrimination 种族歧视 58-60,73,82,87-88,123,136,141-142,256

Racial justice 种族正义 24,59,87-88,132,182

Racism 种族主义 73,110-111

Rawls, John 约翰·罗尔斯 34,66-67,81,83,161,241-244,246-261; *Justice as Fairness*《作为公平的正义》255; *Political Liberalism*《政治自由主义》259

Raz, Joseph 约瑟夫·拉兹 32-33,175,179,188,198-212,216,227-231,234-239; "Can There Be a Theory of Law?"《能够存在一种法律理论吗?》227

"Realist" Pragmatism "现实主义者"的实用主义 23

Reasoning, legal 法律推理 242-243,251-254

Reciprocity 相互性 252-253

Reconstruction 重建 256

Relativism, moral 道德相对主义 75,82-83,89-90,92-94

Religion, 宗教 156-157,207,258; freedom of ……自由 134; and legal reasoning 与法律推理 242,251-254

Republican Party 共和党 96,98

Revolution 革命 184

Rhode Island 罗得岛 2

Ricardo, David 大卫·李嘉图 167

Riggs v. Palmer 里格斯诉帕尔默 233
Right answers 正确答案 41-43
Roe v. Wade 罗伊诉韦德 86,117,123,253,256-257,259
Rome, ancient 古罗马 223
Romer v. Evans 罗默诉埃文斯 88,138
Rorty, Richard 理查德·罗蒂 23,36-40,42,44,59-60,91
Rule consequentialism 规则结果主义 101-102
Rule of law 法治 169,177,227,243,246
Rule of recognition 承认规则 32-33,164,190,192-193,195

Safety 安全 24
Scalia, Antonin 安东尼·斯卡利亚 29-30,118,124-131,168
Scanlon, Thomas 托马斯·斯坎隆 81
Science 科学 141,157
Scotland 苏格兰 145
Security 安全 146
Segregation 隔离 87-88,123
Semantic originalism 语义学原旨主义 29-30,125-126,130
Semantic stage 语义学阶段 9,22-23,29-30;criterial concepts 标准型概念 9-10; natural kind concepts 自然类型概念 10;interpretive concepts 解释性概念 10-12
"Semantic sting" argument "语义学之刺"争论 218-219,221,223-227,229
Sexism 性别歧视 73
Sexual liberty 性自由 136-138,182
Shakespeare, William:*Hamlet* 威廉·莎士比亚:《哈姆雷特》120-121
Shapiro, Scott 斯考特·夏皮罗 33,233-234,240
Shared activities 共享的活动 195-197
Shared cooperative activity 共享的合作活动 195-196
Shared criteria 共享的标准 151-152,166,214,221-222
Skepticism 怀疑主义 40,42-43,60,93-94,148,175
Slavery 奴隶制 117,132

Social Darwinism 社会达尔文主义 158

Social history 社会史 153

Social justice 社会正义 36,76,137

Sociological concept of law 法律的社会学概念 3-5,9,27,223-224,227-229,231-232

Sociological positivism 社会学实证主义 26-27

Sociology 社会学 3,78,165,216;legal 法律…… 34,166-167,213-215,245;moral 道德…… 76,82;cultural 文化…… 229-230

Sodomy 鸡奸 119,138

Source thesis 渊源命题 245

South Africa 南非 185,220

Speech, freedom of 言论自由 49-50,52,58-59,69-71,73-74,81,110-111,121,129,147,235-237

Stalin, Joseph 约瑟夫·斯大林 107

Statutes 制定法 6,193,201,203-205,207,209-210

"Strong" thesis, in moral theory "强"理论,道德理论中的 81-84

Substantive concepts 实质性概念 142-143,147-149,183,213-214,247,260

Suicide 自杀;See Assisted suicide 参见协助自杀

Summers, Lawrence 劳伦斯·萨默斯 97,99

Sunstein, Cass 凯斯·桑斯坦 24-25,51,57,66-73

Supreme Court, California 加州最高法院 49-50

Supreme Court, Florida 佛罗里达州最高法院 96-98

Supreme Court, Missouri 密苏里州最高法院 42

Supreme Court,U.S. 美国最高法院 1,24,29,42,85-88,94-104,117-119,122-123,125,137-138,168,181-182,193-194,209-212,243,253,256-259. See also specific cases 亦见具体案件

Taliban 塔利班 85,106

Tanner Foundation Lectures 泰纳演讲 124-125,128

Taxation 税收 5,106,109,112,114,146,148,151,154-155,159,163,186,201,241

Taxonomic concept of law 法律的分类学概念 4-5,9,27,223,232-240

Taxonomic positivism 分类学的实证主义 26-27,30

Texas 得克萨斯 138

Textual fidelity 文本忠诚 117-133,135-136,138

Theoretical ascent 理论梯度的上升 25

Theory 理论 *See* Legal theory 参见法律理论

Theory-embedded approach 理论-内置型方法 50-53,56-65,67,69-71,104,181

Tribe, Laurence 劳伦斯·却伯 30,72,118,125-131

Truth 真值 56,149,204,216;conditions 条件 13-14,23-25,30-31,225-226,230,233-234,237,244-246;objective 客观的 58-60,244,259-261;of claims of law 法律主张的 163-164,170

Uniform codes 统一法典 180,182

Utilitarianism 功利主义 21,24,62,73,80-81,180,248-251,254,257

Value judgments 价值判断 141-146,164

Value pluralism 价值多元主义 168

Values 价值 26,105-116;moral 道德……106,110-111,122-123,129,135-136,253-254;political 政治…… 106,108-109,111,113-114,145-162,164-165,168-169,171,176,183-186,252-253;Detached/integrated 分离的/整体的…… 154-160,162;legal 法律…… 168-172

Violence 暴力 146

Voting 投票 255

"Weak" thesis, in moral theory "弱"命题,道德理论中的 84-88

Wealth 财富 21,149,196

Weber, Max 马克斯·韦伯 3

Welfare 福利 21,61-62

Williams, Bernard 伯纳德·威廉姆斯 37

Wittgenstein, Ludwig 路德维希·维特根斯坦 36,58,197

Women's movement 妇女运动 34,258

World War II 第二次世界大战 94,99,108,169-170

Yugoslavia 南斯拉夫 170

译后记

本书的翻译由两位译者共同完成,具体分工如下:周林刚翻译了导论及第一至第四章;翟志勇翻译了第五至第九章。为尽量保持全书主要术语的一致性,周林刚对全书作了统校的工作。师弟张国旺通读了导论至第四章,许小亮通读了第五章至第九章,提出诸多修改意见,在此一并感谢。此外,我们要特别感谢丛书主编沈明先生的信任、耐心、宽容与督促,以及北大出版社杨剑虹编辑和姜雅楠编辑为本书付出的艰辛劳动。译事难为,时间紧迫,译者水平有限,错漏之处在所难免,因此,希望读者多多批评,不吝赐教(批评意见可发送至如下电邮地址:zhoulg03@gmail.com;zhai-zhiyong@hotmail.com)。

在本书的翻译工作接近扫尾的时候,德沃金先生发来了他给这个中文版写的序言。序言极为简短,但铿锵有力,仿佛一则郑重的宣言,在宣告一个旧时期的过去和一个新时期的到来:法律理论正在回归理想主义的见识。德翁在古稀之年仍理想不灭、激情不减、辩论不休、奋斗不已,真是令人钦佩。

但是法律理论的这种换型,与人们的实际生活又有什么关系?德翁在本书中极力为这样一种观点辩护:法律理论本身即是法律实践内在的组成部分。人们惯常运用的理论—实践二分法,就法律领域来说,只是一个程度差别的问题。这个观点在德沃金的法律理论中具有极为根本的地位。法律理论家的理论是放大了的法律实践,而实务法律人的实践则是缩小了的法律理论——这样说或许不免简单化,但其中的道理,谁又能否认?

法律理论的转型对于法律实践有着深刻而直接的影响。可是，话又说回来，有没有可能出现这样的情况，就是这个"理论上正确"的主张，"在实践上"却不一定有效呢？有没有可能，一种特殊的法律—政治实践，能够割裂这里的联系，使得理论与实践之间的关系恰好成为性质上的区别，而不是程度上的区别？我们的经验似乎告诉我们，这是可能的，并且是现实的。走出法学院的学生经常受到这样的责难，就是他们在法学院里所学的那套知识，解决不了实际问题。有时候，这种指责针对的是个别人，说他们是"书呆子"。可是为了把人的责任推卸掉，最高明的办法还要数这样的"区别技术"——问题不在于"书生成了呆子"，而在于"书"本来就是呆子，是"书，呆子！"于是乎，舶来的知识水土不服、理论不过空谈的调子就开始呼朋啸友，甚嚣尘上了。

你一定会说，知识地方性的论说与理论不过空谈的说法，本是两个不相干的立场呀。没错，的确如此。然而，正是这两种不相干的立场，在当下的中国结成同盟，危害着人们对法律实践的理解。感觉不会骗人，但它只限于被感觉到的方面和程度，对于没有被感觉的方面和程度，它其实没有告诉我们任何东西。我们所经验的现实也是如此。实际上，法律理论与法律实践之间的疏离和隔阂，是由制度安排造成的，这种制度安排没有为法律论争过程搭建自由交流理由的微观平台和宏观空间。

这在一定程度上，也解释了我国法律理论或法学"幼稚病"的成因所在。天分一流的哲学家可能对身处其中的法律—政治制度没有多少要求，即使在最恶劣的环境中，哲学思想照样可以私下里秘密地生长。但法学不同。法学本质上是公共之学，必须为它提供自由、公开、平等、竞争的公共论辩平台，为此，法律程序自身必须首先成为一个说理的过程，否则，专以说理为己任的理论，也的确就无用武之地了。

阻碍法律程序自身成为真正说理的过程的因素，并没有真的就割裂了理论与实践，它只是压制了理论，然后把实践交给了无声的黑暗，交给了专断恣意。决断的因素在法律过程中始终是存在的，区别只在于它们被作出的方式。如果恰如其分地理解的话，"理论"是与这种暗箱操作、专断恣意正相反对的事物。它的本意就是要公开,要把事物带到人人可见的场所,要让事物在光明照耀之下向人亮明自己。这,或许就是"理论"最原始的含义。与各种愤世嫉俗者和实用主义者相反,我们相信,保卫理论仍是恰当的使命,是我们合时宜的职责。

译者谨识
2009 年 7 月